健康城市公交分担率探究

温旭丽 著

东南大学出版社
SOUTHEAST UNIVERSITY PRESS
·南京·

内容提要

本书基于作者对健康城市以及公共交通多年来的积累和研究进行撰写,通过对健康城市公交分担率的深入分析研究,为健康城市背景下公共交通如何建设与发展提供了理论依据和参考。

全书分为九章,探讨了公共交通与健康城市耦合机理,从健康空间引导、绿色节能、排堵保畅、公平服务等层面构建健康城市导向下公共交通出行分担率(公交分担率)指标体系。进一步对指标体系的运用展开研究,运用指标体系评价城市公共交通发展绩效,构建公交分担率测算模型,并对分担率进行精准预测。基于指标体系分析健康城市导向下公共交通与空气质量协整关系、公交分担率指标对健康城市服务公平性影响评价以及健康城市公共交通系统的经济贡献度,拓展城市公交分担率应用范围,也为健康城市公共交通政策设计和优化提供参考和依据。

本书可为城市规划建设者和交通规划建设者尤其是公共交通研究者提供一定帮助。

图书在版编目(CIP)数据

健康城市公交分担率探究 / 温旭丽著.—南京:东南大学出版社,2021.12
 ISBN 978-7-5641-9809-1

Ⅰ.①健… Ⅱ.①温… Ⅲ.①城市交通系统—公共交通系统—研究 Ⅳ.①U491.1

中国版本图书馆 CIP 数据核字(2021) 第 236485 号

责任编辑:姜晓乐 责任校对:韩小亮 封面设计:毕真 责任印制:周荣虎

健康城市公交分担率探究
Jiankang Chengshi Gongjiao Fendanlü Tanjiu

著　　者	温旭丽
出版发行	东南大学出版社
社　　址	南京四牌楼2号　邮编:210096　电话:025-83793330
经　　销	全国各地新华书店
印　　刷	江苏凤凰职业教育图书有限公司
开　　本	700mm×1 000mm　1/16
印　　张	14.25
字　　数	255千字
版　　次	2021年12月第1版
印　　次	2021年12月第1次印刷
书　　号	ISBN 978-7-5641-9809-1
定　　价	66.00元

本社图书若有印装质量问题,请直接与营销部联系。电话:025-83791830。

前　　言

　　这本题为《健康城市公交分担率探究》的书，不失为对健康城市建设和公交优先大背景下关于基于公交分担率的公共交通评估、建设与未来发展的全面尝试性的探索。打破原有单一的公交分担率指标的笼统评估，通过构建多样化、多层次、全方位的公交分担率指标体系，实现了健康城市公共交通的精细化评估，同时首次对健康城市与公共交通的耦合机理展开深入研究，从全新的视角创新性地展开了基于所建指标体系的健康城市与公共交通互动发展方面的应用研究。全书分为九章：

　　第一章　绪论。在健康城市建设终极目标、公交优先战略背景下，公交分担率成为有力抓手，阐明研究意义，明确全书研究主要内容、研究思路和方法。

　　第二章　国内外研究现状。主要对健康城市与公共交通及公交分担率的研究现状、公交分担率测算影响因素及建模方法研究现状、健康城市与公共交通协调发展研究现状等进行梳理分析，总结现有成果及存在问题，为研究打下理论基础。

　　第三章　健康城市与公共交通互动发展机理。从公共交通的健康效益分析入手，分析论证了公共交通对健康城市的支撑作用，从健康城市对城市交通的要求，深入分析了健康城市建设对公共交通优先发展的促进作用。从城市空间增长、绿色节能减排、排堵保畅、公平服务四个方面分析论证了公共交通与健康城市的互动发展关系，为后文指标选取奠定基础。

　　第四章　健康城市公交分担率指标体系研究。对公交分担率指标选取影响因素进行深入分析，结合指标选取原则，分析公交分担率的多样性，进行了指标体系的构建与优化。最终从空间引导、绿色节能、排堵保畅、公平服务方面选取了10个指标作为健康城市公交分担率指标体系，并对每个指标内涵、数据统计获取等进行说明。

　　第五章　基于公交分担率的健康城市公共交通发展绩效评价。确定了健康城市公交分担率指标体系的评价标准，运用因子分析法对最终指标体系进行指标权重的计算，根据广义函数原理构建健康城市基于公交分担率指标体系的公共交通绩效评价模型，结合南京市相关数据进行评价应用。确定的评价标准及评估方法可为其他城市提供参考。

第六章 公交分担率测算模型构建研究。分析公交分担率影响因子,选取主要影响因子,一方面运用非集计原理,构建 MNL 公交分担率测算模型,并结合南京市数据对模型进行标定,结果表明所建模型能够较准确地测算公交分担率;另一方面,运用多目标函数原理构建公交分担率测算模型,并进行实证应用,结果表明所建模型也可以较准确地测算公交分担率,为公交分担率甚至其他交通方式分担率测算提供参考。

第七章 公共交通与健康城市空气质量协整关系研究。通过建立向量误差修正模型分析了全方式出行公交分担率与空气质量指标二氧化硫浓度年均值的协整关系,并以南京市为例进行了应用研究。相较以往研究方法,本书引入计量经济学方法,基于历年公共交通和空气质量相关指标统计数据,运用统计学及数学分析模型对研究对象进行定量化分析,更能全面真实地反映研究对象间的长期均衡关系和因果关系,为政策制定提供更有力的依据。

第八章 公共交通对健康城市服务公平性影响研究。梳理国内外公共交通公平性评价方法,如基尼系数、莫兰指数等,重点分析了岭回归、LASSO 回归以及弹性网回归方法以及相应的模型选择方法。设计提出了城市医疗公共服务的加权基尼系数,在此基础上构建了公交分担率指标与城市医疗公共服务加权基尼系数的多元回归计量模型,并以南京市为例进行应用研究。研究成果有助于为健康城市社会公平性建设目标实现提供理论基础和政策依据。

第九章 公共交通对健康城市经济贡献性研究。利用江苏省统计面板数据,通过构建计量经济学回归模型,系统分析了公共交通与健康城市经济发展之间的定量关系,从模型检验效果和实证分析来看,本书所提出的研究方法具有较好的可靠性和适应性,能够为其他城市评价两者相互关系提供参考和借鉴。

此书的完成历时 9 年,是多年的研究成果体现。本书的完成离不开同仁们的关心和帮助。在此特别感谢我的硕士生导师过秀成教授,博士生导师杨涛教授,是他们悉心指导与帮助才有了本书的研究成果。感谢东南大学成贤学院的领导、老师们的支持和帮助,感谢学生张振宇、陈恩惠、付东文、沈玲宏、徐楚博、张志成等的支持和帮助。同时,感谢所有为本书研究提供参考的所有参考文献的作者。最后,感谢所有为本书撰写过程中提供帮助和关心的亲朋好友们。

温旭丽

2021 年 8 月 28 日

目 录

第一章 绪论 ··· 1
  1.1 研究背景 ··· 1
    1.1.1 健康宜居城市成为城市建设终极目标 ························· 1
    1.1.2 公交优先战略是建设健康城市的有力保障 ····················· 2
    1.1.3 公共交通分担率是公交优先的有力抓手 ······················· 3
  1.2 研究意义 ··· 5
  1.3 研究内容 ··· 7
  1.4 研究思路和方法 ·· 9

第二章 国内外研究现状 ··· 11
  2.1 健康城市与公共交通及公交分担率研究现状 ······················· 11
    2.1.1 公共交通促进健康城市建设 ································ 12
    2.1.2 健康城市对公共交通的要求 ································ 14
    2.1.3 健康城市公交分担率指标 ··································· 15
  2.2 公交分担率测算影响因素及建模方法研究现状 ···················· 17
  2.3 健康城市与公共交通协调发展研究现状 ····························· 20
    2.3.1 公共交通引导土地紧凑集约利用研究 ······················· 20
    2.3.2 公共交通对健康城市空气质量的影响研究 ·················· 21
    2.3.3 公共交通对健康城市服务公平性的影响研究 ··············· 22
    2.3.4 公共交通对健康城市经济贡献性研究 ······················· 25
  2.4 研究综述 ··· 25

第三章 健康城市与公共交通互动发展机理 ···························· 28
  3.1 健康城市与公交分担率内涵 ·· 28
    3.1.1 健康城市内涵 ·· 28

  3.1.2 公交分担率内涵 ·· 29
 3.2 健康城市的发展历程 ·· 32
  3.2.1 健康城市发展历程 ·· 32
  3.2.2 我国健康城市发展概述 ·· 35
 3.3 健康城市与健康交通 ·· 37
 3.4 健康城市对公共交通优先发展促进机理 ·· 39
 3.5 公共交通对健康城市发展的支持作用 ·· 41
 3.6 公共交通与健康城市互动发展机理 ·· 48
  3.6.1 公共交通与健康城市在城市空间增长方面的互动 ·· 48
  3.6.2 公共交通与健康城市在绿色节能减排方面的互动 ·· 49
  3.6.3 公共交通与健康城市在排堵保畅方面的互动 ·· 51
  3.6.4 公共交通与健康城市在公平服务方面的互动 ·· 53
 3.7 本章小结 ·· 54

第四章 健康城市公交分担率指标体系研究 ·· 56
 4.1 现行公交分担率指标存在问题及影响因素分析 ·· 56
  4.1.1 现行公交分担率指标存在问题 ·· 56
  4.1.2 公交分担率影响因素分析 ·· 58
 4.2 公交分担率指标多样性分析 ·· 61
 4.3 公交分担率指标体系作用及指标选取原则 ·· 63
  4.3.1 公交分担率指标体系的功能 ·· 63
  4.3.2 指标选取的原则 ·· 64
 4.4 公交分担率指标体系构建 ·· 65
  4.4.1 指标初选方法比较与分析 ·· 65
  4.4.2 候选指标初选 ·· 68
  4.4.3 候选指标筛选 ·· 73
 4.5 本章小结 ·· 76

第五章 基于公交分担率的健康城市公共交通发展绩效评价 ·· 78
 5.1 公交分担率指标评价标准确定 ·· 78
 5.2 公交分担率指标权重计算 ·· 80
  5.2.1 指标权重计算方法 ·· 80

  5.2.2 指标权重的确定 ································ 81
 5.3 公共交通绩效评价模型构建 ································ 88
 5.4 公共交通发展绩效评价实证分析——以南京为例 ·············· 90
  5.4.1 南京市公共交通发展分析 ································ 90
  5.4.2 南京城市与公共交通健康发展绩效评价 ················ 99
 5.5 本章小结 ·· 102

第六章 公交分担率测算模型构建研究 ································ 104
 6.1 影响因子及影响机理分析 ·· 104
  6.1.1 居民出行方式的影响 ································ 104
  6.1.2 公共交通出行的影响 ································ 106
  6.1.3 主要影响因子 ·· 108
 6.2 基于非集计理论的公交分担率测算模型构建与实证 ············ 115
  6.2.1 非集计模型 ·· 115
  6.2.2 MNL 模型的分析 ······································ 118
  6.2.3 MNL 模型的计算 ······································ 119
  6.2.4 模型应用——南京市未来公交分担率的推测 ·········· 123
 6.3 基于多目标函数的公交分担率测算模型构建与实证 ············ 130
  6.3.1 模型构建的基本思路 ································ 130
  6.3.2 模型参数的选择 ·· 130
  6.3.3 模型构建与求解 ·· 131
  6.3.4 模型应用——南京市未来公交分担率的推算 ·········· 136
 6.4 本章小结 ·· 148

第七章 公共交通与健康城市空气质量协整关系研究 ················ 150
 7.1 研究方法选取 ·· 150
 7.2 变量指标选取 ·· 150
  7.2.1 健康城市空气质量指标选取 ·························· 150
  7.2.2 公交分担率指标选取 ································ 152
 7.3 分析模型构建 ·· 153
 7.4 协整关系分析 ·· 154
  7.4.1 单位根检验和平稳性处理 ···························· 154

		7.4.2 协整检验和向量误差修正模型稳定性检验 ·········	157

       7.4.2 协整检验和向量误差修正模型稳定性检验 ········· 157
       7.4.3 格兰杰因果检验 ································· 160
       7.4.4 脉冲响应函数和方差分解 ························· 160
  7.5 本章小结 ··· 163

第八章 公共交通对健康城市服务公平性影响研究 ············· 165
  8.1 研究方法选取 ··· 165
  8.2 变量确定与数据获取 ··································· 165
       8.2.1 变量指标确定 ··································· 165
       8.2.2 数据获取 ······································· 166
  8.3 健康城市公共服务公平性评价方法研究 ··················· 167
       8.3.1 洛伦兹曲线和基尼系数 ··························· 167
       8.3.2 莫兰指数 ······································· 169
       8.3.3 多元线性回归分析方法 ··························· 170
       8.3.4 公平性评价方法 ································· 173
  8.4 公共交通对健康城市服务公平性影响评价与分析 ··········· 174
       8.4.1 公平性评价 ····································· 174
       8.4.2 多元回归模型选择 ······························· 177
  8.5 本章小结 ··· 186

第九章 公共交通对健康城市经济贡献性研究 ··················· 187
  9.1 研究方法选取 ··· 187
  9.2 变量选择和数据获取 ··································· 187
  9.3 面板数据模型构建 ····································· 189
  9.4 公共交通对健康城市经济贡献性实证分析 ················· 191
       9.4.1 面板数据检验 ··································· 191
       9.4.2 面板数据回归模型拟合 ··························· 193
       9.4.3 公共交通发展对城市经济贡献性分析 ··············· 195
  9.5 本章小结 ··· 199

参考文献 ··· 200

第一章 绪 论

1.1 研究背景

1.1.1 健康宜居城市成为城市建设终极目标

随着粗放式城镇化、机动化的快速推进,城市无节制蔓延,土地被大量占用和低效利用,能源消耗快速增长,由此导致土地资源日趋紧张,能源短缺日趋严重。同时,环境污染、生态破坏越来越严重,疾病大规模蔓延、交通拥堵恶化、人口密度过高等"城市病"症状逐渐凸显,雾霾天气出现的频率越来越高,人们戴着口罩出现在各大城市生产生活出行已成为城市交通出行的常态,越来越多的城市正在逐渐向不适合人居的方向发展,违背了城市建设发展的初衷。由此引起的社会经济、自然生态等问题也严重困扰甚至危害城市居民身心健康,面对这样的危机和挑战,人们对城市的建设和发展提出了新的要求。本次新冠肺炎疫情更是将健康城市建设问题推向了新的阶段,习近平总书记指出:要推动将健康融入所有政策,把全生命周期健康管理理念贯穿城市规划、建设、管理全过程各环节。目前,欧洲已有 30 多个国家,共计 1 500 多个城市加入了"欧洲健康城市网络",健康城市建设进入新阶段,在应对重大公共卫生挑战,建设弹性社区和支撑性建筑环境方面具有重要意义。

我国各城市逐渐重视健康城市的构建。2013 年 12 月 5 日,时任国务院副总理刘延东在召开的全国爱国卫生运动委员会第一次全体会议上,提出要"全面启动健康城市建设,促进城市建设与人的健康协调发展"。2014 年"健康城市学术研讨会"在苏州举行,翌年,"第六届亚洲特大城市环境与公共健康论坛"在厦门召开。2016 年全国卫生与健康大会和《"健康中国 2030"规划纲要》对健康城市建设做了明确部署和要求,健康城市建设已成为新时期健康中国建设的重要抓手和内容。同年全国卫生运动委员会下发《关于开展健康城市健康村镇建设的指导意见》,标志着我国健康城市建设进入全面发展阶段。2019 年发布的《中国健康城市建设研究报告》更是将健康城市建设进一步推进。

随着城市人口持续增加,机动车拥有量迅速增长,小汽车进入家庭速度逐步加快,机动化出行趋势明显。小汽车在给人们出行带来便利的同时,大量的尾气排放造成了环境污染,在健康城市建设过程中健康可持续交通成为重要部分。国内自 2017 年以来,"健康交通 健康城市"论坛已成功举办五届,该论坛学者对健康城市与健康交通的互动关系开展了深入的研讨。城市健康可持续发展及其与城市交通之间的关系,逐渐成为城市发展研究的方向。构建健康的城市交通体系可以为健康城市的建设保驾护航。

1.1.2　公交优先战略是建设健康城市的有力保障

当今社会,城市化进程不断加快,社会经济高速持续发展,人们的生活水平不断提高,因此,人们的交通需求持续增加并愈加多元化,对于城市交通服务水平的要求也相应增加。出行需求多元化、个性化成为城市居民出行的新趋势。但城市交通基础设施供应、建设速度跟不上城市交通需求持续增长的速度,导致路段交通拥挤、交叉口拥堵,从而降低了城市交通运行的效率。

改善城市交通拥堵问题和环境污染是一项投资宏大、工期较长、影响范围大的工程。不少实践结果表明,要想根本解决交通拥堵问题,盲目地增加公交线路和运营车辆只能是扬汤止沸,带来的长远后果却是城市交通问题雪上加霜。大力发展多模式、一体化、高效率的公共交通,构建有效率、有秩序的公共交通系统才是缓解目前城市交通问题的"灵丹妙药"。城市公交专用道、交叉口信号优先配置等基础措施,无论是从运能、运送速度、动态,还是从对环境影响方面都具有较强的优越性。优先发展城市公共交通,提高公共交通分担率,不仅是缓解城市交通拥堵的有效措施,也是改善城市人居环境,构建健康可持续发展城市的必然要求。

城市公共交通作为集约化、高效率、低消耗、低排放的绿色出行方式,是城市交通系统的有机组成,对促进城市经济社会健康可持续发展具有全局性、先导性的影响,与城市竞争力、生产效率、生活质量和社会环境发展也紧密相关,在健康城市建设和目标实现过程中具有不可替代的重要作用和地位。公共交通在引导城市空间集约发展、提高土地利用效率、保障市民便利出行、缓解交通拥堵、减少空气污染、提升均等化服务水平方面具有显著优势。为深入落实公交优先战略、提升公共交通吸引力,我国出台了《国务院办公厅转发建设部等部门关于优先发展城市公共交通意见的通知》(国办发〔2005〕46 号)、《国务院关于城市优先发展公共交通的指导意见》(国发〔2012〕64号)(以下简称《意见》)等文件,确立了公共交通在城市交通中的优先地位。在政策扶持与体制改革的"双重"背景下,2011年交通运输部启动了"公交都市"建设示范工程,选取了两批共计37个试点城市,以"以点带面,分步推进"为策略,通过完善公交规划、建设、用地、路权、资金与财税等政策,支持试点城市优先发展公共交通。2013年交通运输部出台了《交通运输部关于印发〈公交都市考核评价指标体系〉的通知》(交运发〔2013〕387号)(以下简称《通知》),利用评价指标体系督促城市提高公交服务水平。2017年底,南京和上海成为我国首批公交都市示范城市。2018年12月交通运输部又授予北京、广州、深圳等12个城市"国家公交都市建设示范城市"。总体上,公共交通优先战略进入加快落地阶段,已成为建设资源节约型、环境友好型社会和实现城市可持续发展的重要途径。

为了深入研究城市健康可持续发展的问题,国家和地方相关部门、大专院校、研究机构等从城镇化发展历程、公共交通发展历程,从规划、运营、管理等多个角度出发,分析了当前存在的问题,进一步提升与深化认识,将城市公交优先发展作为实现国家城镇化健康、可持续发展的重要发展战略;充分认识到了公交优先发展在保障公民基本权利和引导健康可持续城市发展两个方面的重要作用,将公共交通明确纳入国家基本公共服务范畴。真正意义上的城市公共交通优先不单单是公共交通工具在道路上运行的优先,而是在于探索土地资源集约、能源节约、人居环境和谐的科学化健康城市交通发展模式。要实现这一目标,就必须从城市综合交通、空间形态、功能布局、土地利用、资源分配、政策调控等综合施策,保障公共交通健康发展,以城市居民健康为指导原则,采用以公共交通为导向的开发、土地综合利用和建设完整社区等方法提高城市的宜居性。

1.1.3 公共交通分担率是公交优先的有力抓手

"公共交通分担率"(以下简称"公交分担率")是评价和反映城市公共交通服务能力、水平和绩效的核心关键指标之一,具有直观简单、通俗易懂的显著特点,易于理解和接受,被广泛应用于各类政府行业规划和研究报告等。2012年底出台的《意见》(国发〔2012〕64号)中使用公共交通出行分担比例表达城市优先发展公共交通的总体发展目标(大城市要基本实现中心城区公共交通占机动化出行比例达到60%左右)。为量化"公交都市"的目标,交通运输部在2013年7月出台的《通知》(交运发〔2013〕387号)中所提出的30项指标中包括了公共交通机动化出行分担率和公共交通出行分担率(不含步行)两项分担率指标。2016年7月,交通运输部出台的《城市公共交通"十三五"发展纲要》(以下简称《纲要》)中使用"城市公共交通出行分担率(城市公共交通机动化出行分担率)"作为首要的城市公交发展指标。2018年7月由交通运输部提出的《城市公共交通发展水平评价指标》(GB/T 35654—2017),经国家标准化管理委员会批准发布,其中的首要指标也是公共交通机动化出行分担率。国内对公交分担率也有一些具体标准,2005年,住房和城乡建设部发布的《关于优先发展城市公共交通的意见》中提出,特大城市公交分担率以30%为最低要求,大中城市则要高于20%。2012年,《意见》中指出大城市公交分担率须达到60%左右。城市公交分担率(出行总量统计中包含机动化和非机动化中的自行车出行,但不包含步行)须年均提升2%。如果该城市建设有轨道交通,那么城市公交分担率需要大于45%;如果未建设轨道交通,那么须达到40%以上。2016年,国务院发布的《中共中央国务院关于进一步加强城市规划建设管理工作的若干意见》中要求2020年超大、特大城市公交分担率达到40%以上。2016年南京市主城区公共交通全方式出行分担率为27.4%,机动化分担率为60.4%,机械化分担率为36.6%,距离目标40%仍有差距。同时,随着中国奋力从交通大国向交通强国道路的迈进,交通运输部提出大力推动绿色交通优先发展,提高绿色交通分担率是核心。跟国内常用公交分担率统计口径种类相比,国外则更为丰富多样,包括方式范围、空间范围、时间范围,有时也可根据特定的要求,对出行方向和目的进行分类界定。如在不同区域公交分担率方面,2004年东京都区部(东京都辖下的23个特别区)的公交分担率统计为47%,而都市圈仅为32%;在早高峰进城公交分担率方面,"早高峰"和"进城"代表的时段和交通流方向的交通矛盾在全天的交通出行中最为显著,伦敦和东京早高峰进城公交分担率均超过80%。通勤出行公交分担率的定义为,全方式出行中以公共交通作为通勤交通的出行量与出行总量相比所占比例,2006年伦敦该参数为44.6%,远高于全目的的公交分担率(30.1%)。又比如北京公交分担率(扣除步行)44%,上海中心城公共交通全方式出行分担率33%,广州公共交通占机动化出行分担率49%。因统计口径不一致,分子分母不确定,因此,城市间分担率数据没有可比性。

从以上应用实际来看,公交分担率是公交优先战略实施效果的最直接反映,同样也是最有效的评价标准与最有力的抓手。但由上文各种分担率数据可知,不同城市由于其规模形态、地理位置及风貌等的自然差异,统计口径和范围各不相同,用单一的公交分担率指标不能准确反映问题。直接对比公交分担率指标是没有意义的,有时甚至会产生误导,需对公交分担率指标展开深入研究。

从国内公交发展现状来看，无论是公共交通服务供给的数量与覆盖度，还是服务质量水平，仍无法满足城市居民对高品质、多元化服务的需求。尽管国家和地方公交优先战略以及公交都市示范工程等重大举措不断推进，许多城市加大了公共交通基础设施（特别是轨道交通）的投入，但是公交分担率增长的瓶颈依然难以突破。许多城市在轨道交通网络大幅扩展、客运量逐年增长的同时，地面公交客流量却持续下滑，这显然不能满足公共交通优先战略的总体需求，对健康城市发展的重要支撑和引导作用也无法充分发挥出来。既有公交分担率指标在调动各方积极性推动城市公交优先，促进城市公共交通健康可持续发展，乃至转变城市交通发展模式等方面都发挥了重要的支撑引导作用，不仅是城市公共交通服务水平的重要体现，也是推动和落实公交优先战略目标实现的重要导向性工具。但在健康城市战略全面推进的大背景下，公交分担率指标面临新的挑战，既有公交分担率指标尚存在过于单一笼统、对健康城市的影响评价支撑不足等问题，必须设计一套科学合理、实用的公交分担率评价指标体系，客观精准地评价现有公共交通发展绩效，找出存在的问题及可以挖掘的潜力，准确把握公交总体发展水平，为更加精准合理地规划、建设、管理好公共交通系统提供依据。这也是实现健康城市公共交通建设精细化管理和支撑健康城市可持续发展目标的基础性工作。

1.2 研究意义

伴随城市化进程的加快和社会经济的持续发展，我们面对的不仅仅是城市人口持续增加，机动车拥有量迅速增长，小汽车进入家庭的速度逐步加快。不仅如此，居民生活水平的提高对交通的需求层面及服务水平的要求也越来越高，机动化出行趋势明显，出行需求多元化、个性化已成为新趋势。城市交通基础设施供应、建设速度跟不上城市交通需求持续增长的速度，导致路段交通拥挤、交叉口拥堵，从而降低了城市交通运行的效率。《雅典宪章》对城市功能的界定中，属于城市四大功能的居住、工作和休憩都要求城市是一个集环境、健康、生态、文化为一体的适合人居的地方。健康可持续发展的城市内涵是什么，其对交通的诉求又是什么，什么样的交通架构可以支撑城市朝健康可持续方向发展，健康城市与公共交通互动发展机理是什么，如何优先发展公共交通，如何构建科学合理的公交分担率指标体系，如何精准计算公交分担率，基于公交分担率的公共交通与健康城市协调发展关系是怎样的，如何取舍基于公交分担率的交通需求政策等问题，均为当今急需研究的课题。

随着我国健康城市建设的全面推进，健康城市发展对公共交通提出了更高要求，公共交通面临新的挑战。这不仅体现在城市中日益增加的公共交通出行需求总量；更重要的是体现在，健康城市环境下居民交通出行习惯也将发生改变，更多人愿意选择公共交通出行，这样的变化反过来要求进一步提升公交服务质量，满足多样性结构性出行需求。公共交通与健康城市之间总体上存在协同可持续发展关系，且是双向互反馈的内在关系，健康城市离不开公共交通的有力支撑，公共交通离不开健康城市发展环境，两者相互促进，相辅相成。本书旨在加快以健康城市建设为导向，在深入研究健康城市与公共交通互动发展机理基础上，设计符合我国基本国情，充分体现健康城市元素，与健康城市发展目标相适应的公交服务评估指标体系，用以引导和支撑健康城市规划、设计和建设，在满足科学评价健康城市公共交通服务水平需要的同时，对指标在健康城市空气质量、服务公平性、经济贡献性以及交通发展政策导向性方面展开应用研究与探索。

本书的理论研究价值如下：

（1）从健康城市空间引导、绿色节能、排堵保畅、公平服务多方面、多维度构建健康城市公交分担率指标体系，可为科学精准地评价公共交通发展绩效提供理论依据。

（2）从影响公交分担率的因素出发，构建公交分担率测算模型，对公交分担率进行精准预测，可为公交分担率的分析预测提供科学依据。

（3）探索公共交通与健康城市互动发展机理，针对公共交通对健康城市在空气质量、服务公平性、经济性等方面影响关系展开建模研究的研究思路方法可为健康城市与公共交通互动发展相关研究提供理论参考依据。

本书的实际应用意义体现在以下几个方面：

（1）有助于落实新型城镇化战略和健康城市战略。土地紧张、环境污染、交通拥堵、能源消耗等在全国范围内逐渐蔓延且呈逐年上升态势，健康城市成为破解由城市化快速发展带来的上述问题的"良方"，而科学合理的公交分担率指标体系则是关键抓手和工具。健康城市建设均等和高效的公共交通体系，也必将有力引导城市集约利用土地和节约能源、保护和改善人居环境，推动健康城市各项工作的有序推进。

（2）有助于落实公交优先战略和公交都市建设计划。国家将城市公交优先发展作为实现城镇化健康、可持续发展的重要发展战略，充分认识到了公交优先发展在保障公民基本权利和引导健康可持续城市发展两个方面的重要作用，将公共交通明确纳入国家基本公共服务范畴。着力发展多模式、一体化、高效率的公共交通,构建有效率、有秩序的公交都市,提高公交分担率是公交优先的有效抓手。科学的公交分担率指标可以更加真实地评价和导向公交优先战略和公交都市建设计划。

(3) 有助于准确把握公共交通与健康城市的协调发展关系。构建一套科学的公交分担率指标体系和评估应用方法,科学评估公共交通与健康城市的适应性,找出关键影响因素和作用机理,可为健康城市发展政策设计和策略分析提供参考和依据,进而促进两者的协调与可持续发展。

1.3 研究内容

公交分担率指标的建立是本书研究的主要内容,也是评价健康城市公共交通绩效发展水平的重要依据。因为不同规模、不同等级的健康城市公共交通发展阶段也不相同,公共交通发展模式也大相径庭,其对公共交通发展考核指标也不尽相同,本书选取的公交分担率指标主要是定位为大城市、特大城市的公共交通指标,中小城市公交分担率指标在各层具体的指标体系中会有差异,尤其是指标值的等级会有不同。

本书开展的重点研究内容分为公交分担率指标体系的分析构建和指标体系的应用两大部分,具体如下:

(1) 健康城市导向下公交分担率指标体系的构建。公交分担率指标的建立是全书研究的基础,也是评价健康城市公交发展水平的重要依据。指标的合理性和科学性影响评价效果及存在问题的剖析,可以为提高城市公交服务水平提供思路导引和政策方向。该部分以健康城市与公共交通耦合机理研究为基础,将通过分析研究公交分担率的多样性、指标选取影响因素,从健康空间引导、绿色节能、排堵保畅、公平服务等层面构建以健康城市为导向的公交分担率指标体系。该部分对应本书第三章至第四章内容。

(2) 基于公交分担率指标体系的公共交通与健康城市适应性评价和应用研究。确定评价标准、构建评价模型,运用所构建指标体系对城市公共交通发展绩效进行评价;构建公交分担率测算模型,为指标的应用提供科学依据;基于公交分担率指标体系,分析健康城市导向下公共交通与空气质量协整关系、公交分担率指标对健康城市服务公平性影响评价以及健康城市公共交通系统的经济贡献度,拓展城市公共交通分担率应用范围,也为健康城市政策设计和优化提供参考和依据。该部分对应本书第五章至第九章内容。

主要研究内容如下：

(1) 健康城市与公共交通互动发展机理研究

深入分析公共交通运输和出行的基本特征与健康城市特征的关联性（公共交通运输出行的高效性与城市空间土地利用的集约性、健康性，公交出行的低碳性与城市空气的清洁性、健康性，公交出行的安全性、均等性与城市社会公共服务的公平性、健康性等），进而论证公共交通对健康城市的支撑作用。分析梳理健康城市考核指标体系，挖掘与公共交通密切相关的指标及其具体要求，基于我国健康城市建设经验，研究健康城市对公共交通优先发展的促进机理。健康城市规划需要构建可持续交通系统，需要构建友好步行街区、完善的自行车网、密集支路网、混合型土地利用、紧凑型交通走廊，这些也正是公共交通优先的有力保障。研究公共交通与健康城市在空间引导精明增长、绿色出行节能减排、排堵保畅高效运输、健康出行公平服务四个方面的互动发展关系。

(2) 健康城市公交分担率指标体系构建研究

分析现有公交分担率指标存在的问题，论证构建完整的公交分担率体系的必要性，在深入剖析公交分担率影响因素基础上，结合科学性、系统全面性、客观一致性、可比性、可操作性指标选取的原则，设计构建面向健康城市的公共交通分担率指标体系。选取德菲尔法从健康空间引导、绿色节能、排堵保畅、公平服务四个方面选取公交分担率初始指标，对所构建的公共交通指标体系进行优选，最终构建适合中国公共交通发展、能够科学评估健康可持续城市公共交通状况的评估指标体系。

(3) 基于公交分担率的公共交通发展绩效评价

运用所构建的指标体系，对南京市公共交通优先发展现状展开评价。确定评价标准，用因子分析法计算各指标权重，选用科学评价方法对南京市公共交通优先发展现状展开深度分析评价，并给出今后公交优先背景下各项政策制定和公交发展的方向。

(4) 公交分担率测算模型构建与实证研究

本书从宏观和微观角度深入剖析影响公交分担率的关键因素，分别运用非集计模型原理和多目标函数理论构建公交分担率测算模型，并结合南京市历年数据，分析南京公交分担率的变化。根据历年南京公交分担率的变化特点，结合近四年的南京OD调查数据，使用所构建模型推算未来南京公交分担率，对模型的适用性进行验证。

(5) 基于公交分担率进行公共交通与健康城市空气质量协整关系研究

空气质量是健康城市评价指标体系的重要组成部分，推进健康城市发展离不开对空气质量指标的有效控制，基于公共交通在提高运输效率、减少小汽车出行依赖、缓解交通拥堵、减少污染排放等方面的重要作用，本书对公共交通与城市空气质量之间的均衡协整关系展开研究。通过引入计量经济学协整理论，研究分析公交分担率指标与健康城市空气质量指标的协整关系和格兰杰因果关系，以及二者间的互动均衡关系，为科学评价公共交通在健康城市的空气污染治理中的定位和作用提供方法参考。

（6）基于公交分担率展开公共交通对健康城市服务公平性影响研究

与健康城市发展指标紧密相关的教育和医疗等公共服务离不开公共交通的支撑保障。本书主要开展基于公交分担率的公共交通对健康城市公共服务公平性的影响研究。通过构造基尼系数来评价分析城市医疗公共服务分布均衡程度，通过构建多元回归分析模型研究城市均等化公交服务对城市医疗服务公平性的影响程度，提出公共交通对健康城市发展影响的评价步骤和方法，为多维度评价公共交通优先战略的政策效应提供科学依据。

（7）基于公交分担率展开公共交通对健康城市经济贡献性应用研究

本书主要研究公共交通对健康城市的经济贡献度。在健康城市导向和公交优先战略背景下，城市公共交通定位为满足人民群众基本出行需求的社会公益性事业，但由此对于公交的交通经济性考虑不足，各地公共交通亏损现象严重。本书从健康城市经济可持续角度入手，通过建立面板数据模型，研究不同公交分担率水平下公共交通对健康城市经济的贡献度，并以江苏为例比较分析不同公共交通发展模式的经济性，最后提出政策建议。

1.4 研究思路和方法

本书以公共交通与健康城市耦合机理研究为基础，通过分析研究公交分担率的多样性、指标选取影响因素，从健康空间引导、绿色节能、排堵保畅、公平服务等层面构建健康城市导向下公交分担率指标体系。进一步对指标体系的运用展开研究，运用指标体系评价城市公共交通发展绩效，构建公交分担率测算模型对分担率进行精准预测，基于指标体系分析健康城市导向下公共交通与空气质量协整关系、公交分担率指标对健康城市服务公平性影响评价以及健康城市公共交通系统的经济贡献度，拓展城市公交分担率应用范围，也为健康城市政策设计和优化提供参考和依据。具体思路和方法如下：

（1）通过实证和文献解读分析研究公共交通健康效益，梳理健康城市指标体系中与公共交通相关联的指标，论证公共交通对健康城市发展的支持作用以及健康城市对公共交通优先发展促进机理，进而从健康城市空间增长、绿色节能、排堵保畅、公平服务四个方面论证二者之间的互动发展机理。

（2）采用德尔菲法从健康城市空间增长、绿色节能、排堵保畅、公平服务四个方面进行指标体系初选和优化；运用因子分析法分析确定各指标的权重；用实证法和统计法确定各指标的评价标准；基于广义函数原理构建公共交通绩效评价模型，以南京市为对象，运用所构建指标体系在健康城市公共交通发展绩效评价方面展开应用研究。

（3）基于非集计理论构建公交分担率测算模型并展开实证研究，同时，基于多目标函数原理构建公交分担率测算模型并展开实证研究。

（4）运用时间趋势图分析公交分担率指标和空气质量指标的变化趋势，选定模型所需变量指标；基于向量回归模型构建向量误差修正模型，进行公共交通和城市空气质量变量指标间的协整关系分析；对变量进行单位根检验和平稳性处理，验证所建模型的稳定性；最终对公交分担率指标和空气质量指标进行协整检验、格兰杰因果检验等分析研究。

（5）基于已有公平性评价方法——洛伦兹（Lorenz）曲线、基尼（Gini）系数和莫兰指数（Moran's I）等，根据公共交通与健康城市服务公平性问题特点，构建公共交通对健康城市服务公平性的评价方法。运用岭回归、弹性网回归和LASSO回归模型对公交分担率指标对健康城市服务公平性进行分析，通过对比筛选最终选用弹性网回归模型分析研究公交分担率指标对健康城市公共服务公平性的影响关系。

（6）利用计量经济学体系中的面板数据原理，综合考虑经济因素、区域性质等因素，从固定资产投资、人口密度和就业人口数三个方面分别建立与公共交通发展指标相关的面板数据模型，研究公共交通对健康城市经济的贡献性。

第二章 国内外研究现状

2.1 健康城市与公共交通及公交分担率研究现状

健康城市交通建设的重点在于可持续发展的交通模式的实现,健康可持续交通需要满足以下三个方面的可持续性:生态可持续,与交通出行有关的污染水平低于人类安全耐受范围和环境承载力;经济可持续,不能以超过使用者支付能力的经济代价来控制和维持系统运行;社会可持续,为社会每一成员提供获得基本的社会、文化、教育和经济服务的出行方式。可持续发展的交通模式必须具备以下特征:安全、畅通、高效、舒适、环保、节能和高可达性。只有资源消耗少、环境代价小,又能最大限度地满足人们日益增长的交通需求的城市交通系统才能被称之为可持续交通。

在这样的大环境下,国内外许多专家学者积极开展研究,探索公共交通出行与小客车出行的发展特征,以及这两种出行方式与城市发展模式之间的关系,研究分析小客车交通发展的走向和特征,总结了现存城市的道路拥堵、噪声污染、环境污染等一系列交通所带来的问题,同时还论述了当前公共交通与城市发展之间存在的相互作用。

小汽车"井喷式"增长和高强度使用是交通拥堵的重要原因。持续增长的小汽车保有量和缓慢的配套基础设施发展之间的矛盾使得交通拥堵问题不断加剧,更为严重的影响是交通拥堵大大增加了交通事故发生的概率,事故的发生、处理又会持续加剧拥堵状况,产生恶性循环。同时,交通拥堵还造成了城市环境的恶化,缓行状态的车辆增加了氮氧化物、颗粒污染物的排放,给人类社会和生态系统造成了难以估量的危害。

公共交通一方面运输容量大、能力强、效率高,人均资源占用少,可以更好地适应城市集约化运输和集约化发展,更有利于引导形成健康交通结构和健康城市形态;另一方面,公共交通具有出行安全性更好、空气污染程度小、出行方式更健康、服务更具公平性等健康特征,安全、便利、高效、可靠、舒适、灵活的公共交通可以引导和吸引广大城市居民出行时优选公交、乐享公交，形成健康的出行习惯。衡量一个城市公共交通发展绩效如何往往用公交分担率来体现。研究健康城市公共交通问题，以公交分担率指标为指引可以更好地量化健康城市与公共交通的关系，可为二者之间的相关性研究开辟新思路。

2.1.1　公共交通促进健康城市建设

公共交通作为一种有效缓解城市交通拥堵的重要手段，已经受到越来越多国家的青睐。作为城市经济发展的"动脉"，公共交通基础设施的建设能够有效节约城市土地资源，提高城市资源的利用率，降低交通污染，是发展健康城市中的重要一环。对于密集型发展城市，公交导向型的发展策略不仅能够改善人居环境，还能增强城市功能，是提高城市竞争力的关键。同时，公共交通的发展能够带动慢行设施的建设，包括骑行道路网建设、自行车租赁系统等，促进城市活力空间的发展，为城市绿地和开放空间设计提供宝贵的空间资源，促进城市的可持续发展。

Joachim 采集了德国 1978 年至 2000 年的居民出行数据样本，纵向分析居民出行行为模式的变革，发现小汽车的发展越来越迅猛，更多的居民以小汽车作为出行工具，而不是步行和公共交通。同时，作者研究发现城市机动化的程度与其发达程度也呈正相关关系。Georges 探索了法国公共交通出行减少的原因，其研究主要使用了固定效用模型，采用的出行数据遍布法国 62 个城市，时间跨度从 1975 年到 1995 年。Qureshi 主要对卡拉奇（Karachi）和北京的交通发展状况进行比较，比较的方面囊括基础设施、交通供需和城市交通发展策略，并提出一些相关的建议。Vedagiri 则改变常有的研究思路，研究分析了目前的小汽车出行者改选公共交通出行的可能性。Knowles 总结了哥本哈根（Copenhagen）的指型轨道交通发展战略，依附于城市形态的轨道交通建设大大缓解了哥本哈根的交通拥堵，并带来了稳定的经济增长。Higgins 从轨道交通站点出发，深入分析了站点设计、建成环境、换乘方式等因素对轨道交通客流的影响，并给城市公共交通发展提供了宝贵的建议。Ratner 从土地利用的角度出发，分析了公交导向型发展战略对城市土地利用的影响。公交系统的发展带来了站点附近高密度混合土地利用率的增加。张泉等在《公交优先》一书中对公交优先进行了深入系统的研究，公交优先可有力促进城市健康发展，全书将理论与实际相结合，讲解分析当前公交发展面临的挑战和问题，对公交优先发展的政策、规划及管理具有一定的实际意义。瑟夫洛在《公交都市》一书中，通过实地考察，创新性地引入"公交都市"概念，即公共交通与城市协同发展。实例分析表明不论城市的发展模式是高度密集还是分散发展，公交系统都可以以合适的发展模式支持应用。全永燊等在《城市交通若干问题的思考与辨识》一文中，就当前城市交通规划中关于不确定性的应对方法、交通服务供给模式变革等方面提出需重点审视和商榷的战略方向性问题，以应对交通新形势变化。过秀成等在《都市区客运走廊公共交通设施配置规划问题探讨》一文中，论证了公共交通在支持城市空间客运走廊发展方面的重要作用，界定了都市区客运走廊公共交通设施配置规划的内涵，提出设施配置规划的总体框架，并探讨了规划中的几个关键决策问题。林雄斌等在《都市区跨市公共交通规划与空间协同发展：理论、案例与反思》一文中，分析、评估了各市跨市轨道交通、公共交通和交通政策，并提出推动跨市交通发展与空间管治的建议。王海波在所著的《郑州市城市公交优先发展问题研究》中提到，通过对公共交通和小汽车交通的对比分析发现，公共交通的发展从一定程度上能够反映社会的公平和正义，可以体现绿色发展的理念。

公共交通在健康城市发展中的地位以及作用方面，也有许多研究。Shen 分析了公共交通对房地产、金融等行业的影响，认为政府部门应该大力发展以公交为导向的交通发展策略；Noland 在新泽西（State of New Jersey）通过调研居民和专家发现，公共交通在城市发展中的支持率越来越高，因为公共交通的发展提高了交通可达性并改善了步行环境。林雄斌在《都市圈内轨道交通跨市延伸的公交化区域构建》一文中，判断在都市圈内各政府政策的统筹下，对接各自轨道交通系统成为可能，并提供新的区域公交化交通组织方式。周华庆在《公共交通经营规制沿革与启示——以深圳市公共汽车 40 年发展历程为例》一文中，梳理了 3 种公共交通规制模式的特征和优缺点，分析总结了深圳市公共汽车 40 年的改革历程及主要演变阶段，并提出对中国城市公共汽车规制的思考。安健在《公交都市建设示范工程考核评价指标优化》一文中，提出采用 6 项评判标准作为判断城市发展模式是否与公共交通优先发展理念吻合的基本准则，并就公交都市考核指标体系的概念性优化提出建议。朱乐在《公交涅槃：南京和波特兰发展公交都市的经验启示》一文中，深度挖掘了城市以公共交通出行为导向的内在动力，探讨发展公共交通与土地高效开发模式的耦合关系，并对建成可持续发展的公交都市提出可操作性建议。鲜于建川等在《通勤出行时间与方式选择》中则直接以时间为主要因素，将通勤出行时间与方式选择归纳在一个模型系统中，建立由线性回归模型及离散选择模型结合而成的连续—离散模型，对通勤出行方式选择与出行时间之间的相互影响进行了分析。得出通勤出行方式对出行时间选择有显著影响，不同的出行方式选择在出行时间上所需要的花费也是显著不同的。

2.1.2 健康城市对公共交通的要求

关于健康视角下城市公共交通的发展,有学者开展了相关的研究工作。比较有代表性的有:Rebecca Steinbach 等运用案例分析研究了影响健康交通选择的主要因素,主要从出行者的性别、种族和阶级身份几个方面展开了具体的影响分析研究。刘小明在分析总结我国公交都市建设取得成就的同时,提出了新时期公共交通发展的新要求,如要加强出行保障功能,公交要引领城市空间发展,公交服务品质要提升,要构筑绿色低碳出行系统、实现节能减排等。周鹤龙指出公交应通过主动引导城市空间发展,实现与城市用地及功能布局的协调,达到城市发展形态与公共交通和谐共存,公交应不断提高自身的服务水平,提高吸引力,并成为居民日常出行乐意选择的交通方式。徐康明以上海市公共交通发展为例,指出构建城市多模式公共交通体系是提升公交服务的有效路径,在这一过程中辅助公交起到重要作用,利用技术创新发展辅助公交,提升公交吸引力是公交发展必须采取的措施。张凡等指出"公交都市"建设不应仅停留在公交优先层面,从健康城市发展来看,公交具有绿色交通特征,更是可持续交通发展与健康城市建设相协调必然的交通方式选择。陈小鸿等通过引入"公共性测度"指标进行综合分析,并提出差异化公交优先发展战略的三大要素,即差异性、完整性、协调性。潘亚伟等以天津为例研究了健康城市的多模式公共交通体系,主要从公共交通的纵向多模式和横向多模式两个方面构建了健康型的公共交通体系,并提出了相应的优化策略。杨洁等结合伦敦市的交通发展实际展开了健康理念下的可持续交通研究,提出以健康街道、健康市民为核心的交通战略,指出只有优先发展步行、骑行和公共交通,才能实现健康城市。李绍岩等以沈阳市为例研究了基于健康理念的城市绿色交通系统构建,包括城市绿道网的完善、步行和自行车出行空间的改善、公共交通及换乘系统的优化、支路微循环系统的打造。林雄斌等剖析了健康城市与城市交通的关系,解读了公共交通及慢行交通的健康效益,分析了公共交通与慢行交通在健康城市建设中的支持作用,最后提出了健康城市的交通策略。

对于交通问题的日益加剧,政府陆续出台相关城市交通政策,对于城市交通政策也有不少研究。Ren 研究了各城市和地区的公交导向发展政策,发现相比较公交优先发展在技术上的问题,政策上的问题比较难移植,因为各城市的情况不同,使得政策转移更为复杂。因此,中国的公交优先发展政策,应在总结国外先进经验的基础上,依据国情制定相应的政策。石飞在《公交都市物质性规划建设的内涵与策略》一文中，提出了公交都市物质性规划建设的内涵，指出规划建设层面的相关问题，并设计出面向我国城市规划建设的公交都市物质性规划建设策略及路径。《哈尔滨市优先发展城市公共交通的政策研究》以哈尔滨为例，通过对哈尔滨市城市公共交通的相关政策的设计与研究来深入发掘这些公交政策对于哈尔滨市的公共交通发展所存在的意义与价值。文中分析了哈尔滨市公共交通政策的现状以及存在问题，通过研究分析发现，哈尔滨市现在的公共交通政策存在诸多问题，并且分析了这些问题产生的原因，同时通过借鉴国内外一些成功经验，对哈尔滨市今后优先发展城市公共交通所应采取的政策提出相关建议。

2.1.3 健康城市公交分担率指标

关于公共交通及其分担率的研究这些年国内外均在持续不断地进行。Foth研究了加拿大多个大城市如何逐年提高公交分担率，充分发挥公共交通在城市中扮演的角色。Khanna发现建设合理的公交分担率体系，不仅能使城市公交分担率增长，还能够减少能源的使用和环境污染，提高城市发展活力。部分学者对公交分担率的影响因素也进行了研究。Zamir研究了在公交导向型发展战略的背景下如何提升公交、步行和非机动车出行的分担率。Moniruzzaman主要研究了公交系统的可达性对公交分担率的影响。Gkritza研究了城市分层票价结构对公交和地铁客流分担率的影响，发现忽略不同交通方式间的竞争和合作，票价的上涨对客流的影响是有限的。Owen构建模型分析了工作可达性对不同方式分担率的影响。国内相关典型研究成果有：汪光焘在《城市公共交通出行分担率研究》一书中详细介绍了国内外著名国际大都市的公交分担率情况，提出了公交优先发展的一系列评价指标。中国城市交通论坛课题组在《公交出行分担率及公交优先发展评价研究》一文中，详细阐述了当前单一公交分担率指标体系存在的问题，指出出租车在公共交通中的定位，提出应根据城市发展特征、阶段及区域特点合理地将其纳入公交分担率的指标体系中，提出了公交优先评价的相关指标。万鹏等分析了公交都市建设的背景和目前已经形成的公交都市评价指标，对比国内外公交都市建设经验，总结了上海市的公交都市建设经验，同时指出现有公交都市考核指标存在的问题，并提出完善建议。安健等分析梳理了在推进落实公交都市建设的4年多时间里，各个城市在公交都市建设中对照现有指标体系存在的问题。通过公交都市建设目标重新对现有指标体系进行优化，以期能够科学指导公交都市建设工作。钱建华在研究中提出了包含常规公共交通、大运量快速公共交通、城市轨道交通、支线公交、穿梭巴士、出租车、公共自行车等交通方式的城市综合公共交通体系的概念,并探讨了该体系内部各方式分担率、系统集成调度、各方式运行和衔接、系统评价等关键问题。凌小静借鉴了香港、东京、新加坡、纽约、巴黎和伦敦等国际大城市在不同口径下对公交分担率的统计,分析了不同区域、不同时段公交出行结构的组成,以引导国内大中小城市公共交通的发展。黄鸣结合上海市"公交优先"实施情况,建立了适用该政策效果评价的指标体系。随后,使用层次分析法对该体系中指标的重要性进行由大到小排序,最后挑选最为核心的重要指标。安晶等研究了面向公交优先考核需求的城市公共交通发展绩效评价,提出绩效评价体系建立原则及指标体系的评价、规划与导向性功能设置要求,根据国家优先发展公交政策文件要求,建立反映城市公共交通发展水平的综合评价指标系统。综合指标系统主要涉及城市公共交通服务水平、行业保障水平、公共交通运行效率和综合效益等方面。张秀侠等基于"公交优先"的内涵及其总体目标,采用系统比较和层次分析方法,从总体发展、基础设施建设、公交服务水平、政策支持四个方面构建公交优先绩效评价指标体系。马小毅等指出现有公交优先评价体系仅从公共交通系统内部进行考核,而不将城市发展的不同阶段、空间结构形态和交通供需特征纳入体系中,结合广州实际情况,提出增加城市整体交通运作评价指标、低碳环保指标、公交吸引力指标等。高燕构建了三层公共交通优先发展水平评价指标体系,该指标体系以政策、规划、路权和技术服务优先为准则,包含公交分担率、公共交通线网密度、公交专用道占比、平均速度等十余个指标。葛芳基于证据理论和突变理论,对我国大城市公交优先系统综合评价方法进行探索,从公交时空间优先、公交服务、管理水平和枢纽设施水平四个方面提出对我国大城市公交优先系统量化的 15 个综合评价指标。阮泰对越南河内市的公共交通进行案例分析,构建符合实际的公交服务水平评价体系,并采用序关系分析法对公共交通服务质量进行评价。张天然等通过研究上海市公交分担率的发展历史,结合规划目标、编制方案以及交通模型定量分析结果,最终确定了 2035 年上海市公交分担率规划指标。曹辉对公交分担率的具体表现和影响因素进行了分析,提出应以人为本、因地制宜,利用智慧公交现代科技和技术,开创公交新型发展模式。潘跃和裴玉龙通过居民接驳方式意向调查,得到贝叶斯(Bayes)判别分析在城市常规公交接驳方式分担率的预测上更为准确。

　　基于以上的研究分析,在健康城市的背景下研究公共交通是必要的,公共交通的发展是健康城市建设的关键。

2.2 公交分担率测算影响因素及建模方法研究现状

公交分担率影响因素分析研究现状:Legrain 从公交的服务水平、可达性、城市建成环境、出行者社会经济属性等角度出发分析了不同时段下公交系统的分担率,研究发现出行者的社会经济属性、通勤特性对不同公共交通方式分担率的影响最大。Zamir 研究了在公交导向型发展战略的背景下如何提升公交、步行和非机动车出行的分担率,结果发现出行者的社会经济属性对于不同出行方式的选择差异性最大,在大力发展公交的地区,公共交通和慢行交通的出行比例远高于其他区域。Moniruzzaman 主要研究了公交系统的可达性对公交分担率的影响,结果表明公交可达性对公交分担率的影响很大。Gkritza 研究了分层票价结构对公交和地铁客流分担率的影响,发现忽略不同交通方式间的竞争和合作,票价的上涨对客流的影响是有限的。Owen 分析了公交和小汽车两种出行方式的差异,然后通过出行者出行起点与终点的可行性指标,构建模型分析了可达性对不同方式分担率的影响。薛运强在《影响公交分担率的关键因素研究》一文中提出了提高公交分担率和解决交通拥堵问题的依据。作者采用 Logit 数学模型对山东济南市居民的出行意愿数据进行研究。选取时间和费用两关键因素进行分析,发现影响提升公交分担率最大的要素是乘车时间,提高公交车速应当是提升公交分担率的有力措施。薛运强的《提升公交分担率的关键因素研究——基于济南市居民出行意愿调查数据分析》一文延续上文,重点探讨了提高公交分担率的两个因素:一是公交人群的等车、乘车时间和票价;二是公交运行速度和车内拥挤程度等。孟永平在《基于出行者心理因素的公共交通方式选择模型研究》一文中,建立基于出行者心理因素的公共交通方式选择模型,运用 Black-Litterman 模型从整体上对比分析公交与私人交通方式之间的竞争关系。由模型的预测结果可知改变出行环境可以大大提高公交分担率,效果十分显著;调查分析和模型的结果都证实了满足出行者心理需求对于提高公交吸引力的显著作用,为提高公交出行分担率和服务水平提供了参考。谭福官在《公交社区概念引导下的城镇公交规划策略——以深圳市光明新区为例》一文中,阐述了公交社区概念,以深圳市光明新区公交规划为例探讨了光明新区公交发展中的机遇及挑战,并提出了相关规划策略及建议。侯现耀等在《多公交信息下居民出行前方式选择意向分析》一文中,选取了四种公共交通信息(公交出行距离、公交位置、道路拥堵情况和换乘信息),建立了多项 Logit 模型,定量分析了显著影响因素。研究结果表明,公交信息对出行前方式选择行为的影响比较显著，且不同的公交信息对出行方式选择的影响存在差异，但总体上会增加人们选择公交出行的意愿；对于已购车的出行者，公交信息的影响十分有限，而个人对于公共交通的偏好也会影响其出行方式选择的意向。研究建议，提供更准确和丰富的公交信息服务以增加城市公共交通的吸引力。沈鑫在《基于 AMOS 的城市公交服务质量研究》一文中，提出通过提高公共交通的服务水平（乘客的满意度）来提高公共交通的交通分担率。作者根据满意度的理论提出了相关的评价指标体系，利用结构方程模型进行实证分析，得出软件质量的差异直接影响着城市公交的服务质量，软件质量是决定公交服务质量和水平的重要因素。曹辉在《关于提高城市公共交通分担率的思考》一文中通过分析中国交通现状与国外发达国家城市公交分担率的比较，得出建设公交都市的重要性，并对公交分担率的具体表现、影响因素进行分析，提出应在思想观念、制度建设、合理规划、加强调控等方面下功夫，以人为本、因地制宜、智慧公交，利用现代科技和技术，开创公交新型发展模式。姚丽亚等在《公共交通出行方式选择影响因素分析》一文中，通过调查样本分析，得出出行时间、出行费用、出行目的及出行者的性别、年龄、职业、收入对于公共交通出行方式选择结果有显著的影响，通过对这些影响因素的分析归类，可以确定代入模型的变量，为建立出行方式选择行为模型奠定了基础。

现有公交分担率统计和建模方法主要有以下三种：一是通过居民出行抽样调查。统计公交出行率，需要对居民的出行进行调查以获得基础数据，即获取该区域全天内的居民出行总次数和通过不同交通方式出行的次数。居民出行的调查通常采用抽样的方式，在早期确定样本量时主要通过统计学原理，但是，目前基本不会再做计算统计，而是使用借鉴的办法。二是通过公交运量推算。这种统计方法一般是在没有（条件）进行居民出行调查的城市中使用，一般通过公交运量统计加以推算。城市居民一日公交出行次数用公交运量统计除以公交换乘系数得到，公交换乘系数则通过问卷调查和公交跟车调查获取，现在也可以用信息手段获得。三是通过现有数据的采集获取。目前在国外大部分的发达城市以及国内部分大都市中，交通管理部门已经开始探索通过定位信息获取居民及区域内公交客流移动数据，对各类公交出行信息进行实时分析（各区域实时公交流量、公交出行、公交通勤出行、城际公交出行分析等），部分揭示公交分担率的实时、实地分布规律，但是在交通方式精确划分方面仍存在不足，需要公交集成电路卡（IC 卡）数据、志愿者调查予以辅助校验。

20 世纪欧美国家已经基本形成"四阶段"交通需求预测模式，按照出行生成预测、出行分布预测、交通方式划分和交通分配四阶段来分析城市现在和未来的交通状况。但是"四阶段"中的预测模型是通过宏观角度进行建模，并未考虑到出行者自身的特点。因此，在继"四阶段"交通需求预测法后，研究者通过非集计模型(Discrete Choice Model)这一新技术进行交通需求预测。这一新模型的研究对象从交通小区转为出行个人，研究基础为随机效用理论(Random Utility Theory)和出行效用最大化理论，解决了"四阶段"法中数据利用率低、众多影响因素无法全部探讨的问题等，此后研究开发了多元 Logit 模型(Multinomial Logit，MNL)、多元 Probit 模型(Multinomial Probit，MNP)、巢式 Logit 模型(Nested Logit，NL)等一系列模型。鉴于非集计模型的运用(尤其是 MNL 模型的大量使用)，可以对居民出行方式选择和方式划分进行更进一步的分析，从而能更好地推算公交分担率。

  Chandra 运用混合多项 Logit 模型对居民出行方式的选择进行了研究，分析了以家庭为单位的休闲出行选择的交通出行方式和出行时间，理论研究严瑾。Chandra 运用偏好调查(RP)和意向调查(SP)调查法分别采集了得克萨斯州居民通勤出行数据，建立了 Logit 选择模型，重点研究了中午短暂停留地点因素对通勤出行方式选择的影响。Joachim 从性别着手，研究家庭中缺少小汽车(家庭配备小汽车数量小于家庭中驾车人数量)的居民出行方式的选择模式，做出出行方式选择与性别之间关系的假设，运用集群稳健回归技术验证这一假设，最后提出结论：由性别产生的社会角色、经济实力、差异化的偏好，会影响居民出行方式的选择。蒋忠海和罗旗帜在《城市公交规划中未来公交分担率的确定》一文中，对规划年的人口规模及出行总量进行预测，进而确定公交分担率的范围，提供城市公交规划的量化指标。采用定量的方法对公交分担率进行预测，避免由于定性方法而产生的不足。结合理论，论文以顺德区公交规划作为实例，计算出线网总规模和公交客流总量，从而得到该区的公交分担率。富晓艳等使用非集计模型建立居民出行次数选择模型，分析居民个人出行次数，获取居民出行次数的平均值，试图解决非集计和"四阶段"法模型相结合的综合应用问题。陆锡明在《交通热点问题的规划思考》一文中，提出科学应用公交分担率指标理智认识城市拥堵状态、深入研究非机动车通行和停车管理问题、逐步实施道路的空间划分等观点。宗芳通过对数据的深入分析以及对以前模型的总结，建立 Logit 出行方式选择模型，并进行了参数标定和模型验证，通过各变量的敏感度分析考察了某一变量的变化导致各出行方式分担率的变化，并利用模型结果对交通需求管理策略实施效果进行了评价，研究了长春市实施鼓励公交策略的可行性。同济大学的周雪梅等在《基于交通方式选择的公交出行需求预测》一文中,立足数据,分析出行意愿和交通方式选择行为的特征和规律,并对重要影响因素进行排序,构建基于个人社会经济特性和出行特性的多方式出行选择模型,即非集计模型,通过预测居民公交出行分担率,并结合传统出行行为调查数据进行模型校验,提出针对公交优先发展和城市健康出行的发展策略。张蕊通过构建 STM 的交通方式分担模型(SCGC - STM Model)对影响因素与分担率的弹性进行了分析与建模,建立了基于影响因素特性的弹性计算模型,并对影响因素的弹性进行了量化分析。杜玉林等基于集计与非集计理论相结合的思路,利用灰色关联分析方法确定了公交出行的主要影响因素,根据主要影响因素对居民出行调查数据进行分组,并利用 MATLAB 软件对分组数据进行拟合得到预测模型。高清平通过研究交通方式间分担比例的影响因素和影响机理,建立了客流分担率的市场吸引力模型。边扬等对出租车出行方式分担率预测方法展开了研究。

2.3 健康城市与公共交通协调发展研究现状

公共交通与健康城市协调发展关系研究是公交分担率指标的重要应用领域之一。本书基于公共交通在城市空间精明增长、土地集约利用、减少空气污染、城市公共服务均等化以及对健康城市经济贡献性等方面的支撑引导作用,探讨公交分担率指标应用部分的研究。

2.3.1 公共交通引导土地紧凑集约利用研究

Richard D. Knowles 以哥本哈根为例研究了健康城市空间的健康增长模式,以公共交通为导向的土地开发模式是健康的城市空间增长和土地开发模式。Doina Olaru 等研究健康城市增长过程中交通走廊中的用地开发布局,认为在交通走廊中适合大力发展公共交通,布设以公共交通为导向的土地开发模式能适应城市的发展需求。Jeffrey M. Casello 研究了多中心都市圈要想健康发展,提出必须提高公共交通的竞争力,大力发展公共交通尤其是大运量的公共交通来支撑多中心都市区的健康发展。傅鹏明等研究指出坚持公交优先战略、做好公交顶层设计、构建科学的公交服务模式、探索优质的公交服务品质等发展策略,最终实现城市公共交通健康发展。於昊等研究了中国公交都市建设过程中的公共交通与土地利用的协调互动发展关系,以南京为例探讨城市公交的公共交通导向开发(Transit Oriented Development,TOD)模式和发展策略。梁晓琳从健康角度分析了慢行交通的健康特性,结合出行者的行为需求,从城市空间布局、交通布局网络和城市环境几个方面,进行分析总结,探讨了健康城市的慢行交通系统规划布局设计的有效策略,并对城市用地性质、慢行系统本身和街道空间设计提出了建议。

2.3.2 公共交通对健康城市空气质量的影响研究

空气质量是健康城市评价指标体系的重要组成部分,推进健康城市发展离不开对空气质量指标的有效控制。事实上,城市空气质量的影响因素比较复杂(涉及化石燃料的燃烧、工业生产的排放、机动车尾气、城市扬尘、地理环境、气候气象条件等因素),很多研究认为,随着城市化进程的加快和机动化出行比例的持续增加,城市交通拥堵不断加剧,汽车排放的大量尾气(包括一氧化碳、二氧化硫、氮氧化物和碳氢化合物等)成为城市空气主要污染源之一,机动车尾气排放是导致城市空气质量不断下降的重要原因。2014年北京市环保局在发布的北京市空气污染$PM_{2.5}$来源解析报告中就指出机动车尾气是主要贡献源,占比达到31.1%,超过工业生产、燃煤和扬尘的贡献。生态环境部于2018年6月1日发布《中国机动车环境管理年报(2018)》,指出我国已连续九年成为世界机动车销产第一大国,机动车污染已成为我国城市空气污染的重要来源,是造成细颗粒物、光化学烟雾污染的重要原因。因而,努力减少机动车出行比例,提倡公共交通出行必将成为我国未来健康城市建设中保障空气质量的重要举措。

国内外学者对公共交通与城市空气质量关系方面开展了丰富研究。Meinardi等在2004年1月的交通罢工之前和期间对意大利米兰市进行了抽样调查,研究了公共交通对大城市空气质量的影响,分析了公共交通的减少、车辆数量的增加和空气质量的下降之间的关系。结果显示,由于公共交通工具的存在,减少了挥发性有机化合物的排放,可使臭氧峰值在夏季减少11%~33%。Khanna等研究调查了采用替代公共交通系统后可能对能源使用和环境产生的影响以及交通模式转变对印度交通能源和环境影响的影响。研究表明,以公交为主的交通系统将减少31%的能源需求,而以地铁为主的交通系统将减少61%的能源需求。He等提出了一种基于城市乘客出行行为的自底向上的汽车尾气排放估算方法,并估计了中国城市客运行业到2030年的能源消耗和二氧化碳排放量。结果表明,促进公共交通和限制汽车使用可以在2030年使中国交通部门能源减少总量的21%。通过优化街道网络和城市形态,可以使上述贡献在规模上增加一倍。Basagaña等估算了西班牙巴塞罗那市公共交通罢工期间空气污染浓度的变化,发现公共交通的改变会影响空气质量,认为公共交通在降低城市空气污染浓度方面有重要作用。Armah等针对加纳首都阿克拉面临的日益严重的交通拥堵、空气污染、交通安全、土地利用规划等问题,利用系统动力学和因果循环图分析了交通拥堵及其伴随的空气污染的相互关系。国内学者高明等认为公共交通[主要是轨道交通和快速公交系统(BRT)]与空气质量的关系存在两种理论:交通转移理论与交通诱导理论。基于替代性政策角度,交通转移理论认为公共交通的减排作用是通过改变出行者的出行方式,让出行者选择更为清洁、高效的公共交通,从而发生一定的交通转移效应。相反,交通诱导理论则认为交通的转移效应作用有限,反而在一定程度上提高了居民从市区迁移到郊区的可能性,诱导更多通勤需求,进而加剧城市交通压力与空气污染。也有学者从微观角度利用断点回归方法研究了轨道交通对空气质量改善的影响。湛仁俊等利用断点回归方法研究了推行共享单车和轨道交通对空气质量的改善效果,指出该措施能对空气质量起到一定的改善作用,故应加强轨道交通和共享自行车的建设和使用。曹婷婷针对西安冬季雾霾严重现象,分析了轨道交通对西安空气质量的贡献影响。梁若冰等运用双重差分等实验方法估计了中国14个城市新开通的45条轨道交通线路对城市空气污染的影响,得出开通轨道交通具有显著且稳健的污染治理效应。高明等基于对国内外相关文献的综述,发现与国外发达城市相比,我国针对公共交通与空气质量关系方面的研究主要是针对轨道交通与快速公交系统,相关研究还不够深入。在此基础上,高明等利用断点回归方法分析了2014—2016年全国新开通的轨道交通和BRT对空气质量指数的影响,同时考虑了城市异质性、交通规模与模式特点等因素影响,发现轨道交通、BRT的开通对空气质量具有显著且稳健的改善作用。

2.3.3 公共交通对健康城市服务公平性的影响研究

从健康城市建设目标来看,健康城市更加关注如何提升人类健康。公共交通不仅仅是满足居民基本出行,也是改善城市人群健康的重要手段,对于提升人的健康素质具有重要作用。当居民使用公共交通工具时,通常需要在家庭、办公室、公共汽车站和地铁站之间行走或骑自行车,这种组合出行方式可以减少久坐,增加户外运动,带来运动乐趣和健康益处,对每个人的心理健康和幸福都有积极的影响。公交不仅仅具有运送旅客的单一功能,也具有引导和促进人类健康的功能,作为健康城市交通运输体系的基本组成,其对支撑和引导健康城市建设的作用日益凸显出来。在2018年2月举办的世界卫生组织欧洲区域分部"哥本哈根共识"强调："城市需要规划适当变革的设计,确保所有人都能获得公平和负担得起的出行,加快改善整个城市的连通性和社会互动,鼓励积极的出行选择,并促进可持续性"。同年10月,在北爱尔兰首府贝尔法斯特举办的世界卫生组织国际健康城市会议也提出交通系统将成为城市如何着眼于改善其公民健康和福祉的关键驱动因素。单纯将城市公交定位为"公益性社会事业"和"主要为中低收入阶层市民的日常基本出行提供保障",已与当前更加注重出行质量的现实需求不适应,不仅需要从供给量上提高公交分担率,更需要提高城市公交服务质量与效率,注重加强与健康城市人类健康目标的支撑和衔接。完善的公共交通系统将城市居民与经济社会紧密联系起来,并使他们更容易与其他人联系,这对于城市低收入居民、残疾人和老年人群生活质量的改善尤为重要。拥有公平和负担得起的公共运输系统也成为健康城市的必要条件之一,这对于增加居民对于就业、购物市场和医疗设施等健康城市公共服务的可得性和便利性具有重要的现实意义,同时也是提升健康城市公共服务均等化水平,提高健康城市社会公平性的重要途径和措施。

从既有文献来看,国外学者已经较早地开展了大量公共交通公平性相关研究。Litman等指出交通决策往往对公平性具有重要影响,通过定义不同类型的交通公平,讨论了各种公平问题,并描述了将公平纳入交通规划的方法。这种方法后来被众多学者引用。Thomopoulos等提出了一种基于多标准层次分析法的将公平问题纳入交通基础设施项目的评估方法,为决策者提供了一种额外的支持工具,使他们能够根据具体的公平原则和公平类型来对各种投资策略和选择进行评价。Delbosc等认为公平性一直是公共交通服务的主要问题之一,提出了一种利用洛伦兹曲线来测量人口相对公共交通供给的新方法,并对澳大利亚墨尔本的公共交通系统进行了评估。Welch提出一种基于综合路线、时间表、社会经济、人口和空间活动模式等因素的图论方法,用以衡量公共交通服务的公平性,以美国华盛顿巴尔的摩地区为算例验证了方法的有效性。Griffin等提出一种基于收入的交通公平性分析方法,以美国9个大型汽车导向型城市为实例进行了研究,结果表明所使用方法可用于评价小汽车和其他方式运输服务的区域公平性。Yeganeh等认为获得高质量的公共交通对就业至关重要,特别是对低收入和少数民族人口,利用回归分析方法探讨了按种族和收入划分的公共交通就业机会趋势,发现大都市区的低收入人群和少数民族是利用公共交通获得就业机会的主要用户,但整体公共交通客流量非常低。平均而言,按收入划分的公交可获得性差异大于按种族划分的公交可获得性差异,种族与收入对不公正的相对重要性随都市区规模的增大而增加。

　　国内学者结合我国公共交通发展情况也开展了丰富研究。唐子来等基于社会公平理念提出用于轨道交通社会公平绩效评价方法，并以上海为例进行了应用研究。刘明辉基于构建的公共交通供给指数综合评价指标，以武汉为例分析了公共交通设施空间分布的公平性。潘亚伟从公交优先政策出发，在分析新加坡、东京、哥本哈根等国际健康城市公共交通体系的构建要素和运行模式基础上，提出我国健康城市的横向和纵向"多模式"公共交通体系结构模型。戢晓峰基于底线公平理论，从公交服务公平性、资源配置公平性、保障公平性建立了城市公交底线公平性测度指标体系，采用主成分分析方法对城市公交的底线公平性进行了分析。戢晓峰等设计了公交出行调查问卷并运用结构方程模型分析了昆明公共交通系统公平性。王欢明等从公交服务的可达性、服务效果和社会影响三个方面设计调查问卷并对大连市公共交通服务公平性和影响因素进行了分析。杨庭通过对比公共交通和小汽车交通的出行成本和可达性差异，评价分析了广州市交通出行公平性。侯松岩等基于 ArcGIS 软件和网络分析法，以最短可达时间和公交服务频次为分析指标，研究了长春市医院可达性的时空分布特征。

　　此外，部分学者也从整个交通体系角度研究了城市交通公平性问题。孙喆基于研究视角、研究尺度、研究主题、研究方法等方面对国内外城市交通公平相关理论进行了梳理和总结。陈方等通过建立不同交通方式可达性与空间均衡度、不同群体交通公平状况的测度方法，发现公交可达性差异是造成不同收入等级群体交通公平分异的重要因素。刚毅以西安为例研究了基于就业可达性的交通公平测度及空间特征。黄谦通过对交通公平性定义和内涵分析，从宏观、中观、微观三个层次提出交通与经济建设在不同群体之间以及在不同交通参与者之间的公平性评价方法。许丰恺提出交通公平的定义和分类，利用基尼系数评价方法分析了我国东、中、西部的道路交通资源投入与回报的公平性问题，同时运用均衡度的评价方法评价了我国交通发展与服务的公平性，对交通公平影响因素进行了分析并提出建议措施。吴茂林基于相似研究框架实例评价了淄博市交通公平性。陆丹丹等定性分析了城市交通公平性影响因素和评价标准，提出实现城市交通公平的措施。吕政义将交通公平定义为在有限道路资源条件下，为出行者提供对出行目的可达性的均等，重在机会公平而不是结果公平，在此基础上提出基于交通方式公平性和交通政策公平性的评价方法。而针对城市公共服务公平性视角的国内研究还比较少，田艳平研究发现国外已经形成了比较成熟的关于公共服务的功能、公共服务的供给、公共服务的需求对均等化的影响及措施等方面的研究体系，但国内相关公共服务均等化研究起步较晚,研究成果相对较少。江海燕等对西方城市公共服务公平性研究的理论、方法及趋势进行了梳理,总结了国际研究经验和启示。

2.3.4 公共交通对健康城市经济贡献性研究

随着公交优先战略的深入推进,我国城市公共交通发展迅速。据交通运输部统计,全国有超过60%的中心城市出台了公交优先战略的实施意见,全国城市公共汽车电车运营车辆总数和公交运营线路总长度分别增长38%和41%,其中城市轨道交通线路增长超过1倍。然而,公共交通在缓解城市拥堵方面的重要作用并未得以充分发挥,多数中心城市的公交分担率不足40%,甚至更低。另一方面,健康城市导向下公共交通的准公共产品属性更为突出,所承担的社会福利性、公益性等也在导致其运营成本不断增加,财务严重亏损(其中城市轨道交通运营亏损尤为突出)。尽管公共交通具有低碳高效和运量大等优势,但从健康城市可持续科学发展角度来说,公交优先策略在发挥社会效益的同时,其交通经济性如何体现?其对经济发展贡献能力到底有多大?未来发展方向应采取何种模式更具经济性优势?从现有的文献来看,针对这些问题的研究比较少。

国外学者Drennan等研究发现美国大都市区中央商务区(CBD)的公交服务与办公租金两者间具有正向关系。Chatman等利用美国大都市区数据,发现每提高10%公交座位数可以使核心城区每年工资收入增加超过150万美元,并指出当前采用的经济成本评价方法低估了大都市区公交服务改善带来的益处。Yung-ho Chiu等运用改进的价值链数据包络分析模型研究了中国30个省市公交与经济效率之间的关系,发现在经济效率高的地区,公交效率不一定高。国内学者和芬芬定性分析了公共交通与城市发展的关系,指出公共交通体系有助于带动沿线商业住房产业,并直接刺激群众消费。丁川等利用时间序列数据分析了城市空间扩张与交通机动化水平增长之间的长期均衡关系,但未涉及公共交通的研究。卢毅等应用协整理论对北京市城市化与公交发展的内在关系进行实证分析,但指标设计较为简单,且以时间序列数据为分析基础。

2.4 研究综述

第一,在国内外有关健康城市与公共交通分担率研究既有成果中,已有的公交都市和公交优先发展考核评价指标体系所采用的公交分担率指标以及相关联的指标,存在指标单一、定义不清、阈值不当等诸多缺陷,实际使用中还存在相当大的争议。需要对公交分担率的内涵及其多样性展开深入研究,分析论证构建分层次、分区域、分时间的公交分担率体系的必要性。

第二,现有研究对于健康城市与公共交通互动发展关系的研究已经形成较丰富的成果,而对于基于公共交通与健康城市互动发展层面,构建多层次、多目标,精细化评价健康城市公共交通发展绩效的公交分担率指标体系还没有相关研究。需要对健康城市与公共交通的耦合机理展开深入研究,需从健康城市内涵和发展历程、健康城市对公共交通的促进机理、公共交通对健康城市发展的支持作用多层面深入剖析二者的互动发展机理。基于二者在城市空间增长、绿色节能、排堵保畅、公平服务四个方面的耦合机理,展开公交分担率指标体系构建研究,最终实现对公共交通的精细化、精准化量化测度与绩效评价。

第三,现有研究对于公交分担率影响因素的研究已有较丰富的成果,对于利用非集计模型进行居民出行方式选择的预测研究较多,但是目前还没有从公交分担率影响因素及其与健康城市的耦合机理入手,基于非集计理论和多目标函数原理构建公交分担率测算模型,实现公交分担率的精准测算。

第四,在健康城市导向下,公共交通已经被提升到更高的战略层面,在公共交通与健康城市空气质量关系既有研究成果中,公共交通与城市空气质量改善的相互影响机制并不十分清晰,目前结论多数为实验性的(empirical),关于公共交通对于空气质量改善的作用机理以及两者之间的互动影响研究尚不多见,特别是关于公共交通对于城市空气质量是否存在长期均衡关系,也就是公共交通发展是否真的有助于促进城市空气质量改善的研究较少。如果公共交通与城市空气质量存在协调发展的内在关系,则说明公共交通水平的提高有助于促进空气质量的改善,反之,空气质量的改善也有助于转变城市居民出行习惯,使居民更加倾向于选择公共交通出行方式,从而形成良性循环。因此,摸清两者之间的作用机理对于健康城市空气质量的有效调控具有重要的应用价值。

第五,公共交通在出行成本上具有优势,可以减轻居民在交通花费方面的财务压力,提高可负担能力,有助于提高居民对公共服务的可得性。在公共交通与健康城市在服务公平性方面的研究成果中,关于公共交通对城市公共服务公平性的影响研究尚不多。现有研究主要是从公共交通作为城市公共服务资源的公平性角度来展开相关研究,现有研究中所提出的公平性不同评价方法为本书奠定了良好的研究基础,在现有的研究成果中尚没有涉及针对公共交通与城市公共服务公平性影响的研究,如公共交通分担率对于城市公共服务资源的公平性或者均等化影响程度以及反馈机制。

第六,健康城市注重与社会经济的可持续发展,公交优先政策强调的是公共交通公益性,而忽视其经济贡献性,这对公共交通可持续发展产生重要影响。公共交通应该具有其自身的经济属性,现有关于公共交通经济性的研究成果对公共交通发展与城市经济贡献性分析具有一定的借鉴意义。但从公共交通对城市经济贡献性的定量分析出发研究两者的相互关系,从经济性视角开展不同公交发展模式比较选择的相关研究较少,而这对健康城市导向下公交发展模式的选择和推广应用具有重要的实践意义。

第三章 健康城市与公共交通互动发展机理

3.1 健康城市与公交分担率内涵

3.1.1 健康城市内涵

健康城市的理念最早被两位学者 Leonard J.Duhl 和 Trevor Hancock 提出，意为处于理想健康状态的城市，这种城市有利于改善自然和社会环境，节约社会资源，支持人们实现生活的各项功能。1994 年世界卫生组织（WHO）重新定义健康城市为一个不断发展自然社会环境，扩大社会资源，在人们充分生活并积极发挥潜能的同时，又能互相帮助的城市，是一个城市走向健康的过程，而不是指某一个已经达到特定或标准健康水平的城市。也就是说，如果一个城市对健康目标有清醒的认识，在不断努力改善自己的发展模式，朝着健康迈进，那它就是一个健康城市。健康城市是一个可持续发展的长期项目，不能目光短浅，只注重该城市目前的状态，故健康城市是一个过程，而不是结果。

上海复旦大学公共卫生学院的傅华教授将"健康城市"定义为：从城市规划、建设到管理各个方面都以人的健康为中心，保障广大市民健康生活和工作，成为人类社会发展所必需的健康人群、健康环境和健康社会有机结合的发展整体。不难看出，健康城市的核心是以人的健康和快乐为出发点，满足人在城市的自由、舒适、宜居需求，充分体现"以人为本"的根本宗旨。

实际上，健康城市的产生有其现实原因和背景。随着疾病大规模蔓延、交通拥堵恶化、人口密度过高等"城市病"症状逐渐凸显，由此引起的社会经济、自然生态等问题也严重困扰甚至危害城市居民身心健康。面对这样的危机和挑战，人们对城市的发展和建设提出了新要求。除了作为经济实体，城市首先应该是一个使人类生活自由并获得不断成长及愉悦的复合空间。

健康城市的理念本质上是在应对由于快速城市化带来的这些健康新问题，推进城市可持续发展中产生的,并代表了城市未来发展方向和趋势。健康城市强调通过预防来完善城市的物质和社会环境(包括城市交通,尤其是公共交通、步行自行车交通等绿色交通基础设施与运行环境,以公共交通为导向的城市功能布局与土地利用),并推动居民养成健康的生活方式(包括公交出行、步行和自行车出行)。城镇化引发的这些复杂的健康新问题,单靠卫生部门是无法解决的,必须建立多部门合作的方式,协同开展卫生及健康相关工作,并不断吸纳更多伙伴参与。在健康城市发展目标中,健康的元素可谓无处不在(见图3-1)。

由图3-1可见,健康城市目标涵盖:低死亡率、环境卫生、安全饮水环境、妇幼群体无暴力、儿童健康发展、居民营养水平良好、社会保障制度完善、就业公平、城市气候良好等,其中城市环境、低死亡率、就业公平等多项目标与居民交通出行相关。健康城市鼓励倡导绿色公平出行,引导健康、公平、低碳的生活方式,增强人们体质,降低交通污染和死亡率是健康城市的重要组成部分。健康城市行动促进部门间合作,鼓励社区参与及赋权,并发挥本地治理的最大效能,它是一个解决方案,体现了未来城市的可持续发展趋势。

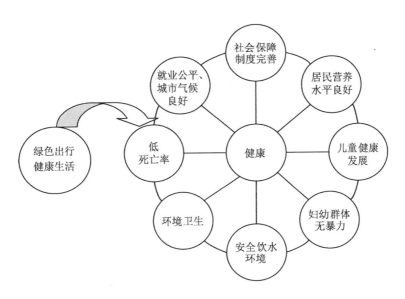

图3-1 城市发展目标和健康的关系

3.1.2 公交分担率内涵

公交分担率是指某统计期内,限定范围内公共交通出行总量与城市总出行量之比值,公共交通工具包括常规公交和轨道交通。公交分担率是评价城市公共交通发展水平的重要核心指标,用以描述公共交通在城市交通体系中的主体地位性。就我国而言,公交分担率常见有三种统计口径,其定义如下:

(1) 全方式出行公交分担率:指全天所有出行量中(含步行和自行车出行)公交出行量的比例,反映公交出行在城市总体出行结构中的比例。

(2) 机械化出行公交分担率:统计期内机械化出行(不包括步行,但是包括自行车)中公交出行量占总出行量之比例。

(3) 机动化出行公交分担率:统计期内公交出行量与总机动化出行量(不包括自行车、电动车等非机动车与步行出行量)相比所占比例。该口径应用较为广泛,在《交通运输部关于印发〈公交都市考核评价指标体系〉的通知》(交运发〔2013〕387 号)以及国家标准《城市公共交通发展水平评价指标体系》中都对具体计算方法做出了明确描述[式(3-1)]:

$$PTI_1 = \frac{P_{公交}}{P_{机动化}} \times 100\% \tag{3-1}$$

式中,PTI_1——机动化出行公交分担率;

$P_{公交}$——公共交通方式出行总量,即采用公共汽(电)车、轨道交通、城市轮渡等(不含公共自行车、出租汽车)交通方式的出行量,单位为人次;

$P_{机动化}$——机动化方式出行总量,即使用公共汽(电)车、轨道交通、城市轮渡、小汽车、出租汽车、摩托车、通勤班车、公务车、校车等各种以动力装置驱动或者牵引的交通工具的出行量,单位为人次。

公交分担率指标不仅在不同统计口径下存在差异,随着时间的变化也会随之变化。公交分担率的统计十分多样,同一城市、同一时间的情况下,使用不同的统计口径,其结果可能大为不同。因此,"公交都市"(国际标准)不仅会定期发布各城市全方式公交分担率统计结果,也更加注意早晚高峰、交通拥堵区域、通勤出行公交分担率。具体如下:

(1) 全方式出行公交分担率:一般世界级城市在官方年报中都会公布该指标。香港(2002)、东京都市圈(2004)、大伦敦(2006)、上海全市(2009)的该指标分别为 45.5%、35%、30.1%、25%。

(2) 机械化出行公交分担率:由于各城市交通调查中的步行界定范围不同,因此步行出行无法比较,该指标统计出行总量时不计入步行出行。香港(2002)、东京都区部(2004)、上海中心城(2009)、北京六环内(2010)、大伦敦(2006)的该指标分别为 65％、61％、47％、39.7％、39.4％。

（3）机动化出行公交分担率：为反映各机动化方式间的竞争关系，该指标统计出行总量时不计入步行与自行车出行。首尔（2002）、新加坡（2004）、大伦敦（2006）的该指标分别为 58％、47％、40.4％。

（4）城市不同区域公交分担率：该指标有利于全面揭示城市交通模式特征。以大伦敦为例，中央区域、内伦敦以及外伦敦（2004）三个不同的区域机动化比重逐渐增加，逐渐由慢行和公共交通主导方式转变为个体机动化主导方式，中央区域慢行出行率高达 76％，外伦敦与中央区域之间公交分担率高达 81％。

（5）通勤交通公交分担率：为了进一步明确较突出的交通矛盾问题，该指标指以通勤为目的全方式出行中公共交通出行量所占比例。伦敦（2006）通勤出行公交分担率为 44.6％，明显高于全目的的 30.1％。

（6）早高峰进城出行公交分担率：该指标对交通矛盾最突出的时段和方向的公交分担率的研究尤为重要。伦敦、东京等大城市该时段、该方向上的公交分担率都高于 80％，伦敦进入中央区域的为 89.4％，东京进入中心城、核心区的分别为 83％、85％。

公交分担率指标的测算大致分为两种：

（1）居民出行调查法。一般采用抽样方式进行出行调查，在运用统计学原理对样本数据处理后确定整个城市的出行量。对于城市进行居民出行调查的抽样率由人口规模确定，见表 3.1。

表 3.1　城市人口规模与抽样率表

人口规模	≥100 万	50 万～<100 万	20 万～<50 万	<20 万
抽样率	≥1％	≥2％	≥3％	≥5％

（2）公交出行次数法。若某个城市缺乏居民出行调查的实施条件，也可通过公交出行量和居民出行总量推算的方式来获得公交分担率。一天中居民出行总量可根据居民平均每日出行次数乘城市人口规模进行估算：全日居民出行总量＝居民平均每日出行次数×城市人口规模。按一般城市的交通出行规律，一段时期内，居民平均每日出行的次数相对会比较稳定，不会有大的波动。如果城市的类型相同，那么居民平均每日出行次数也会比较相似，一般取 2～3 次/日进行估算。公交分担率可由公交出行量及上述方法推算出的居民出行总量得出，不足之处是无法推算其他方式的分担率。

3.2 健康城市的发展历程

3.2.1 健康城市发展历程

1. 发展历程

从发展历程来看,健康城市的运动最早发起在欧洲国家,运动的开端是由世卫组织(WHO)发起的一项小规模欧洲项目,旨在将健康问题列入欧洲城市决策者的议程。它的第一个五年执行阶段力求将"人人享有健康(Heath for All)"和《渥太华宪章》化为具体行动,旨在通过将政治领导、卫生可见性、体制变革和创新的卫生行动结合起来以实现健康城市的愿景。健康城市的建设项目在欧洲等地区已经发展并经历了早期预定的前四个阶段,目前已经完成第六阶段的健康城市建设任务。其不同发展阶段的工作重心如表 3.2 所示。该项目目前包括来自世界各地的城市,但欧洲城市的接受度最高,目前在大约 30 个国家有 1 200 个卫生城市项目。全球超过 4 000 个城市加入 WHO 的国际健康城市协作网络。

表 3.2 欧洲健康城市发展阶段

阶段	时间	工作重点	参与城市
第一阶段	1988—1992	为城市的卫生工作建立新的结构并引入新的方式,摸清城市健康概况	35 个城市
第二阶段	1993—1997	强调部门间行动、社区参与和全面城市卫生规划	37 个城市
第三阶段	1998—2003	关于健康和可持续发展及健康城市规划的行动;对主要非传染性疾病危险因素采取行动;处理影响健康的社会决定因素;城市卫生发展规划是必不可少的工具;与欧洲其他城市网络建立伙伴关系	56 个城市
第四阶段	2004—2008	日益强调以伙伴关系为基础的卫生发展计划,核心主题包括健康城市规划、健康影响评估和健康老龄化	70 个城市
第五阶段	2009—2013	所有地方政策中的卫生和卫生公平 核心主题链:关爱和支持环境、健康生活、健康城市环境和设计	100 个城市
第六阶段	2014—2018	健康领导;城市卫生外交;应用"健康 2020"的视角,重点关注生命历程方法、社区适应能力和健康素养	100 个城市

由表 3.2 可知,健康城市的建设项目在欧洲等地区已经经历了第一阶段引入健康城市概念,组织设立健康城市工作小组;到第二阶段制定相关健康政策,全面综合地规划健康城市并实施;到第三阶段健康城市建设成果显现,开始系统开展项目建设成果的评估工作;再到第四阶段细化健康主体,关注老龄化、居民体质锻炼、城市规划评估等专项建设;再到第五阶段打造健康支持性环境,打造健康生活方式,使健康城市理念深入人心;再到第六阶段,强调健康领导,关注生命历程,社区适应能力,开启新的健康视角。

2. WHO 健康城市标准和指标

世界卫生组织将 1996 年 4 月 2 日世界卫生日的主题定为"城市与健康",并根据世界各国开展健康城市活动的经验和成果,同时公布了"健康城市 10 条标准",将其作为建设健康城市的努力方向和衡量指标,具体指标及内容如表 3.3 所示。该标准是 WHO 根据世界各国开展健康城市活动的经验,对健康城市提出的要求,各国可根据本国国情做相应调整。

表 3.3　WHO 健康城市 10 项具体指标表

序号	指标	序号	指标
1	为市民提供清洁安全的环境	6	提供各种娱乐和休闲活动场所
2	提供可靠和持久的食物、饮水和能源供应	7	保护文化遗产并尊重居民的文化和生活特征
3	保证市民在饮水、住房、安全和工作方面等达到基本要求	8	视保护健康为公共政策,赋予市民选择利于健康行为的权利
4	拥有强有力、相互帮助的市民群体	9	努力不懈地争取改善健康服务的质和量
5	使市民能参与制定涉及他们日常生活的政策	10	能使人们更健康长久地生活、少患疾病

为帮助各国建立可量化评估的健康城市指标,47 个欧洲城市积极配合 WHO 初步得出 53 个健康城市指标,结合指标可行性等原则进一步讨论后,将 53 个指标删减为 32 个可具体量化的健康城市指标(表 3.4),并将这 32 个指标作为各城市建立自己城市健康数据的基础(City Health Profile)。其中与公共交通直接相关的指标为:大众运输(C12)和大众运输服务范围(C13)。而人行街道(C10)、脚踏车专用道(C11)分别对应步行交通、自行车交通两项绿色交通指标,也与公共交通紧密相关,共同构成了绿色出行、健康生活的主要指标。这些指标为确定卫生政策和改善城市健康水平措施提供了有意义的证据基础。此外,还可以通过分析它们的变化趋势来评价建设健康城市进展,以确定城市的健康是否正朝着正确

的方向发展,以及是否正在保持这一方向。因而,在衡量和监测健康城市的健康状况方面,指标一直发挥着至关重要的作用。

表 3.4 WHO 健康城市指标

类 别	指标编号	指标名称
健康指标 (Health indicators)	A1	总死亡率(Mortality)
	A2	死因统计(Cause of death)
	A3	低出生体重(Low birth weight)
健康服务指标 (Healthy service indicators)	B1	现行卫生教育计划数量(Existence of a city health education program)
	B2	儿童完成预防接种的百分比(Percentage of Children fully immunized)
	B3	每位基层的健康照护者所服务的居民数(Number of inhabitants per practicing primary health care practitioner)
	B4	每位护理人员服务的居民数(Number of inhabitants per nurse)
	B5	健康保险的人口百分比(Percentage of population covered by health insurance)
	B6	基层健康照护提供非官方语言服务之便利性(Availability of primary health care services in foreign languages)
	B7	市议会每年检视健康相关问题的数量(Number of health related questions examined by the city council every year)
环境指标 (Environmental indicators)	C1	空气污染(Atmospheric pollution)
	C2	水质(Water quality)
	C3	污水处理率(Percentage of water pollutants removed from total sewage produced)
	C4	家庭废弃物收集质量(Household waste collection quality index)
	C5	家庭废弃物处理质量(Household waste treatment quality index)
	C6	绿覆率(Relative surface area of green spaces in the city)
	C7	绿地之可及性(Public access to green spaces)
	C8	闲置之工业用地(Derelict industrial sites)
	C9	运动休闲设施(Sport and leisure)
	C10	人行街道(Pedestrian streets)
	C11	脚踏车专用道(Cycling in city)
	C12	大众运输(Public transport)
	C13	大众运输服务范围(Public transport network cover)
	C14	生存空间(Living space)

(续表)

类　别	指标编号	指标名称
社经指标 (Socio economic indicators)	D1	居民居住在不合居住标准的比例(Percentage of population living in substandard accommodation)
	D2	游民的人数(Estimated number of homeless people)
	D3	失业率(Unemployment rate)
	D4	收入低于平均所得之比例(Percentage of people earning less than the mean per capita income)
	D5	可照顾学龄前儿童之机构百分比(Percentage of child care places for pre-school children)
	D6	小于20周、20～34周、35周以上活产儿的百分比(Percentage of all live births to mothers＜20；20—34；35＋)
	D7	堕胎率(相对于每一活产数)(Abortion rate in relation to total number of live birth)
	D8	残障者受雇之比例(Percentage of disabled persons employed)

3.2.2　我国健康城市发展概述

1. 发展历程

1993年以前,中国健康城市项目的发展体现在健康城市概念的引入,与WHO合作开展相关的培训等,处于一种探索和试点阶段。1994年8月,北京市东城区、上海市嘉定区启动"健康城市"项目试点工作,这标志着中国正式加入全球健康城市规划运动中。2001年6月,全国爱国卫生运动委员会办公室(以下简称"爱卫办")向WHO正式申报中国第一个"健康城市"项目试点城市——苏州,8月,确定了用5～10年时间把苏州建成健康城市的目标。随着我国城市化进程的加快,城市中健康问题日益突出,如水和卫生设施、职业卫生与安全、伤害、精神卫生、传染病和非传染病、看病难等;一系列复杂新问题,如新发疾病、人口老龄化、就业困难、气候变化、贫富差距加大等,也开始涌现。2003年9月,SARS(重症急性呼吸综合征)爆发后我国开始系统启动健康城市建设工作,倡导"健康入万策"战略,即要让所有相关部门在制定政策时都考虑到政策对健康的影响。上海市政府于2003年底下发了《上海市建设健康城市三年行动计划(2003—2005年)》,将其作为重点工作来抓,确定了8个项目(提供健康食品、营造健康环境、追求健康生活、普及健康锻炼、倡导健康婚育、发展健康社区、建设健康校园、创建精神文明),共 104 项指标。上海于 2004 年进行中期评估,2005 年完成终末评估,上海建设健康城市的成功经验成为其他大型、特大型城市的相关建设项目提供了经验和实践基础。2007 年底,爱卫办在全国范围内正式启动了建设健康城市、区(镇)活动,并确定上海市、上海市闵行区七宝镇、杭州市、北京市东城区、苏州市等为全国第一批健康城市建设试点,打开了中国健康城市建设的新局面。2016 年 7 月,经国务院同意,全国爱国卫生运动委员会印发《关于开展健康城市健康村镇建设的指导意见》,在全国全面启动健康城市健康乡村建设,将其作为推进健康中国建设的抓手深入推进。2016 年 10 月 25 日,国务院发布"健康中国 2030"规划纲要》,此文件成为之后 15 年推进健康中国建设的宏伟蓝图和行动纲领。2018 年 4 月,爱卫办按照国务院《关于进一步加强新时期爱国卫生工作的意见》和《关于开展健康城市健康村镇建设的指导意见》中提出的"建立适合我国国情的健康城市建设指标和评价体系的要求",发布了《全国健康城市评价指标体系(2018 版)》。

2. 健康城市评价指标

健康城市指标体系的科学确定成为健康城市建设的核心内容之一,科学合理的指标一方面可以监督评估健康城市的建设,另一方面也是确定建设目标、制定建设原则的依据。科学评价健康城市发展水平需要以健康城市评价指标体系为基础,指标体系可以为健康城市建设提供导向。用指标评价,以评促建,以评总结经验,加强城市间交流,相互促进。结合我国自身国情,针对目前我国城市建设中的健康影响因素和主要健康问题,遵循有效性及可靠性原则、可获得性原则、敏感性原则、普遍认同原则,以及可重复性原则。2018 年 4 月爱卫办研制了《全国健康城市评价指标体系(2018 版)》,将其作为各地健康城市建设应遵循的基本要求。该指标体系共包括 5 个一级指标,20 个二级指标,42 个三级指标,能比较客观地反映各地健康城市建设工作的总体进展情况。一级指标对应"健康人群""健康社会""健康环境""健康文化""健康服务"5 个建设领域,二、三级指标注重我国城市发展中的健康影响因素和存在的主要健康问题。指标的构建原则、指标说明、计算说明、数据来源、具体要求、指标应用等层面都有详细的规定。

3. 健康城市的中国经验

在快速实现健康城市愿景的过程中,健康城市的中国经验已经形成,总结为以下几个方面:

(1) 建立了健康城市建设的良好机制。各级政府主导,多个部门协作,全民全社会参与。

（2）形成了具有特色的建设实施方案。健康优先,以人的健康为中心制定、实施各项政策,形成覆盖全社会、全生命周期的健康城市建设实施方案。

（3）打造了独特的中国健康城市建设领域。除了指标体系中一级指标所涉及的五大健康领域,另加产业健康形成六大健康领域。

（4）形成了健康中国的微观基础。目标导向,设计一系列"健康细胞"工程,将任务直接落实到社区、机关、学校、企业和家庭等。

（5）形成独特的健康城市建设项目。以重点项目为切入点,打造可推广经验,培育成功范例。

3.3　健康城市与健康交通

1. 健康交通的内涵

健康是指一个人在身体、精神和社会等方面都处于良好的状态。健康包括两个方面的内容:一是主要脏器无疾病,身体形态发育良好,体形均匀,人体各系统具有良好的生理功能,有较强的身体活动能力和劳动能力,这是对健康最基本的要求;二是对疾病的抵抗能力较强,能够适应环境变化、各种生理刺激,以及致病因素对身体的作用。如果将城市看作一个有机有生命的整体,那么,城市也需要有完整良好的形态、机能与活力,还需要有良好的抵抗疾病能力与环境适应能力。交通作为城市的引擎、骨骼和血脉,是城市生命有机体的最重要元素。"健康交通"必须具备健康城市所需的完备的体系结构,与健康城市形态相耦合的设施布局,支撑和维持健康城市成长与运行的高效、绿色、便捷、舒适、安全、公平的交通模式与运行服务。

健康可持续交通不仅包含社会和经济的可持续性,还包括能源的理性利用和环境保护。环境可持续交通被定义为:交通运输不危及公共健康或生态系统并且满足可达性需求,可再生资源的消耗速度低于它们的再生速度,不可再生资源的消耗速度低于开发可再生替代资源的速度。城市可持续交通系统除了具备一般系统的整体性、层级性等基本特征外,还具有其自身特有的特征与功能,如模糊的边界、嵌套性、有限承载下的服务功能、不确定性、自组织和健康持续发展特征。

2. 基于健康城市的居民出行需求特性

随着城市化的迅猛发展,人口增长和土地的无序扩张给城市的健康发展带来了前所未有的压力。城市规模的不断扩张,极大地促进了交通需求的产生。同时,社会生产力的提升,使得劳动时间不断缩短,居民通勤出行的比例逐渐下降,消费性、娱乐性出行的比例逐年上升,多样化的出行在各国中越来越突出。但是由于历史建设原因,国内大多城市的老城区都存在严重的供求不平衡现象,汽车保有量的过快增长给城市中心城区带来了巨大的压力。同时,城市交通拥堵所反映出来的不仅是交通问题,也是社会、经济和管理问题。

城市交通拥堵、环境污染、噪声污染等一系列问题都在牵制着城市的发展,健康城市建设成为城市前进的必经之路。实现城市健康发展,在交通方面主要体现在普及绿色交通模型,限制城市机动车的数量和出行,增加城市非机动车和步行交通的分担率,提高城市的绿色出行分担率,以达到健康城市的发展需求。健康城市还体现在优化现状交通结构,减少机动车的数量,大力提倡公共交通,以大运量、低能耗的轨道交通、常规公交来促进城市公共交通的发展,改善居民出行环境。同时,在健康城市的发展轨迹中,城市出行的改善不能只体现在"量"上,还应体现在"质"上,应该根据不同城市的需求,因地制宜,让机动车出行等交通方式作为公共交通的补充,优化城市交通出行结构,改变病态的交通发展道路。

3. 健康交通与健康城市的耦合互动关系

现阶段,国内的交通发展已经到了关键时期,随着"交通强国"战略的提出,以及交通拥堵、环境污染等问题对城市发展的困扰,如何实现城市道路资源的再分配,减少机动车出行的出行量,提高公共交通等绿色出行的分担率,已经成为亟待解决的问题。交通发展和城市发展都应该以健康发展为主要目标,健康发展能够实现城市资源的合理分配,提高城市的可达性,塑造宜居的城市街道空间,为城市居民出行提供便利的出行环境。一个城市的发展,需要让居民有满足感、幸福感,让物质资源实现精细化的管理、均衡等级分配,具有优美的道路景观、开敞空间、文化特色和安静清洁的环境,提高公共交通的竞争力,削弱机动车出行的主导地位,实现不同方式间的无缝换乘。

(1)健康城市需要完备的综合交通体系结构

健康城市需要交通实现低碳、绿色出行。要打造健康城市所需的完备的综合交通体系结构,必须以轨道交通为骨架,以绿色公共交通为主体,打造慢行友好出行环境,实现多方式协同发展,最终形成集约环保、低碳节能的绿色综合交通体系。

(2)健康城市需要与其形态相耦合的综合交通设施布局

城市的空间形态决定了交通设施空间格局,尤其是综合交通设施。与此同时,城市的交通布局,尤其是城市的综合交通设施,比如综合换乘枢纽,又引领城市的空间形态布局。综合交通枢纽的布局应与城市形态、城市的功能分区、城市职住分布相适应,尽量实现居民就近居住、就近出行。通过综合交通设施的合理布局,尽量减少城市内跨区出行需求,实现健康城市形态对交通设施布局的需求。

(3) 公交导向下的紧凑开敞城市空间形态与集约高效的土地利用

公共交通尤其是轨道交通具有人均占用道路面积小,出行集约化程度高,低碳环保等特点,成为具有紧凑开敞的城市空间形态、集约高效土地利用的城市解决交通问题的有效途径。特别是在居住密度较大的城市中心区域,需要构建多模式、多层次的公共交通出行网络。多层次公共交通系统不仅包括常规的公共交通,还应涵盖快速公交、城市轨道交通。只有构建多层次公共交通系统,才能更好地缓解具有紧凑开敞的城市空间形态、集约高效土地利用的城市的交通问题,实现其健康发展。

(4) 健康运行的高效、绿色、便捷、舒适、安全、公平的交通模式与运行服务

现阶段,城市道路网络是基于机动化出行建立的,如道路的断面形式、等级分配等,以典型的机动化出行为导向。但是,道路网本身应以实现人或物的移动为目标,而不仅仅是实现车辆的移动。从城市居民出行距离需求分析可知,超过70%的出行都集中在3~5 km,次干路和支路可以满足中短距离的居民出行。大城市居民出行的最长距离一般在20 km左右,轨道交通是实现长距离出行的最优选择,并辅以快速路网,疏解出入境、过境、城市内长距离出行。除此之外,城市的主干道路,应该以实现公共交通和慢行交通作为首要服务对象,机动车交通作为其次。基于健康城市的诉求,应该构建和维持高效、绿色、便捷、舒适、安全、公平的交通模式与运行服务。

3.4 健康城市对公共交通优先发展促进机理

城市健康交通系统强调环境对交通的约束,并以环境阈值作为信号自发通过管理系统进行调控,其功能除了一般交通系统提供的可达性交通服务功能以外,还应该具有以下三个功能:最大限度地减少对环境的污染和破坏,使整个交通排放和其他系统的污染物排放总体不超过城市大气环境容量;节约资源,减少不可再生的化石能源的使用,提高土地的利用效率,推动发展集约型经济;提高人类的生活质量,保障经济发展战略的实现,促进城市空间优化和社会进步。

可持续发展的交通模式必须具备以下特征:保护与发展,公平与效率,规模

与效益。资源消耗少、环境代价小,又能最大限度地满足人们日益增长的交通需求的城市交通系统被称之为可持续交通系统。可持续发展的交通模式的实现,需要满足:生态可持续,与交通出行有关的污染水平低于人类安全耐受范围和环境承载力;经济可持续,不能以超过使用者支付能力的经济代价来控制和维持系统运行;社会可持续,为社会每一成员提供获得基本的社会、文化、教育和经济服务的出行方式。高效、绿色、低碳的城市公共交通是其中最关键、最重要的组成部分。随着《关于开展健康城市健康村镇建设的指导意见》和《全国健康城市评价指标体系(2018版)》的出台,中国的健康城市迈入全面发展的新阶段。建设健康城市,秉承以人为本的理念,从城市规划、建设到管理全面贯彻"以人的健康为中心"的原则,把城市建设成为健康人群、健康服务、健康环境和健康社会相结合的有机整体,通过转变经济发展方式,摒弃高污染、高能耗、低效益的传统城市发展模式,开创宜业、宜居的城市发展新格局。可以说,公共交通优先战略与健康城市具备相同的使命与愿景,健康城市能够为公共交通优先战略的实现提供背景支撑和引领,应将可持续发展的主要原则纳入公交运输规划。

健康城市作为城市发展的新模式,针对的就是以破坏环境为代价的传统发展模式和日益严峻的"城市病"问题,这与公共优先战略定位和目标完全一致。以绿色出行分担率指标(公共交通、步行、自行车的分担率)为例,对于工业排放占比不高的发达国家城市而言,城市交通是城市主要的空气污染物排放源之一,推动城市范围内减排的落脚点在于城市交通行业减排。随着我国大城市三产结构的不断优化,这种策略也适应我国健康城市建设。健康城市规划历程中逐渐形成了典型的规划模式,比如印第安纳模式,强调政府、市民和社会共同参与城市规划,重视社区的作用,进行出行重要节点的交通布局规划,尤其重视学校、居住区等地区出行需求,要求构建适合居民出行、步行、休憩的交通和街道。

健康城市规划与公交优先战略的具体促进关系如图3-2所示。

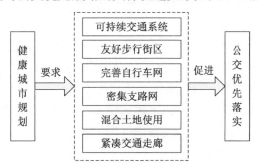

图3-2 健康城市促进公共交通优先发展关系图

由图 3-2 可知,健康城市建设规划友好的步行街区,打造慢行交通网络,而完善的步行和自行车交通可以为公共交通发展提供良好的换乘衔接系统,可有力促进公共交通的优先发展。另外,健康城市规划要求建设密集支路网系统,使得出行末端的毛细血管系统畅通,鼓励土地混合使用,打造以紧凑交通走廊为干线出行的廊道土地开发模式,为公共交通发展提供了发展的土壤,可有力促进公交优先战略和公共交通导向开发(Transit Oriented Development,TOD)策略的落地。

3.5 公共交通对健康城市发展的支持作用

健康城市的基本特征表现在具有健康的城市空间形态,集约的土地利用,清洁的空气质量,良好的生态环境,安全、高效、便利和公平的出行服务等各个方面。与其他交通方式特别是小汽车交通相比,公共交通具有运输集约高效、出行低碳绿色等显著特征,除了具备较强的公益性之外,更具备较强的健康效益。

公共交通尤其是轨道交通具有人均占用道路面积小,出行集约化程度高,低碳、环保等特点,成为具有紧凑开敞的城市空间形态、集约高效土地利用的城市解决交通问题的有效途径。在居住密度较大的城市中心区域,应构建包括常规公共交通、快速公交和城市轨道交通的多模式、多层次公共交通系统,实现多方式协同发展,形成集约环保、低碳节能的绿色综合交通体系,满足健康城市对低碳、绿色出行需求。以公共交通为导向的城市交通发展结构是健康城市发展的最优模式,也是构建健康城市的核心内容之一,需要在不同健康城市形态的基础上,发展与之相对应的公共交通结构。

公共交通对健康城市建设的支持作用如图 3-3 所示。

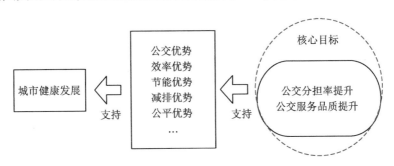

图 3-3 公共交通支持健康城市发展图

由图 3-3 可知,公共交通的两大核心目标为:城市公共交通分担率的提高和城市公共交通服务品质的提升。两大目标的达成,可以有力地巩固公共交通在城市交通系统模式中的主导地位,促进公共交通的优先发展,充分发挥公共交通的效率优势、节能优势、减排优势、公平优势等,而公共交通优势的发挥可以满足健康城市发展在空间集约、出行安全、节能减排、环境友好、健康公平方面的需求。

良好的健康城市经济社会能够为城市公交系统的完善和设计提供强有力的支持,完善的公共交通系统又能够吸引更多的市民,改变出行习惯,完成建设健康城市的最终目标,真正实现人与社会、交通和城市、都市和自然的协调发展。公共交通与健康城市的互动关系如图3-4所示。

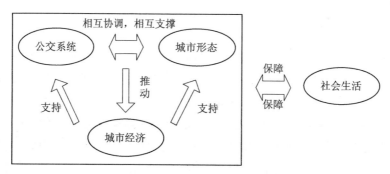

图3-4 公共交通与健康城市的互动关系图

本书从公共交通的健康效益入手分析论证其对健康城市建设的支持机理。公共交通的健康效益主要体现在:空间集约性、出行安全性、空气清洁性、出行健康性和服务公平性。具体分析如下。

1. 空间集约性

公共交通作为一种有效缓解城市交通拥堵的重要手段,已经受到越来越多国家的青睐。公共交通基础设施的建设能够有效节约城市土地资源,提高城市资源的利用率,降低交通污染,是发展健康城市中的重要一环。对于密集型发展城市,公交导向型的发展策略不仅能够改善人居环境,还能增强城市功能,是增加城市竞争力的关键。同时,公共交通的发展能够带动慢行设施的建设,包括骑行道路网建设、自行车租赁系统等,促进城市活力空间的发展,为城市绿地和开放空间设计提供宝贵的空间资源,促进城市的可持续发展。

公共交通可以支持更高密度的土地开发,减少人们到达目的地所需的时间,这有助于提升城市出行可达性,促进社会公平。紧凑的TOD模式为该地区留下了更多用于公园、野生动植物保护区、森林和其他用途的土地,便于提升城市健康生态环境和公益健康。此外,TOD模式还可以间接减少建设交通基础设施、制造新车辆和提取更多化石燃料的需求,这意味着进一步节约能源和减少对环境的影响。

交通发展和城市发展都应该以健康建设为主要目标,健康交通发展能够实现城市资源的合理分配,提高城市的可达性,塑造宜居的城市街道空间,为城市居民出行提供便利的出行环境。一个城市的健康发展,需要让居民有满足感、幸福感,让物质资源实现精细化的管理、均衡等级分配,具有优美的道路景观、开敞空间、文化特色和安静清洁的环境。

一方面城市发展形态决定交通发展模式。城市自然条件(地形和地貌)、环境条件(包括气候环境、生态环境和社会环境)和城市规模和空间形态等对城市交通系统模式有着显著影响。健康城市要求交通设施布局与其形态相耦合,交通布局应与城市形态、城市功能分区和城市职住分布相适应,尽量减少城市内跨区出行需求,实现居民就近居住、就近出行,满足健康城市形态对交通设施布局的需求。交通出行特征由城市土地利用性质决定,住宅区、工业区、商业区等不同功能区会产生不同的交通流,而这些功能区通过不同方式组合在一起,决定了整个城市的交通布局和结构形式。

另一方面交通模式引导城市结构发展。从健康城市角度来说,公共交通除了对有效缓解交通拥堵、减少空气污染具有重要影响之外,还在城市规划布局中具有引领作用。TOD模式已经是大多数城市认可的公共交通发展模式,这种紧凑的带状开发模式,大大增加了经济、社会和环境的投资效益。公共交通的改善能够促进城市工业集群的增长和密集化,促进城市集聚中心的形成,产生更多就业机会,从而增加外部集聚经济和提高经济生产力。美国学者研究表明就业机会数量增加10%,或人均轨道服务里程增加10%,相当于城市工资收入从150万美元增加到18亿美元。发展和完善公共交通也有助于促进社会公平。对于收入一般的家庭来说,尤其是低收入家庭,通常居住在距城市中心较远的住宅区,方便的公共交通系统意味着通勤成本减少,提高城市公共服务资源的可达性(特别是医疗资源),减少获得工作机会的不平等性。同时,对于其他公共服务的公平性(教育和体育设施等资源)具有改善作用。

城市空间发展形态决定交通系统模式,交通模式引导城市结构发展的互动发展关系图如图3-5所示。由图3-5可知,城市自然条件、城市资源环境和城市性质等决定了城市的发展规模,进而形成了城市空间布局和土地开发,而城市的空间布局和土地开发情况又决定了城市交通出行需求特性;同样,城市自然条件、资源环境等限定了城市交通政策与经济发展,其与城市空间布局和土地利用共同决定了交通基础设施的建设和交通工具的发展,反过来交通基础设施的建设和交通工具的发展也制约着城市空间布局和土地开发,同时交通基础设施的建设和交通

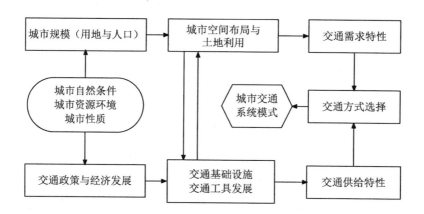

图 3-5 城市交通系统模式形成机制图

工具的发展正是一个城市的交通供给特性;最终交通需求特性和交通供给特性共同影响了城市交通方式的选择,也决定了城市交通发展模式。

2. 出行安全性

如果将道路交通当作一个系统来看就会发现:危险行为与危险操作的后果主动或被动地由交通工具所放大了,在同种交通方式中与不同交通方式中它们都能相互影响。而公共交通作为机动化的道路出行方式却能在所有道路出行中维持最低的交通事故伤害率,是所有道路交通中最为安全的出行方式。随着一个地区公共交通出行的增加,交通事故率往往也会下降,采用公交车出行的安全效益可以体现在两个方面:一是公交车本身事故发生率低;二是公交车降低了更为危险的乘用车、摩托车和其他车辆的出行量。

表 3.5 给出从 2009 年至 2013 年期间美国不同交通方式的交通事故发生率。公交车乘客的出行致命伤害率、非致命伤害率和事故死亡率均为最低(分别为十亿分之 3.5、十亿分之 1 571.0 和 0.2%)。

表 3.5 致命和非致命伤害和人员出行数量分布情况表

出行方式	致命伤害		非致命伤害		出行人次		出行伤害率/十亿分之		事故死亡率/%
	数量/人	比例/%	数量/人	比例/%	数量/百万	比例/%	致命	非致命	
乘用车	32 283	76.6	2 804 000	92	349 125	86.4	92.5	8 031.5	1.1
摩托车	3 112	7.4	60 000	2	580	0.1	5 365.5	103 448.3	4.9
步行	4 846	11.5	76 000	2.5	35 366	8.8	137.0	2 149.0	6.0
自行车	695	1.6	48 000	1.6	3 314	0.8	209.7	14 484.0	1.4

(续表)

出行方式	致命伤害		非致命伤害		出行人次		出行伤害率/十亿分之		事故死亡率/%
	数量/人	比例/%	数量/人	比例/%	数量/百万	比例/%	致命	非致命	
公交车	40	0.1	18 000	0.6	11 458	2.8	3.5	1 571.0	0.2
其他	1 156	2.7	42 000	1.4	4 068	1	284.2	10 324.5	2.7
总计	42 132	100	3 048 000	100	403 912	100	—	—	—

3. 空气清洁性

小汽车"井喷式"的增长和高强度的使用是城市交通拥堵的重要原因。快速增长的小汽车保有量和缓慢的配套基础设施发展之间的矛盾使得交通拥堵问题不断加剧,更为严重的影响是交通拥堵大大增加了交通事故发生的概率,事故的发生、处理又会持续加剧拥堵状况,产生恶性循环。交通拥堵的产生还造成了城市环境的恶化,缓行状态的车辆增加了氮氧化物、颗粒污染物的排放,给人类社会和生态系统造成了难以估量的危害。伦敦市的检测数据显示:道路交通排放是二氧化氮(NO_2)和PM_{10}污染物的主要来源,其中60%的NO_2和70%的PM_{10}排放均来自道路交通。

面向公共交通的发展通过控制人均车辆旅行减少了额外的排放,特别是轨道交通,如对印度新德里公交系统的研究发现:以公交为主的交通系统将减少31%的能源需求,而以地铁为主的交通系统将减少61%的能源需求。

机动车保有量迅速增长的过程不仅消耗了大量资源与能源,同时还造成了日益严重的环境污染问题。以汽油为燃料的汽车排放的尾气不仅是温室气体的重要来源,还直接排放了包括一氧化碳、氮氧化物、铅等对人体健康有直接危害的物质。汽车尾气中的二氧化硫还是形成酸雨的物质,会造成土壤和水源的酸化。迅速增长的机动化交通还造成了严重的噪声污染。公共交通虽然也是一种机动化的出行方式,但公交系统可以通过更少的人均道路占比、能源消耗和更安全的出行保障最大限度地降低机动化的出行危害。提高公共交通的服务水平能够增加公共交通的分担率,减少居民出行对小汽车的依赖,从而降低机动化的资源、环境危害。

美国交通部的联邦运输署认为,公共交通在应对城市空气环境和气候变化挑战等方面发挥着重要作用。公共交通可以通过减少整体车辆排放和产生烟雾的污染物来帮助大城市地区达到国家空气质量标准。在交通拥堵最严重的城市和郊区,空气质量通常是最差的。这意味着这些地区的居民,特别是那些居住在主干道或高速公路附近的居民,由于空气质量差而面临更高的健康风险。公共交通可以减少或取代小汽车出行,从而产生较少污染。大多数轨道交通车辆几乎没有污染,同时由于公共汽车使用替代燃料,例如压缩天然气(CNG)、液化天然气或产生较少污染物的燃料电池,对空气污染程度也在减低。据统计,交通运输占美国温室气体排放量的29%,其中公共交通每个乘客每千米的温室气体排放量明显低于私人车辆,地铁和地铁等重轨运输每乘客英里平均温室气体排放量比平均单人乘用车(SOV)低76%,轻轨系统减少62%,公共汽车运输减少33%。故公共交通分担率的提高也有助于减少由于温室气体排放引起的城市气候变化这一负面影响。此外,快速城市机动化进程带来的严重空气污染不断危及着人类健康(疾病、住院次数,甚至死亡人数的增加)。一种普遍的共识观点认为,可持续的交通解决方案可以满足不断增长的人口的出行需求,同时不增加道路上的汽车数量,不对空气质量和健康产生负面影响。从保护环境方面上讲,它有助于减少空气污染和有害的臭氧水平,公共交通可以有效地运送乘客,而将一名乘客运送一千米所产生的空气污染却要少得多;公共汽车每乘客每千米的一氧化碳排放量仅为单人汽车的20%;公共汽车每乘客英里排放的碳氢化合物仅为单人汽车的10%(碳氢化合物是VOCs,臭氧的前体);公共汽车每乘客每千米排放的氮氧化物(另一种臭氧前体)只有单人汽车的75%。欧洲已经开始认真对待尾气排放问题。《关于电动汽车和气候变化的巴黎宣言》的参与国已经承诺,到2030年至少有20%的道路车辆为电动汽车。在2017年初,伦敦首次发布了"非常高"的污染预警。这一警报是由柴油车辆数量过多导致的空气质量不佳引起的。伦敦的情况主要是由颗粒物(PM)和二氧化氮(NO_2)引起的。众所周知,这两种污染物会对肺和心脏造成严重破坏,导致哮喘、慢性阻塞性肺病(COPD)、肺炎等疾病和非致命性心脏病发作。因此,绿色公共交通也是帮助城市居民避免空气污染造成健康后果和疾病的关键手段之一。

4. 出行健康性

改善公共交通是实现健康城市公共健康目标最具成本效益的途径之一,而公共健康条件的改善是高质量的公共交通和面向公共交通的健康城市发展所带来的最大效益之一。高质量的公共交通(方便、舒适、快速的轨道交通和公交服务)和面向公共交通的城市发展(公交车站周围的可步行、多用途社区)往往会以提供大量健康益处的方式影响出行活动,除了减少交通事故和污染排放外,更重要的是可以帮助城市居民增强体质,改善精神健康,提高基本医疗保健和健康食品的可达性。维多利亚运输政策研究所(Victoria Transport Policy Institute)向美国公共交通运输协会（The American Public Transportation Association）提交的研究报告详细论述了公共交通对城市健康的益处。以交通为导向的社区居民的人均交通死亡率仅为以汽车为依托的无序社区居民的四分之一左右。美国疾病控制与预防中心（Center for Disease Control and Prevention）建议成年人每天至少进行 22 min 的适度体育活动，比如快步走，以保持健康。尽管只有不到一半的美国成年人达到了这一目标，但大多数公共交通乘客在往返中转站和站点时，都会按照建议的运动量进行锻炼。支持交通的社区设计功能，如可步行性和混合土地使用，也支持公共卫生。在离家 10 min 内有安全步行场所的人群中，43% 的人实现了体育锻炼目标，而在步行较少的地区，这一比例仅为 27%。与其他国家相比，美国的健康状况相对较差，医疗成本较高，部分原因是人均交通死亡率较高，以及久坐不动导致的疾病。改善公共交通可以改善健康状况和降低医疗成本，而缺乏体育锻炼会导致许多健康问题，据估计，美国每年有 20 万人因此死亡，并显著增加医疗费用。在身体健康的成年人中，与久坐不动的人（每年 1 349 美元）相比，完成运动目标的人（每年 1 019 美元）的年均医疗支出要低 24%。许多身体和经济上处于不利地位的人依靠公共交通获得医疗服务并获得健康、负担得起的食品。

　　人们外出就业，寻求教育、医疗卫生服务和娱乐，都需要交通，所有这些都会影响健康状况和健康权益。然而，改进某一种出行方式，尤其是机动交通，可能会给其他出行方式如火车、公共汽车、自行车或步行等造成障碍，进而会导致人们在获得医疗、教育、就业、食品选择上的严重不平等，并限制部分人群的流动性，这些都会对健康产生影响。城市交通拥堵引起的出行不便会影响人们的生活娱乐，不仅体验极糟，也使城市活力被消耗，居民生活质量受损。以小汽车为主导的居民出行方式，不仅本身使人久坐不动，还容易对城市慢行与公共空间造成分割。采用公共交通出行更需要步行、自行车等慢行交通的接驳，公共交通与慢行交通的相互补充，容易形成友好的街道网络和步行设施，转变"车本位"的城市空间构架形态，真正实现"以人为本"。对城市居民个体而言，这有助于增加其体力运动。城市总体环境的改善也能带来更高的生活质量，并减少各类城市病的危害，这本身就是对健康生活方式的引领。当前人口老龄化、燃料价格上涨、健康和环境问题日益严重、医疗费用不断上涨等发展趋势正在削弱城市公共交通健康福利的价值。传统规划往往忽视和低估许多与公共运输有关的健康影响，更全面的评价可以更好地将交通与健康城市健康规划目标结合起来。

5. 服务公平性

　　无论从哪个阶段来看，对弱势群体的关注与改善一直是健康城市的一贯目标,无法面对弱势群体建成公平、公益的和谐社会,就难以实现对健康城市的承诺。从城市空间结构上说,交通繁忙的道路会切断街区,限制街道活动和社会交往,扩展城市道路和停车空间会牺牲潜在的步行区域和绿色走廊,人们失去了健康活动的空间,尤其是儿童、妇女和老人。随着时间的推移,当城市低密度扩张、以修建机动车道为导向的模式发展时,可能出现恶性循环,人们对汽车出行依赖的增加,污染、车祸对健康造成直接影响,体力下降和公共开敞社交活动空间的减少则对健康水平造成间接影响。

3.6 公共交通与健康城市互动发展机理

3.6.1 公共交通与健康城市在城市空间增长方面的互动

中国处于城市化和机动化高速发展阶段,城市的空间结构扩张速度加剧,随着空间结构和产业布局的调整,城市的用地形态不断变化。如果不从供给侧调整低密度无序的城市扩张蔓延趋势,交通拥堵和环境污染等问题将日益突出。越来越多的专家深刻认识到理性选择交通发展模式才能支撑新的国土资源空间调整规划要求。优先发展公共交通又成为大城市理性交通模式的必然选择。真正意义上的城市公共交通优先并非一般层面上的公共交通工具在道路上运行的优先,而是在于探索土地资源集约、经济发展、能源节约、人居生态环境和谐的科学化健康城市交通发展模式。

公共交通可以对城市空间精明增长起到引导支撑作用。一方面,城市空间增长带来的土地利用形态决定了交通的产生源和产生量,从根本上决定了城市交通供给设施的基本骨架,不同的城市形态需要不同的城市交通供给模型相适应;另一方面,TOD 等先进的公共交通理念与实践表明,公共交通为导向的开发模式将城市用地开发和大运量的公共交通方式相结合,提高城市空间的可达性,体现"以人为本"的健康城市建设理念,引导城市空间精明增长,最终实现城市用地开发与交通之间的供需平衡。以南京市为例,南京城市空间形态已形成鲜明的五指状城市空间增长结构,同时也已形成与之相互动的公共交通空间布局形态,最终形成了公共交通与城市空间增长互动发展的、TOD 模式下的城市空间结构。

南京是位于我国东中部交界,并与沿江发展带相交汇的唯一的省会城市,处于国家沿长江和东部沿海"T"型经济发展战略带结合部、长江三角洲与中西部地区的交接点,是我国东西、南北交通大动脉交汇点上重要的交通枢纽城市,也是政治经济文化中心。自 2007 年开始,历版《南京城市总体规划》《南京城乡综合交通总体规划》《南京交通发展白皮书》均明确了构建公交都市发展目标和优先发展公共交通战略,并且将其落实到城市总体规划、交通规划和重大交通战略政策中。明确以多层次轨道交通和公交走廊引导南京市域内构建"两带一轴"的市域城镇体系结构和"一带五轴"的南京都市区城市空间布局结构(如图 3-6 和图 3-7),以"两带一轴"市域城镇体系结构为基础,形成"中心城—新城—新市镇"的市域城镇等级体系。"两带"指拥江发展的江南城镇发展带和江北城镇发展带;"一轴"指沿宁连、宁高综合交通走廊形成的南北向城镇发展轴。都市区城市空间形态以快速轨道交通和高快速道路网为骨架,江北形成带形城市空间结构,江南呈现放射形的"五指状",都市区内形成"一带五轴"的都市区空间布局结构。

图 3-6 南京都市区空间结构图

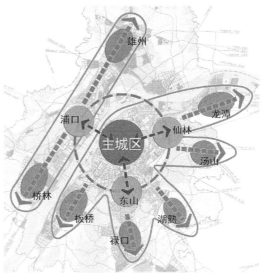

图 3-7 南京五指状城市形态图

在以上空间布局导向下,近 20 年来,南京市城市与公共交通得以健康快速发展,是全国第一个实现区区通轨道交通的城市。与轨道交通协同配合的多层次路面公共交通也得到持续快速发展,2018 年轨道与路面公交客运量将近 900 万人次,公交分担率接近 30%,机动化公交分担率超过 60%,且呈现逐步上升态势。在轨道交通和路面公共交通的引导下(如图 3-8),南京"两带一轴"的市域城镇体系结构、"一带五轴"的南京都市区城市空间布局结构,以及"多心开敞、轴向组团、生态绿色"的健康城市空间形态已经逐渐成型。

3.6.2 公共交通与健康城市在绿色节能减排方面的互动

考量健康城市的首要指标就是"为市民提供清洁安全的环境",而构建高效合理

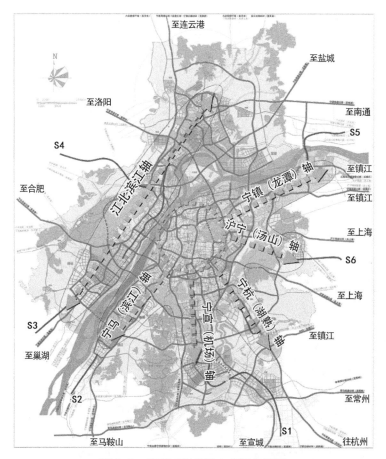

图3-8 南京五指状形态交通布设图

的公共交通模式能够有效支撑该指标的达成。传统的"车本位"的城市交通发展规划已引起了交通拥堵、道路资源分配不公平、排放增加、空气污染、交通事故攀升等问题，这与健康城市所要求的"清洁安全的环境"背道而驰。构建以多模式公共交通为主体，步行、骑行相衔接的绿色、慢行、友好的健康出行环境势在必行。健康城市建设也不再局限于传统的医疗卫生健康领域，而是更多地关注城市建成环境的影响。

绿色交通方式与绿色交通设施之间形成互动发展关系，与城市居民健康之间形成间接互动关系，三者之间的关系如图3-9所示。

由图3-9可知，健康城市必须保障城市居民的健康，城市居民健康主要包括躯体健康、心理健康、社会健康、智力健康和道德健康。居民的健康必然要求城市交通发展能体现绿色可持续性，实现城市的节能减排，而绿色交通方式包括公共交通、步行交通和自行车交通。绿色交通方式与城市居民健康之间形成互动发展

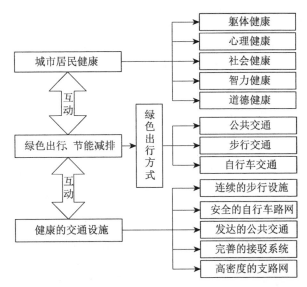

图 3-9 公共交通与健康城市在绿色出行节能减排方面互动关系图

关系。同时,绿色交通方式的发展需要有与之相配套的绿色交通设施。绿色交通设施包括连续的步行设施、安全的自行车路网(包括绿道骑行系统)、发达的公共交通、完善的接驳系统和高密度的支路网。

针对快速城市化进程中出现的各种"城市病",相比小汽车出行而言,在运输量相同的情况下,公共交通出行可节约75%的土地资源,减少90%的空气污染。因而,优先发展城市公共交通,提高公交分担率,也是健康城市建设过程中改善城市人居环境,促进社会公平,遏制城市生态环境恶化趋势的必然要求和必由之路。提高公共交通的服务水平能够增加公共交通的分担率,减少居民出行对小汽车的依赖,从而降低机动化的资源、环境危害。同时,公共交通的发展能够带动慢行设施的建设,包括骑行道路网建设、自行车租赁系统等,促进城市活力空间的发展,为城市绿地和开放空间设计提供宝贵的空间资源,促进城市的可持续发展。

3.6.3 公共交通与健康城市在排堵保畅方面的互动

世界卫生组织提出的32个可具体量化的健康城市指标中,涉及交通的指标有两个,即大众运输(Public Transport)和大众运输服务范围(Public Transport Network Cover)。可以看出健康城市对交通的要求是能够提供面向大众的公共运输服务,提供高效、集约、畅通、可达的运输方式。在众多城市交通方式中,公共交通是唯一能够满足健康城市建设要求的运输方式。

小汽车"井喷式"的增长和高强度的使用是城市交通拥堵的重要原因。快速增长的小汽车保有量和缓慢的配套基础设施发展之间的矛盾使得交通拥堵问题不断加剧,更为严重的影响是交通拥堵大大增加了交通事故发生的概率,事故的发生、处理又会持续加剧拥堵状况,产生恶性循环。机动车数量不断攀升,加剧了路面交通拥堵,同时因其占用了过多的道路空间使得公共交通运营效率下降,服务水平不能满足居民出行需求,损害了大众出行需求的基本利益。虽然各大城市均在贯彻实施"公交优先"策略,但是相比小汽车的快速增长,公交优先的措施略显滞后,地面公交分担率呈逐年下降趋势,不断萎缩。2003—2018 年的 15 年间,全国公交车辆数量增加数倍,城市道路面积也在不断增长,但常规公共交通的运营速度逐年呈下降趋势,其准点率因为道路拥堵而始终得不到保障。新投入的公共交通运力被不断降低的运营速度抵消。由于公共交通存在行车不准时、车内拥挤、不舒适等服务水平问题,公共交通的吸引力越来越弱,客流转移现象出现,乘客逐渐转向小汽车交通、非机动交通等其他交通方式。因为小汽车占用道路资源多,其增长速度超过了城市道路增长速度,从而造成了更为严重的交通拥堵,粗放式的交通增长使得与健康城市要求的高效运输渐行渐远,城市的交通状况陷入恶性循环。

  2011 年交通运输部启动了"公交都市"建设示范工程,再次将公共交通作为一种有效缓解城市交通拥堵的重要手段,将公交优先提升到国家战略高度,这也是与健康城市建设目标高度契合的。健康城市与公共交通在排堵保畅、高效运输方面的互动关系如图 3-10 所示。

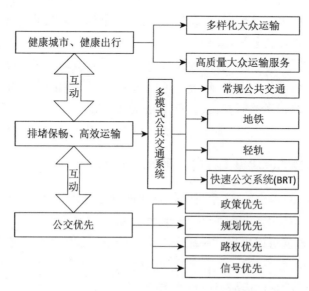

图 3-10 公共交通与健康城市在排堵保畅、高效运输方面的互动关系图

由图 3-10 可知,健康城市与健康出行要求交通必须能够提供多样化、高质量的大众运输服务,大城市、特大城市要实现城市的高效畅通出行、降低交通拥堵,必须构建以地铁为骨架,常规公交为主体,轻轨和快速公交系统(BRT)为补充的多模式公共交通系统。健康城市建设与科学合理的多模式公共交通系统形成有效互动关系。同时,多模式公共交通系统良好地运转需要"公交优先"措施的落实到位,包括宏观层面的政策优先、中观层面的规划优先和微观层面的路权及信号等设施优先。多模式公共交通系统与公交优先形成互动发展关系。

公共交通作为健康城市中的大众运输服务方式,无论是从道路资源的占有、有效运力,还是运输效率来看,都是健康城市居民最优的出行方式选择。从道路资源上来看,以一辆 10 m 长的标准公交车为例,占用道路面积约 45 m^2,按额定载客量 75 人,则人均占用道路面积约为 0.6 m^2,而小汽车人均占用道路面积约 15.2 m^2,是公交车的 25.3 倍。从运力方面来看,一辆 10 m 长的公交车高峰期的载客量为 75 人,高峰期小汽车车均载客量为 1.5 人,同样的载客量,一辆标准公交车的运力相当于 50 辆小汽车。另外,随着城市地铁、轻轨、BRT 等大容量、中等容量公共交通工具的出现,公共交通在健康城市排堵保畅、高效运输方面更是起到不可替代的作用。

3.6.4　公共交通与健康城市在公平服务方面的互动

健康城市要求城市交通提供普遍性和公平性的大众运输服务。城市交通的健康效应应强调交通服务的社会公益性,同时城市交通应具备一定的社会公平性,交通健康效益的公平性主要表现为社会阶层的公平和空间的公平。一方面,对于社会阶层公平性来说,老人、儿童、病残及出行不便人士往往是交通出行的弱者,私人小汽车等个体交通工具无法服务到这些特殊人群,需要构建人性化、科学合理的大众公共交通来服务这些特殊人群出行。城市交通社会阶层服务公平性只有公共交通可以提供。另一方面,对于空间公平性来说,城市交通资源供给和建设通常在城市的主城区与核心区,在城市经济和城市空间发展较成熟的区域,而对一些城市边缘和郊区等区域的投资则相对薄弱,这更容易造成交通出行不便地区人群得不到应有的交通出行服务。同时,小汽车迅猛发展挤占了大量的城市道路出行资源,使得少部分人占有大部分交通出行资源,"以人为本"的交通发展理念被"以车为本"取代,造成交通资源空间分布以及空间使用的不公平,公共交通可以打破这种不公平。

公共交通可以有效支撑健康城市对健康出行公平服务方面的建设需求,与之形成互动发展关系。公共交通无论是从环境还是从经济方面考虑都是最适合大多数居民的出行方式。公共交通公益性强,更能保护弱势群体的利益,能够满足城市出行不便地区居民出行需求,较低的票价能够保障低收入人群出行需求,进而促进健康城市公平出行服务。

健康城市建设与公共交通在健康出行公平服务方面的互动关系如图3-11所示。

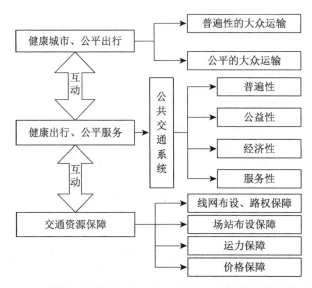

图3-11 公共交通与健康城市在健康出行公平服务方面的互动关系图

由图3-11可知,健康城市需要交通提供公平的出行方式,即需要提供面向城市居民的、大众化、普遍性的公共运输服务。因为公共交通具有出行的普遍性、社会公益性、票价经济性和大众服务性等特点,故而可以在城市空间区域内布设科学合理的公交线网,在重要城市干道布设公交专用道,从而使得交通出行不便区域居民得到公平的出行机会,使得在紧张的道路资源竞争中靠公共交通的集约化提供道路资源使用的相对公平性。公共交通系统优势的体现需要交通资源分配的保障,包括线网布设及路权保障、场站布设保障、运力保障、价格保障,两者形成互动发展关系。

3.7 本章小结

本章从公共交通的健康效益分析入手,分析论证了公共交通对健康城市的支撑作用,可通过提升公共交通分担率以及公共交通服务品质,有效体现公共交通的效率优势、节能优势、减排优势、公平优势,进而有力支撑健康城市建设。同时从健康城市对城市交通的要求,国内外健康城市评价指标体系以及我国健康城市建设经验出发,深入分析了健康城市建设对公共交通优先发展的促进作用。从城市空间增长、绿色节能减排、排堵保畅、公平服务四个方面分析论证了公共交通与健康城市的互动发展关系,为后文指标选取奠定了基础。主要结论如下:

(1) 深度剖析公共交通的健康效益,对于健康城市来讲公共交通健康效益主要体现在其具有"出行安全性、空气清洁性、出行健康性、服务公平性和空间集约性"。进而从公共交通的核心目标,论证了其对健康城市建设的支撑机理。

(2) 从健康本质分析入手,分析国内外健康城市指标体系,挖掘得出与公共交通相关的健康指标有4个。另外,从健康城市顶层规划对交通的要求,论证了健康城市可有力促进公交优先战略的落实。

(3) 公共交通与健康城市主要在四个方面存在互动发展关系:城市空间增长、绿色节能减排、排堵保畅、公平服务,从以上四个方面分别深入论证了二者的互动发展机理。

第四章 健康城市公交分担率指标体系研究

4.1 现行公交分担率指标存在问题及影响因素分析

4.1.1 现行公交分担率指标存在问题

在公共交通发展热潮中,出现众多易混淆的公交分担率概念:全方式出行公交分担率与机动化出行公交分担率的混淆;城市中心城与全市公共交通出行分担率的混淆;高峰时段公共交通出行分担率与全日公共交通出行分担率的混淆;向心公共交通出行分担率与全市公共交通出行分担率的混淆;通勤交通公交分担率与全目的公共交通出行分担率的混淆。究其原因,公交分担率指标存在如下问题:

1. 现有公交分担率指标体系未能充分反映健康城市内涵与宗旨

现有公交分担率指标体系最大的局限性在于就交通论交通,是交通行业单一视角。所缺失的是从城市与市民健康可持续发展的整体视角来定义、测度、分析和评价公交分担率。由此导致公交分担率指标仅仅作为某种政绩攀比的表象指标,难以对健康城市、健康交通构建进行有效的引导,难以对公共交通对城市与交通健康发展引导的有效性、公共交通系统与服务自身存在的短板、市民出行的切身感受和痛点发挥有效的检测评估作用。

2. 对于公交出行分担率及其目标值的定义亟待统一

交通运输部在2016年7月将机动化出行公交分担率及城市绿色交通出行分担率纳入城市公共交通发展指标之中。对于城区常住人口在500万人以上的城市,此项指标强制要求值在40%以上(通常为60%上下)。这种用统一的数值要求评价城市公共交通出行分担率水平的唯数字论现象,忽略了各城市不同的经济基础、规模布局和居民出行特性;将国际上的"都市"理解为行政区划上的"城市",有失偏颇;机动化出行公交分担率将步行这一重要的出行方式排除在外,与"公交优先"政策内涵相背离。城市公共交通发展考核不应唯数字论,各地方主管部门不应一味追求高指标完成公共交通发展任务,而忽略了"公交优先"发展的真正内涵。

3. 公交分担率指标统计口径不统一

目前国内多采用全方式公交分担率来衡量一个城市的公交分担率状况,然而在进行统计时,统计区域范围、统计时段以及所需统计的出行方式等方面没有统一的界定与标准,因此就导致各城市所发布的公交分担率不具有可比性。其原因在于:(1)当前我国的城市规模还在不断扩展,城市形态还在不断变化,导致各区域的居民出行特征存在差别,因而不同区域的公交发展各有特点,公交分担率也各有不同;(2)对于城市居民出行,会有早晚高峰,高峰时段与非高峰时段的出行特点、瞬时出行量也不相同,一般更要关注易发生交通问题的高峰时段,因而这两个时段的公交分担率也是不相同的;(3)各城市的交通结构根据每个城市的地理特征、道路条件等诸多因素也是各不相同的,因而在进行出行统计时,如果所统计的出行方式不统一,那么各城市的公交分担率也没有可比性。

4. 单一指标无法全面评价城市公共交通发展状况

城市公交优先应是各种公共交通方式协调发展、共促进步的城市交通组织理念,而并不是仅仅只关注公交行业单独优先发展,单纯地优先布置公交设施或优先建设轨道交通。现阶段往往淡化步行和自行车出行,对公交分担率不分区域也不分时段地进行比较评价,难以呼应城市优先发展公共交通的多层次、多维度目标体系。

5. 单一指标无法体现城市发展的差异性

为深入贯彻落实《纲要》精神,各大城市纷纷加快公交都市建设步伐,并提出公交机动化出行分担率40%以上(60%左右)的具体考核目标,然而,过分追求公交分担率指标值的提升,反而忽略了城市公交发展与城市发展的适配性。依据国际上各大城市交通发展的相关经验,公交分担率应适应城市经济基础、城市规模布局以及居民出行特性。如在适合大力发展步行、非机动车的城市,公共汽(电)车和城市轨道交通的过度发展将与"公交优先"发展的核心内涵背道而驰。

6. 单一指标难以体现各种公共交通方式的均衡发展

目前,部分城市在土地开发、基础设施建设等方面具有明显的倾向性,将资源更多地分配给轨道交通建设,导致公共汽(电)车与轨道交通之间发展态势不均衡,投入产出效率亟待提升。这些问题都无法通过单一的公交分担率来体现,也就是说,即使公共交通出行量在居民总出行量中的比例合理,也不能就此体现城市公共交通各方式均衡发展、共促进步的局面。随着国内城市轨道交通的迅速发展,城市公共交通出行方式更加多样化,并逐步形成以轨道交通出行为骨干,公共汽(电)车为主体,出租车等为辅助的公共交通体系,很多居民多会采用多方式的公交出行模式。而目前针对公交分担率的统计,大多只注意公交出行总量,而未对公交体系中各种公交方式的均衡发展加以考虑。以南京市为例,虽然轨道交通客运量以及公交分担率近年来都有所增加,然而公共汽(电)车的分担率却有所下降。因而,这也是目前各城市在进行公交分担率研究时的不足之处。

7. 指标不具有普遍适用性

目前各大城市均在大力推进公交都市的建设,也提出了城市中心区机动化出行公交分担率达到60%的具体目标,然而片面强调与追求公交分担率,反而忽略了公交发展与城市发展的适配性。大城市大力提升公交分担率无可厚非,然而一般的中小城市应根据城市的特点,发展与城市规模相适应的公交体系,应从城市总体交通结构出发,使公共交通能与非公共交通配合发展,从而优化城市的交通结构。

8. 指标未能体现绿色交通的概念,不利于节能减排

提高公交分担率主要是减少小汽车出行,使人们选择使用效率更高的公共交通,倡导低碳环保的交通方式,优化利用城市资源,缓解日益突出的交通矛盾,减少废气的排放,改善雾霾的环境,促进城市交通的可持续发展。

4.1.2 公交分担率影响因素分析

交通出行方式选择是一个十分复杂的决策过程,与居民的出行目的、出行费用、出行习惯、交通服务水平等因素都有密切关系。需要从公共交通的使用者[公交出行者个体(公交乘客个人)]和公共交通运行的外部环境[城市宏观环境(城市公交客流)]两个层面来分析。

1. 基于公交出行个体的公交分担率影响因素

公交乘客个人出行选择决策因素包括公交出行的时间成本、费用成本,公交出行便利性、可靠性、舒适性(概括为公交服务水平),与之有竞争与协调关系的其他出行方式(小汽车、自行车、出租车等方式)的同因素相对比较关系等。

(1) 出行时间成本。时间因素既包含有乘客在公交车上的实际乘车时间,同时也包括到达公交站点的时间、从公交站点到达目的地的时间、中途的衔接换乘时间、在车站的候车时间。尤其是通勤者对于出行时间的敏感性较高,一般通勤出行者会优先考虑时间因素,再选择出行方式。

（2）出行费用成本。由于城市公共交通的普惠性特点，合理便宜的公交票价是吸引居民选择公共交通出行的重要因素之一。低票价是吸引公交乘客的重要因素，同时，公共交通方式间的票价一体化可显著提高公交需求，差别化票价体系可有效缓解公交方式间的竞争关系。

（3）公交服务水平因素。公交的服务水平主要体现为公交出行的便利性、可靠性、舒适性。高质量的公交服务水平可以吸引大量的居民选择公交出行，进而提高公交分担率，反之则会使公交分担率下降。服务质量因素包含多样内容，主要可分为硬件因素与软件因素。硬件因素方面包括公交站点候车环境是否舒适（例如是否设有雨棚、座椅、无障碍设施等）、公交车辆是否能提供舒适的乘车环境（如是否设有特殊人群专用座、车内座位是否足够、车内是否足够宽敞等）、各种换乘衔接设施是否能提供高效便利的服务（例如布置是否合理、设施规模是否能满足需求等）等能直接影响服务质量的硬件因素。软件因素方面主要包括是否能向乘客提供详细的公交出行信息、道路上的各种公交指示信息是否完备、公交站点是否能提供在该站点所停靠车辆的准确信息等诸多因素。硬件方面和软件方面的因素共同影响着公交的服务水平，进而影响到公交分担率。

（4）其他交通方式的竞争与协调关系。私人小汽车与公共交通存在此消彼长的竞争关系，故小汽车服务特征和公共交通服务特征直接影响公共交通需求。提升公共交通供给水平、降低小汽车供给或增加小汽车使用成本可直接促进公共交通需求的增加。自行车交通与公共交通出行是互助互长的发展关系，做好公交与自行车交通的无缝衔接是提高公交分担率的有效保障。

2. 基于城市宏观环境的公交分担率影响因素

城市宏观环境影响因素包括城市经济发展水平、城市空间结构、功能布局与配套、地形地貌、气候气象条件等。

（1）城市经济和人口特征。城市经济发展水平影响城市人口特征，如就业水平、贫困人口比例等；影响小汽车服务特征，如小汽车保有量、燃油价格等；决定着政府对公共交通的财力投入，进而影响公共交通服务的供给数量，如公交运营里程、覆盖率等。此外，"公共交通是低档商品"的大众心理因素也直接影响公共交通需求。

（2）城市空间结构和功能布局。城市的空间结构和功能布局决定了城市的用地性质，间接决定了城市的人口分布，成为影响城市交通布局规划的关键因素。不同的功能区在空间上的布局是城市交通流产生的本源，公共交通线路布设与空间结构和功能布局相匹配是影响公交分担率的关键。

(3) 城市地形地貌和气候。城市地形地貌影响公共交通的舒适性,山地城市公共交通的行车舒适性不如平原地区城市,进而会影响公交吸引力。同样,城市的气候条件如果常年雨天较多,就应要求公交的候车等服务设施到位,提高公交的吸引力。

(4) 政策导向因素。随着公交优先政策和"公交都市"建设示范工程的深入推进,城市公共交通系统得以快速发展。政府大力倡导公共交通的发展,那么公共交通必然会有一个较大的发展,反之,会对公共交通的发展产生一定的阻碍作用。

值得指出的是,以上影响因素并不是孤立的,它们之间相互联系、相互影响,共同作用于城市公共交通系统的发展,需要综合考虑和分析各种影响因素。

具体各影响因素常用指标和影响方向见表4.1。

表4.1 公交分担率影响因素汇总表

类别	影响因素	常用指标	影响方向
地理特征	城镇化面积	城区面积	消极影响
	城镇化率	城镇化率	积极影响
	土地利用特征	密度(各功能区土地负荷)、混合使用程度	积极影响
	天气状况	天气类型(晴/雨)、温度、湿度、风速、气压	消极影响
经济特征	人均GDP	人均GDP	积极影响
	居民收入水平	人均收入或家庭收入	消极影响
	公交补贴	是否给予补贴或补贴金额或补贴比例	积极影响
人口特征	城市人口	城区总人口或人口密度	积极影响
	就业水平	就业人数或就业率	积极影响
	外来人口比例	外来人口比例	积极影响
	学生人口比例	学生人口比例	积极影响
	贫困人口比例	贫困人口比例	积极影响
	无车家庭比例	无车家庭比例	积极影响

(续表)

类别	影响因素	常用指标	影响方向
小汽车服务特征	小汽车保有量	小汽车保有量	消极影响
	燃油价格	燃油价格	积极影响
	拥挤费用	早晚高峰期平均拥挤费用	积极影响
	停车位可得性	停车位获得率	消极影响
	停车成本	平均停车成本	积极影响
公共交通服务特征	公交票价	人均单次出行票价	消极影响
	出行时间	公交出行时长	消极影响
	服务数量	公交运营里程、运营时长、运营公交车辆数、公交站点覆盖率、公交发展导向	积极影响
	服务质量	可达性（步行到站时间或距离）、可靠性（准时到站率）、安全性（年均事故发生率）、舒适性（座位获得率、拥挤率等运营信息可得性）	积极影响
偶然事件大众心理	公交罢工事件	是否发生罢工事件	消极影响
	大众对公共交通的普遍态度	是否认为公共交通是"低档商品"	消极影响

4.2 公交分担率指标多样性分析

因为城市居民构成复杂，出行需求多样，出行方式选择具有多样性，不同城市规模、不同城市空间结构、不同时间段其公共交通出行都具有多样性，所以单一的公交分担率指标无法体现其多样性。针对不同区域、不同时段以及可供选择的出行方式等方面，公共交通所承担的客运量也是有区别的，即公交分担率存在多样性。这主要体现在以下几个方面。

1. 时间分布多样性

在城市一天的出行需求中，各不同时段的出行需求是不一样的，公交出行不同时段差异也较大，比较明显的就是有高峰时段与非高峰时段之分。而单一的全方式出行公交分担率无法更加细致地反映交通时变性,纵观国内外典型的公交大都市,在公交分担率统计上均用到分时段的统计指标。国外的伦敦、东京在公交分担率统计时均有用到分时段统计指标,使用指标有:伦敦早高峰进入中央伦敦的公交分担率、伦敦主城高峰小时公交分担率,东京都区部高峰小时公交分担率。国内的上海、香港、南京在公交分担率统计时也有用到分时段统计指标,使用指标有:上海市区范围内高峰小时公交分担率、香港高峰小时公交分担率、南京市主城区高峰小时公交分担率等。

结合国内外实证分析来看,公交分担率具有时间分布多样性特点。研究公交分担率需要根据一天内不同时段的公交出行需求,结合一天内公交运营时间的覆盖率,分析公交出行时间的不均匀性。高峰时段的出行需求大,公共交通的供给与需求状况不同,对于高峰和非高峰两个时段的公交分担率要分开考虑。高峰时段主要解决的就是通勤出行需求,在考虑公交分担率时,要分析通勤交通公交分担率。

2. 空间分布多样性

城市空间结构是指在一定历史时期内,城市各个要素通过其内在机制(包括与社会过程之间的相互关系)相互作用而表现出的空间形态。城市形态是城市各个要素(包括物质设施、社会群体、经济活动和公共结构)的空间分布。城市要素的相互作用是城市要素之间的相互关系,城市要素通过这种相互作用整合成为一个功能实体,各要素又称为子系统。而城市空间结构即城市要素的空间分布和相互作用的内在机制,使各个子系统整合成为城市系统。城市空间结构类型有单核集中块状结构、连片放射状结构、连片带状结构、多核点线式结构、核心与卫星城结构、多中心组团式结构等。城市内部空间结构主要为3种典型模式:同心圆模式、扇形模式、多核心模式。不同的城市空间结构和城市内部空间其公交分担率也各不相同,如连片放射状结构的伦敦在研究公交分担率时分别统计分析中央区域、内伦敦和外伦敦三圈层内部及圈层间的公交分担率情况;多核点线式结构的东京在研究公交分担率时分别统计分析东京都区部、东京都、东京交通圈和东京首都圈四个圈层内部与相互间的公交分担率情况;巴黎则是统计分析大巴黎、巴黎一环、巴黎郊区等几个空间区域内及相互间的公交分担率。

公交分担率在存在空间分布多样性特点。由于区位因素,各不同区域的公交分担率也是各有特点的。例如城市主城区与非主城区,由于二者在出行总量方面本身就存在差异,一般主城区远比非主城区的出行量要大,其交通问题比较突出,有必要着重考虑主城区的公交分担率。在城市交通网络中出行量较大的交通走廊以及瓶颈路段均是需要大力推动公交优先的区域,有必要考虑这些交通走廊和瓶颈路段的公交分担率。另一特殊空间是城市中所存在的各种大型居住区,其周边交通问题比较突出,尤其是在高峰时段,公共交通是比较有效的解决方法,有必要分析研究大型居住区的公交分担率。另外,从公交在空间上的服务范围来看,公交站点所覆盖到的就业就学人口比例是衡量城市总体公交分担率的重要指标,需要进行分析研究。

3. 出行方式多样性

在公交分担率的众多影响因素中,出行方式的多样选择也是其中的一个重要方面。各种出行方式的发展,给了出行者更多的选择。例如电动自行车既具有自行车的灵活性,又不需人力,因而在城市短途出行中很有优势;而随着城市公共交通系统的不断完善,其能提供更加便捷的多种出行方式且票价低廉,这也使公交出行更加有优势;而私人汽车出行的最大优势在于其灵活性以及其私密性,因而在某些场合其优势也是相当突出的。在出行方式多样的今天,各种出行方式在一定程度上是存在竞争关系的;另一方面,各城市由于其所处地理环境的不同(如丘陵地区和平原地区),其出行方式也会有一定区别,因而除了要考虑全方式的公交分担率以外,也要根据各城市的特点,适当考虑机动化出行中的公交分担率、除步行以外的机械化出行中的公交分担率以及绿色出行方式中的公交分担率等方面。

4.3 公交分担率指标体系作用及指标选取原则

4.3.1 公交分担率指标体系的功能

一套完善科学的大城市公交分担率指标体系应能满足以下的功能作用:

1. 评价功能

公交分担率指标体系应能正确反映现状公共交通的发展水平及其在城市居民出行中所起到的作用,根据各指标所预先设定的合理值区间,客观评价现状公共交通,找出现状问题。

2. 规划导向功能

这一功能主要是为规划管理者服务的。公交分担率指标体系应能在客观准确反映城市公共交通发展水平的基础上,再结合公交分担率历史数据,明确城市公共交通今后的发展方向及目标,对公交当前存在的问题加以科学改善,为城市公共交通体系的发展规划提供现实依据,同时指导今后公交优先措施的制定与实施。

3. 宣传引导功能

这一功能的主要服务群体是普通的乘客。公交分担率指标体系应能使普通乘客将反映公交分担率的各指标与现实的公交出行一一对应起来:一方面使广大居民能切实感受到公交分担率的大小与个人出行方便与否的相关性,从而可使居民了解到实施公交优先的必要性,以便在以后实施公交优先措施的过程中获得城市居民的支持与理解;另一方面,也要能够对居民出行选择公交进行引导。

4.3.2 指标选取的原则

由于所选取的指标应能满足指标体系所能实现的功能与作用,因而公交分担率指标的选取应遵循以下原则:

1. 科学性原则

公交分担率各具体指标的选取及其权重的确定,必须要采用科学的选取方法,即所选取的各指标必须定义明确、可量化,同时要有科学的计算公式进行计算;另外,各指标所需要的数据必须真实、可靠,并可利用科学的方法对原数据进行处理。

2. 系统全面性原则

公共交通作为城市中一个大的体系,其本身就涉及诸多方面,包括经济、社会等。因而城市公交体系的运行必然要受到城市内部诸多因素的影响,包括城市的总体空间布局、人口规模、城市总体出行结构等因素。所以,所选取的各指标应能够反映出由这些诸多因素造成的公交分担率的特点,即需要客观地反映出不同区域、时段等的公交分担率特点,能用来全面分析城市公交发展及城市公共交通结构与城市交通总体结构。

3. 客观一致性原则

各指标的选取应从科学合理的角度出发,应与评价的目标相一致,尽可能地使所选指标能够真实地反映城市公交优先发展战略的落实情况。

4. 可比性原则

由于各城市发展经济基础、城市规模和居民出行特征的差异性,在利用指标体系中的指标元素评价城市公交优先发展战略落实情况时,应考虑到所选指标应具备可比性。

5. 实操性原则

所选取的公交分担率各指标应能够进行量化,同时应能在实际中较为简便地获取所需数据。各指标的定义及计算方法应采用能被普遍接受的通用做法,从而可提高指标体系的可操作性,也可提高根据指标体系所评价的各城市公交发展水平的可比性。

4.4 公交分担率指标体系构建

4.4.1 指标初选方法比较与分析

指标体系初建时的指标初选方法有很多,目前比较常见的几种方法如表 4.2 所示。表 4.2 对比分析了指标初选的常用方法(综合法、分析法、德尔菲法和指标属性分组法)的概念特点和适用性。综合考虑到本书所探讨的健康城市公交分担率指标体系这一问题涉及面广、较复杂,而德尔菲法可有效、可靠地收集各领域专家意见,具有匿名性、多次反馈性、小组讨论性等特点,结合所掌握的资料以及前文对公交分担率影响因素的分析,该方法适合本次公交分担率指标体系的构建。因此,采取德尔菲法进行指标的初选。

应用德尔菲法展开调查,调查步骤如下(具体如图 4-1):

表 4.2 指标初选方法

方法	具体内容	适用性
综合法	综合法对已有的指标按照一定的标准进行聚类分析,选取其中具有代表性的指标,使之体系化形成新的指标体系	综合法适用于在现行指标体系基础上,做进一步的归类整理,使之发展与完善
分析法	分析法将指标体系的评价对象和评价目标划分成若干个不同的组成部分,并逐步组化,直到每一个组成部分都可以用具体的指标来描述和实现	分析法是建立指标体系最基本、最常用的方法
德尔菲法	德尔菲法是系统分析法在价值判断领域的一种有效延伸。将所需解决的问题单独发送到各专家手中,即采用匿名发表意见的方式,专家之间不产生横向联系。征询专家的意见,再回收汇总全部专家的意见,整理得出综合意见,将综合意见作为预测的结果	德尔菲法能集思广益,充分发挥各个专家的经验和智慧,具有广泛的代表性,准确率高

(续表)

方法	具体内容	适用性
指标属性分组法	由于指标本身具有不同的属性和表现形式,因此在初选指标时,可以从指标属性角度构思体系指标元素的组成	指标属性分组法通常可将指标按"静态""动态"分类,再在每一类中从"绝对数""相对数""平均数"等角度构想指标

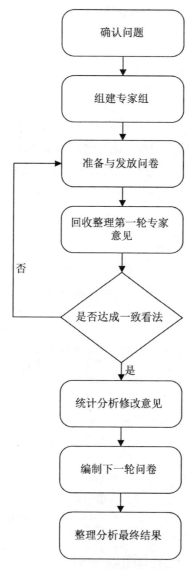

图 4-1 德尔菲法实施步骤图

步骤1：建立专家研讨小组。按照研究问题的知识范围选择专家。根据所需研究问题的大小以及所涉领域的宽窄确定专家人数，专家数一般在20人左右。

步骤2：介绍此次调查的背景资料信息，并向专家发放问卷调查表。

步骤3：回收第一轮问卷调查表，汇总专家意见并制作成图表，进行对比，再分发给各位专家。让专家比较自己同他人的不同意见，修改自己的意见和判断。各专家之间互相交流意见，修改各自的问卷结果，或将各专家的整理意见交由更高级别的专家加以评价判断，以便之后的意见修改。

步骤4：回收整理第一轮专家意见，制作图表加以比较。若各专家意见统一，则直接进行专家意见的综合处理；若各专家意见产生分歧，则重复上一步骤直到各专家意见趋于统一为止。最后综合处理专家意见。

将所选取的候选指标制成问卷调查表，如表4.3所示，进行专家调查。专家按照很好（5分）、好（4分）、一般（3分）、差（2分）、很差（1分）五个等级，判别各指标反映公交分担率的好坏程度，并给各指标打相应的分数。

表4.3 公交分担率候选指标问卷调查表

准则层	指标	各指标反映公交分担率的程度				
		很好(5)	好(4)	一般(3)	差(2)	很差(1)
空间引导	交通走廊公交分担率					
	重要交通枢纽公交分担率					
	大型居住区公交分担率					
绿色节能	绿色交通出行分担率					
	全方式出行公交分担率					
排堵保畅	机械化出行公交分担率					
	机动化出行公交分担率					
	中心城区高峰小时公交分担率					
	中心城区瓶颈地段公交分担率					
	高峰时段进入核心区公交分担率					
公平服务	通勤交通公交分担率					
	非通勤交通公交分担率					
	交通不便地区公交分担率					
	低收入及特殊人群公交分担率					

4.4.2 候选指标初选

影响公交分担率的因素是多样的，其中既有时间、空间方面的因素，又有出行成本、服务质量等方面的因素。因而对于公交分担率的分析必须考虑到这些影响因素，这在前文对公交分担率相关概念理论的研究中已有体现。所选取的指标不仅要能够客观反映被评价对象的公交分担率水平，还要对健康城市未来的公交发展起到一定的引导作用。指标的选取要综合考虑各种影响因素以及健康城市公交发展的需求。

针对公共交通当下最为焦点的发展战略，即制定与落实"公交优先"政策以及加快构建"公交都市"战略，在选择候选指标时需要更为着重地考虑如何有效深入地贯彻当下的发展战略；另外，还需紧密联系城市现阶段发展的实际情况，由于不同城市社会经济等各方面发展水平不一，需因地制宜，使得所选指标更具实用性和现实意义。本书主要研究大城市的公交分担率情况。大城市具有人口密度高，空间规模大，出行需求更为丰富多样，出行距离、耗时等相对较长的特点，由于发展较快，城市各区划功能鲜明，且公共交通体系整体较为完善，在选择候选指标时应注重考虑能够反映城市特点及多样性需求的指标，如分特定时间段、特定区域、特定方向上的公交分担率；同时在大城市公共资源显得尤为可贵，私人交通和公共交通之间的互相竞争问题也较为突出，对于城市环境的影响也更为广泛，提倡绿色出行仍是使得城市得以可持续发展的重要途径之一。主要从以下四个方面进行选取。

1. 从健康城市空间精明增长方面选取公交分担率指标

由第三章健康城市与公共交通互动发展机理可知，在城市的空间增长方面，公共交通与健康城市形成了良好的互动发展关系。城市空间增长主要是集中在纵向轴线上和横向的重要节点上。

纵向轴线空间增长主要体现在城市的空间交通走廊。一般来说，城市主要空间客运走廊具有客流量大、出行频率高、出行强度大等特点，是城市拥堵的主要矛盾点。如何在有限的客运走廊交通设施供给上改变交通拥堵，提供高质量的交通出行，形成良好的城市空间增长态势，是健康城市要解决的主要矛盾之一。而公共交通具有运输量大、占用道路资源少的特点，尤其是大、中运量的公共交通方式，是解决城市客运走廊交通问题、引领城市空间精明增长的利剑。从这个方面来看，有效地选取公交分担率指标，可以有力发挥公共交通在健康城市空间增长方面的作用。指标选取时本书主要考虑骨干公交布局与城市发展轴（客流走廊）

的适配性,普线、支线公交及其他特色公交与城市功能组团、功能片区的适配性,最终将交通走廊公交分担率作为公共交通对健康城市纵向空间增长的考核引导指标。该指标是指统计期内,交通走廊上的公交出行量占交通走廊总出行量的比重,计算公式如式(4-1)。数据来自健康城市公共交通专项数据采集调查。

$$交通走廊公交分担率 = \frac{交通走廊上的公交出行量}{交通走廊上的总出行量} \times 100\% \quad (4-1)$$

健康城市横向空间增长主要体现在城市的重要客流发生和集散点,即城市中心体系(客源中心)布局。城市的重要客流发生和集散点主要集中在大型的居住区和重要的交通枢纽地区。大型的居住区是交通产生的本源,该类区域在城市中一般成片分布,出行具有明显的时间性和空间性,在小汽车普遍的今天,如果不加引导考核,城市交通拥堵点必然发生在这些交通产生和吸引的本源区域。健康城市建设过程中,选取科学的公交分担率指标加以考核引导,对城市横向空间增长的有序进行十分重要。在大型居住区配备科学合理的公共交通,引导居民出行选择公共交通,提高大型居住区的公交分担率意义重大。城市的重要交通枢纽是一个城市活力的体现,也是城市的心脏区域,每天几万至几十万甚至上百万的客流通过城市的大型集散中心完成城市的对内对外的交流,对城市的经济、政治中心都起着不可估量的作用。枢纽区域交通是否顺畅也是健康城市的一个重要体现。综上,本书选取大型居住区公交分担率和重要交通枢纽公交分担率指标作为公共交通对健康城市纵向空间增长的考核引导指标。大型居住区公交分担率指统计期内,大型居住区内公交出行量占大型居住区内交通出行总量的比重,计算公式如式(4-2)。重要交通枢纽公交分担率指标是指统计期内,重要交通枢纽地区公交出行量占重要交通枢纽地区交通出行总量的比重,计算公式如式(4-3)。数据来自健康城市公共交通专项数据采集调查。

$$大型居住区公交分担率 = \frac{大型居住区内公交出行量}{大型居住区内交通出行总量} \times 100\% \quad (4-2)$$

$$重要交通枢纽公交分担率 = \frac{重要交通枢纽地区公交出行量}{重要交通枢纽地区交通出行总量} \times 100\%$$

$$(4-3)$$

2. 从健康城市节能减排方面选取公交分担率指标

由第三章健康城市与公共交通互动发展机理可知,在健康城市的绿色节能减排方面,公共交通与健康城市形成了良好的互动发展关系。城市绿色节能减排主要集中在绿色交通方式的出行比例以及所有出行方式中公共交通所占比重。

城市的节能减排方面主要考虑健康城市对交通的可持续发展的要求,从前文公共交通的健康效益分析可知,大力发展公共交通有助于节能减排,引导城市交通的可持续发展,支持城市的绿色发展。从这个方面来看,步行交通、自行车交通和公共交通均属于可以支持健康城市节能减排的交通方式,而在城市中步行交通、非机动车交通和公共交通被统称为绿色交通,因此本书选取绿色交通出行分担率作为公共交通对健康城市节能减排的考核引导指标。该指标是指统计期内,绿色交通(步行、非机动、公共交通)出行量占居民总出行量的比重,计算公式如式(4-4)所示。数据均来自各城市交通统计年鉴。

$$绿色交通出行分担率 = \frac{由绿色交通方式承担的一日出行量}{一日所有出行方式总出行量} \times 100\%$$

(4-4)

同时,因为绿色出行方式包含了步行交通和非机动车交通,所以不能全面反映公共交通与健康城市间的直接关系,需要选取一个能全面反映公共交通本身对健康城市节能减排的促进支持作用,从这个层面来看选全方式出行公交分担率可以较全面地反映。该指标是指统计期内,全日居民公交出行量占居民出行总量的比重,计算公式如式(4-5)所示。数据均来自各城市交通统计年鉴。

$$全方式出行公交分担率 = \frac{公共交通承担的一日出行量}{一日所有出行方式总出行量} \times 100\% \quad (4-5)$$

3. 从健康城市排堵保畅方面选取公交分担率指标

由第三章健康城市与公共交通互动发展机理可知,在城市的高效运输、排堵保畅方面,公共交通与健康城市形成了良好的互动发展关系。城市排除交通拥堵、保障畅通的高效运输,主要反映在中心城区高峰小时期间的交通状况、中心城区瓶颈路段的交通状况,以及高峰时段进入城市核心区的交通状况,同时反映在与其他机动化出行方式的竞争方面。

健康城市要构建适合人居的交通出行,而今交通拥堵已成为各大城市一种交通常态,其中最为突出的交通拥堵一般均集中在特殊的时段、特殊的区域、特殊的方向上。从这个方面来看,在这些特殊时段和空间区域大力发展公共交通,推行公交优先有助于实现健康城市的高效运输目标。因此,选取合适的公交分担率指标作为公共交通对健康城市节能减排的考核引导指标是非常有意义和必要的。本书从各大城市交通实际出发,选取中心城区高峰小时公交分担率、中心城区瓶颈地段公交分担率、高峰时段进入核心区公交分担率三个指标作为考核指标。中心城区高峰小时公交分担率是指统计期内,中心城区高峰小时公交出行量占全方式出行总量的比重,计算公式如式(4-6)。中心城区瓶颈地段公交分担率是指统计期内,中心城区瓶颈地段公交出行量占全方式出行总量的比重,计算公式如(4-7)。高峰时段进入核心区公交分担率是指统计期内,高峰时段进入核心区的总出行量中,公交出行量所占的比重,计算公式如式(4-8)。数据来自健康城市公共交通专项数据采集调查。

$$中心城区高峰小时公交分担率 = \frac{中心城区高峰小时公交出行量}{中心城区高峰小时全方式出行总量} \times 100\%$$
(4-6)

$$中心城区瓶颈地段公交分担率 = \frac{中心城区瓶颈地段公交出行量}{中心城区瓶颈地段全方式出行总量} \times 100\%$$
(4-7)

$$高峰时段进入核心区公交分担率 = \frac{高峰时段进入核心区的公交出行量}{高峰时段进入核心区的总出行量} \times 100\%$$
(4-8)

另外,健康城市中交通拥堵的主要原因是小汽车交通的井喷式增长,小汽车的增长速度远远大于道路的修建速度,形成了交通供需的严重失衡。对于发展成型的城市空间结构和道路网络来讲,通过大刀阔斧地进行城市道路的修建来增加交通供给已经不现实。面对如此交通供需失衡状况,只能改变人的出行习惯,不断引导出行者选择占用道路资源少、运输效率高的运输方式,发挥现有道路供给的最大运输能力。机动化出行公交分担率和机械化出行公交分担率,能够很好地考核指导公共交通对健康城市的高效畅通运输的作用。机动化出行公交分担率是指统计期内,全日居民选择公共交通的出行量占机动化出行(不含步行和非机动车)总量的比重,计算公式如式(4-9)。机械化出行公交分担率是指统计期内,全日居民选择公共交通的出行量占机械化出行(不含步行)总量的比重,计算公式如式(4-10)。数据均来自各城市交通统计年鉴。

$$机动化出行公交分担率 = \frac{公共交通出行量}{机动化出行总量} \times 100\% \quad (4-9)$$

$$机械化出行公交分担率 = \frac{公共交通出行量}{机械化出行总量} \times 100\% \quad (4-10)$$

4. 从健康城市出行公平服务方面选取公交分担率指标

由第三章健康城市与公共交通互动发展机理可知,在城市的健康出行公平服务方面,公共交通与健康城市形成了良好的互动发展关系。城市健康出行公平服务反映到公共交通方面着重考虑公共交通服务人群的需求,如通勤出行、偏远地区与特殊人群公交保障率(特殊人群包括老年人、中小学生和残疾人群体)。

城市要保障大多普通老百姓的健康出行,从城市居民的出行方式构成来看,通勤交通即城市居民上下班出行是大多数普通老百姓需要保障的最基本出行交通。城市交通能不能满足通勤交通需求是能否提供普适性公平服务的主要体现,也是能否解决民生问题的关键。不是每一个居民都能担负得起小汽车出行作为通勤出行方式的,健康城市应该提供满足大众通勤出行需求的公共交通作为解决大众公平出行的手段。因此,本书选择通勤交通公交分担率作为公共交通对健康城市公平服务的考核引导指标。通勤交通公交分担率是指统计期内,居民通勤出行总量中公共交通出行量所占比重,计算公式如式(4-11)。数据来自健康城市公共交通专项数据采集调查。

$$通勤交通公交分担率 = \frac{由公共交通承担的通勤出行量}{通勤出行总量} \times 100\% \quad (4\text{-}11)$$

同时,与通勤交通相对应的非通勤交通也是健康城市不能忽略的公平出行问题,如果说满足通勤交通需求反映基本的出行公平服务水平,那么非通勤交通反映更高层次的出行公平服务水平,所以本书选择非通勤交通公交分担率作为公共交通对健康城市公平服务的考核引导指标。非通勤交通公交分担率是指统计期内,居民非通勤出行总量中公共交通出行量所占比重,计算公式如式(4-12)。数据来自健康城市公共交通专项数据采集调查。

$$非通勤交通公交分担率 = \frac{由公共交通承担的非通勤出行量}{非通勤出行总量} \times 100\%$$

$$(4\text{-}12)$$

城市中低收入人群和城市中的老人、孩子及残疾人等是健康公平的交通出行服务重点关注的对象。健康城市的公平交通服务要求考虑全部人群,尤其是特殊人群、低收入人群,以及城市偏远地区等交通不便地区的人群。住在城市偏远地区等交通不便地区的人群往往也是收入相对比较低的人群,小汽车出行对于他们来讲负担太重,城市需要构建该类地区的公共交通网络,提供该区域人群能够接受的便利的公共交通,满足其日常出行需求。另外,城市中的老人、孩子及残疾人等特殊人群出行基本不可能也没有能力选择小汽车等私人交通工具出行,他们是城市出行中的弱势群体,城市需要为该类特殊人群提供人性化的公共交通出行方式。综上所述,本书选择交通不便地区公交分担率、低收入及特殊人群公交分担率作为公共交通对健康城市公平服务的考核引导指标。交通不便地区公交分担率是指统计期内,在交通不便地区居民出行总量中公共交通出行量所占比重,计算公式如式(4-13)。低收入及特殊人群公交分担率是指统计期内,低收入及特殊人群出行总量中公共交通出行量所占比重,计算公式如式(4-14)。数据来自健康城市公共交通专项数据采集调查。

$$\frac{交通不便地区}{公交分担率} = \frac{交通不便地区由公共交通承担的居民一日出行量}{交通不便地区居民一日出行总量} \times 100\%$$

(4-13)

$$低收入及特殊人群公交分担率 = \frac{低收入及特殊人群公共交通出行量}{低收入及特殊人群出行总量} \times 100\%$$

(4-14)

从四个方面所选定的初始指标汇总如表4.4所示。

表4.4 公交分担率候选指标汇总表

准则层	具体指标	指标层	具体指标
空间引导	交通走廊公交分担率	绿色节能	绿色交通出行分担率
	重要交通枢纽公交分担率		全方式出行公交分担率
	大型居住区公交分担率	排堵保畅	中心城区高峰小时公交分担率
公平服务	通勤交通公交分担率		中心城区瓶颈地段公交分担率
	非通勤交通公交分担率		高峰时段进入核心区公交分担率
	交通不便地区公交分担率		机械化出行公交分担率
	低收入及特殊人群公交分担率		机动化出行公交分担率

4.4.3 候选指标筛选

根据德尔菲法对专家数的限定,本书共选取了25名专家,对专家进行问卷调查。专家分别来自各个高等院校以及规划设计公司,具体研究领域、职业、年龄分布如表 4.5 所示。

表 4.5 所选取专家属性统计表

属性	分级	人数/人	属性	分级	人数/人
行业分布	交通规划	19	职称分布	高级	17
	城市规划	6		中级	8
学历学位分布	博士	13	地区分布	北京	5
	硕士	12		上海	5
年龄分布	<35 岁	4		广州	4
	35~45 岁	9		南京	5
	46~55 岁	8		杭州	4
	>55 岁	4		苏州	2

将所选取的候选指标制成问卷调查表,进行专家调查。专家按照很好(5 分)、好(4 分)、一般(3 分)、差(2 分)、很差(1 分)五个等级,判别各指标反映公交分担率的好坏程度,并给各指标打相应的分数。专家调查结果整理如表 4.6 所示。

表 4.6 专家调查结果整理汇总表

准则层	指标	平均值	标准差	变异系数	最大值	最小值
空间引导	交通走廊公交分担率	3.95	0.845 804	0.214 1	5	2
	重要交通枢纽公交分担率	3.85	0.943 687	0.251 6	5	2
	大型居住区公交分担率	3.55	0.677 476	0.252 2	5	1
绿色节能	绿色交通出行分担率	4.2	0.723 241	0.172 2	5	3
	全方式出行公交分担率	4.2	0.723 241	0.172 2	5	3
排堵保畅	机械化出行公交分担率	3.88	0.822 364	0.212 2	5	2
	机动化出行公交分担率	4.4	0.810 191	0.184 1	5	2
	中心城区高峰小时公交分担率	3.8	0.921 191	0.245 9	5	2
	中心城区瓶颈地段公交分担率	3.68	0.882 886	0.268 6	5	1
	高峰时段进入核心区公交分担率	3.9	0.925 864	0.247 1	5	2

(续表)

准则层	指标	平均值	标准差	变异系数	最大值	最小值
公平服务	通勤交通公交分担率	4.43	0.675 107	0.152 6	5	3
	非通勤交通公交分担率	3.25	0.934 557	0.287 6	5	1
	交通不便地区公交分担率	3.73	0.925 078	0.235 2	5	1
	低收入及特殊人群公交分担率	3.83	0.891 085	0.232 7	5	2

由第一轮德尔菲法结果可知，所选指标得分的平均值均在3分以上，即各位专家基本认为所选取的指标都对公交出行分担率产生影响，其中绿色交通出行分担率、全方式出行公交分担率、机动化出行公交分担率和通勤交通公交分担率分值达到4分以上，说明以上指标对于公交出行分担率影响较大。由于所有指标的变异系数均小于0.3，筛选后的指标得分标准差均小于1，说明各专家意见已趋于一致。通过与专家研讨小组的交流讨论，考虑指标间的共性问题，以及方便今后数据统计和统一考核需要，确定删除4个指标，保留4个方面10个核心指标作为公交分担率指标考核体系。因此，针对第一轮德尔菲法结果按照两个准则进行指标的筛选：删除平均分≤3.7分以及变异系数≥0.25的指标。

公交分担率指标体系具有层次结构，分别为目标层、准则层和指标层。

（1）目标层：该层为整个公交分担率指标体系的最高层，在本书中即为大城市公交分担率指标体系。

（2）准则层：在目标层下，将公交分担率指标体系的总目标划分为4个准则层：空间引导（B1）、绿色节能（B2）、排堵保畅（B3）、公平服务（B4）。

（3）指标层：该层指标可进行量化处理，依据准则层的特点与范围选择指标。

按照以上标准，结合指标的优化筛查，最终构建的公交出行分担率指标体系见表4.7。

此外，采用Kendall's W检验（肯德尔和谐性分析）分析了以上10个指标重要性程度评判的一致性。结果显示，专家对公交分担率的Kendall's W系数为0.244，p值为0.00（表4.8），说明专家对指标体系重要程度的判定具有较高的一致性。

表 4.7　公交分担率指标体系表

目标层	准则层	指标层
公交分担率指标体系	空间引导	交通走廊公交分担率
		重要交通枢纽公交分担率
	绿色节能	绿色交通出行分担率
		全方式出行公交分担率
	排堵保畅	机动化出行公交分担率
		中心城区高峰小时公交分担率
		高峰时段进入核心区公交分担率
	公平服务	通勤交通公交分担率
		低收入及特殊人群公交分担率
		交通不便地区公交分担率

表 4.8　Kendall's W 检验结果表

专家数	25
Kendall's W 系数	0.244
t 统计量	54.853
自由度	9
p 值	0.00

4.5　本章小结

本章对公交分担率指标选取影响因素进行深入分析，结合指标选择原则，进行了指标体系的构建与优化，得出如下结论：

（1）对公交分担率指标相关概念及国内外统计实践进行分析，发现国内的公交分担率指标比较单一，没有体现精细化评价公共交通发展绩效的作用，国外公交分担率指标较具体，但是也没有成体系，进而总结分析现行公交分担率指标存在的问题。从国内外健康城市公交都市建设案例出发，分析公交分担率的多样性（时间多样性、空间多样性和出行方式多样性），论证公交分担率指标体系构建的必要性。

（2）分析公交分担率指标选取影响因素，从出行个体和宏观环境两个角度分析其影响因素,结合指标选取原则,初步选取设计14个指标为健康城市公交分担率指标体系。对每个指标内涵、计算公式,以及数据来源进行分析解读。

(3)对初始指标体系进行优化,得到健康城市公共交通分担率指标体系:空间引导方面,交通走廊公交分担率、重要交通枢纽公交分担率;绿色节能方面,绿色交通出行分担率、全方式出行公交分担率;排堵保畅方面,机动化出行公交分担率、中心城区高峰小时公交分担率、高峰时段进入核心区公交分担率;公平服务方面,通勤交通公交分担率、交通不便地区公交分担率、低收入及特殊人群公交分担率。

第五章 基于公交分担率的健康城市公共交通发展绩效评价

5.1 公交分担率指标评价标准确定

根据有关城市公共交通的相关标准及研究成果,参考城市公共交通发展较为先进地区的公交出行分担率值,分别确定各个指标的等级划分如下。

交通走廊公交分担率:该指标聚焦城市交通中问题比较突出的空间区域,一定程度上反映了特定空间区域公共交通承担居民出行情况。根据国内各大城市统计数据及实践,本书确定大城市、特大城市该指标值不小于65%为很好,55%～<65%为好,40%～<55%为较好,30%～<40%为一般,30%以下为较差。

重要交通枢纽公交分担率:该指标聚焦城市交通中问题比较突出的空间区域,一定程度上反映了特定空间区域公共交通承担居民出行情况。根据国内各大城市统计数据,本书确定大城市、特大城市该指标值不小于55%为很好,45%～<55%为好,30%～<45%为较好,20%～<30%为一般,20%以下为较差。

绿色交通出行分担率:健康城市需要绿色交通支撑,健康有序的公共交通有助于慢行交通的发展,同时完善的慢行交通系统也有助于公共交通的发展,因此该指标将公共交通与慢行交通一并考虑,一定程度上反映了公共交通对健康城市的支撑情况。根据国内各大城市统计数据,本书确定大城市、特大城市该指标值不小于85%为很好,75%～<85%为好,65%～<75%为较好,50%～<65%为一般,50%以下为较差。

全方式出行公交分担率:该指标是国内外比较通用的公交分担率指标,它从整体上反映了公共交通在交通体系中的发展情况。根据国内各大城市统计数据及实践,本书确定大城市、特大城市该指标值不小于33%为很好,28%～<33%为好,23%～<28%为较好,18%～<23%为一般,18%以下为较差。

机动化出行公交分担率:该指标聚焦公共交通与小汽车等机动化交通工具的竞争,一定程度上反映了公共交通在与小汽车竞争发展中的情况。根据国内各大城市统计数据及发展实践,本书确定大城市、特大城市该指标值不小于70%为很好,65%~<70%为好,60%~<65%为较好,55%~<60%为一般,55%以下为较差。

中心城区高峰小时公交分担率:该指标聚焦城市中心区域和高峰时段,反映了公共交通在关键区域和关键时段的分担率情况。根据国内各大城市统计数据,本书确定大城市、特大城市该指标值不小于40%为很好,35%~<40%为好,30%~<35%为较好,25%~<30%为一般,25%以下为较差。

高峰时段进入核心区公交分担率:该指标聚焦特殊时段特殊方向公共交通承担居民出行情况,因为高峰时段进入核心区的交通拥堵问题是城市交通的一个突出问题,该指标可以反映公共交通在缓解交通拥堵方面所起到的作用。根据国内各大城市统计数据,本书确定大城市、特大城市该指标值不小于70%为很好,60%~<70%为好,50%~<60%为较好,40%~<50%为一般,40%以下为较差。

通勤交通公交分担率:该指标聚焦特殊出行目的公共交通承担居民出行情况,通勤交通是高峰时段居民出行中主要的一种出行目的,该指标在一定程度上反映了公共交通在承担居民生产出行中的作用。根据国内各大城市统计数据,本书确定大城市、特大城市该指标值不小于40%为很好,35%~<40%为好,30%~<35%为较好,25%~<30%为一般,25%以下为较差。

低收入及特殊人群公交分担率:该指标聚焦城市中特殊群体的出行情况,体现了公共交通的经济性和公平性,有助于以人为本的公共交通系统的建设。根据国内各大城市统计数据,本书确定大城市、特大城市该指标值不小于75%为很好,65%~<75%为好,60%~<65%为较好,55%~<60%为一般,55%以下为较差。

交通不便地区公交分担率:该指标聚焦城市中特殊区域公共交通发展情况,体现了公共交通的服务性,一定程度上反映了公共交通的普适性。根据国内各大城市统计数据,本书确定大城市、特大城市该指标值不小于75%为很好,65%~<75%为好,55%~<65%为较好,50%~<55%为一般,50%以下为较差。

结合南京市的实际情况,本书确定了各评价指标等级划分及其评分值区间,见表5.1。

表5.1 各评价指标等级划分及其评分表

评价等级	很好	好	较好	一般	较差
评价分数/分	[90, 100]	[80, 90)	[70, 80)	[60, 70)	[0, 60)
中心城区高峰小时公交分担率/%	≥40	[35, 40)	[30, 35)	[25, 30)	<25

(续表)

评价等级	很好	好	较好	一般	较差
机动化出行公交分担率	≥70	[65, 70)	[60, 65)	[55, 60)	<55
全方式出行公交分担率	≥33	[28, 33)	[23, 28)	[18, 23)	<18
交通走廊公交出行分担率	≥65	[55, 65)	[40, 55)	[30, 40)	<30
重要交通枢纽公交分担率	≥55	[45, 55)	[30, 45)	[20, 30)	<20
高峰时段进入核心区公交分担率	≥70	[60, 70)	[50, 60)	[40, 50)	<40
绿色交通出行分担率	≥85	[75, 85)	[65, 75)	[50, 65)	<50
通勤交通公交分担率	≥40	[35, 40)	[30, 35)	[25, 30)	<25
交通不便地区公交分担率	≥75	[65, 75)	[55, 65)	[50, 55)	<50
低收入及特殊人群公交分担率	≥75	[65, 75)	[60, 65)	[55, 60)	<55

5.2 公交分担率指标权重计算

5.2.1 指标权重计算方法

对比分析多种指标权重计算方法，本书最终采用因子分析法确定各指标的权重。因子分析法主要核心思想是用较少的互相独立的因子反映原有变量的绝大部分信息。设有 p 个原有变量 $x_1, x_2, \cdots, x_p$，每个变量都经过标准化处理（均值为 0，标准差为 1），现将每个原有变量用 k 个因子 $f_1, f_2, \cdots, f_k$ 的线性组合来表示，数学表达式为式(5-1)：

$$\begin{cases} x_1 = a_{11}f_1 + a_{12}f_2 + a_{13}f_3 + \cdots + a_{1k}f_k + \varepsilon_1 \\ x_2 = a_{21}f_1 + a_{22}f_2 + a_{23}f_3 + \cdots + a_{2k}f_k + \varepsilon_2 \\ x_3 = a_{31}f_1 + a_{32}f_2 + a_{33}f_3 + \cdots + a_{3k}f_k + \varepsilon_3 \\ \vdots \\ x_p = a_{p1}f_1 + a_{p2}f_2 + a_{p3}f_3 + \cdots + a_{pk}f_k + \varepsilon_p \end{cases} \quad (5-1)$$

式中，$a_{11}, a_{12}, \cdots, a_{pk}$——因子荷载；

$\varepsilon_1, \varepsilon_2, \cdots, \varepsilon_p$——特殊因子。

因子分析法计算变量权重的步骤如下：

（1）确认待分析的原始变量是否适合做因子分析，使用巴特利特球形检验方法进行验证。

(2) 因子提取,利用主成分分析法提取因子并计算因子的累计方差贡献率。

(3) 利用旋转方法使因子变量具有可解释性,使用正交旋转方式中的方差极大法来旋转因子荷载矩阵。

(4) 计算每个变量的因子得分系数。

$$F_j = \beta_{1j}x_1 + \beta_{2j}x_2 + \beta_{3j}x_3 + \cdots + \beta_{nj}x_p \tag{5-2}$$

式中,F_j——主成分($j=1, 2, \cdots, m$);

$\beta_{1j}, \beta_{2j}, \beta_{3j}, \cdots, \beta_{nj}$——各指标在主成分 F_j 中的系数得分。

(5) 求出各个指标 x_i 的权重 ω_i。

$$\omega_i = \sum_{j=1}^{m} \beta_{ij} \cdot e_j \Big/ \Big(\sum_{i=1}^{n} \sum_{j=1}^{m} \beta_{ij} \cdot e_j \Big) \tag{5-3}$$

式中,e_j——F_j 的方差贡献率。

5.2.2 指标权重的确定

步骤 1:对原始变量进行球形检验

由表 5.2 可知,巴特利特球形检验统计量观测值为 135.741,p 值为 0.002,小于显著水平 0.01,故应拒绝原假设,说明问卷数据适合进行因子分析。

表 5.2 巴特利特球形检验结果表

巴特利特球形检验	卡方值	135.741
	自由度	91
	p 值	0.002

步骤 2:因子提取和方差贡献率

首先进行共同度分析,采用主成分分析法提取因子并选取特征值大于 1(结果见表 5.3)。从表 5.3 中可以看出,机动化出行公交分担率和通勤交通公交分担率两个变量信息丢失较多(超过 40%),其余变量信息丢失较少。因而初始提取效果不够理想。

表 5.3 初始变量共同度分析结果表

指标	特征值	提取
全方式出行公交分担率	1.000	0.737
绿色交通出行分担率	1.000	0.626

(续表)

指标	特征值	提取
机动化出行公交分担率	1.000	**0.570**
重要交通枢纽公交分担率	1.000	0.874
交通走廊公交分担率	1.000	0.811
中心城区高峰小时公交分担率	1.000	0.806
高峰时段进入核心区公交分担率	1.000	0.686
通勤交通公交分担率	1.000	**0.443**
低收入及特殊人群公交分担率	1.000	0.672
交通不便地区公交分担率	1.000	0.812

通过参考查看碎石图(图 5-1),重新指定特征值标准,选择提取 7 个因子,变量共同度分析结果如表 5.4 所示。由表 5.4 可知,提取 7 个因子后,变量共同度值都比较高,说明原始变量的信息丢失较少,本次因子提取结果较为理想。

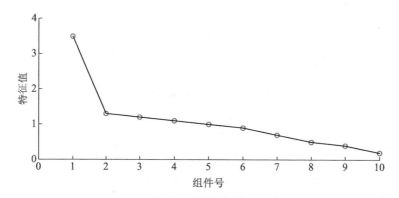

图 5-1 因子碎石图

表 5.4 提取 7 个因子的变量共同度分析结果表

指标	特征值	提取
全方式出行公交分担率	1.000	0.760
绿色交通出行分担率	1.000	0.884
机动化出行公交分担率	1.000	0.840
重要交通枢纽公交分担率	1.000	0.827
交通走廊公交分担率	1.000	0.849

(续表)

指标	特征值	提取
中心城区高峰小时公交分担率	1.000	0.880
高峰时段进入核心区公交分担率	1.000	0.850
通勤交通公交分担率	1.000	0.732
低收入及特殊人群公交分担率	1.000	0.819
交通不便地区公交分担率	1.000	0.880

表5.5中,第一列表示因子分析的初始解,其中又分3个子列,分别表示特征值、方差贡献率和累计方差贡献率。由于初始解中提取了10个因子,故所有变量总方差都被解释,累计方差贡献率为100%。第二列和第三列数据表示提取7个因子和荷载矩阵旋转前后特征值、方差贡献率和累计方差贡献率情况。总体上,提取的7个因子共解释总方差的92.246%,超过90%,也进一步说明本次因子分析结果较好。

表5.5 因子解释原变量总方差情况表

	总方差								
	特征值			方差贡献率			累计方差贡献率		
	特征值	贡献率/%	累计贡献率/%	特征值	贡献率/%	累计贡献率/%	特征值	贡献率/%	累计贡献率/%
1	3.502	35.018	35.018	3.502	35.018	35.018	1.950	19.504	19.504
2	1.322	13.220	48.239	1.322	13.220	48.239	1.543	15.432	34.937
3	1.168	11.680	59.918	1.168	11.680	59.918	1.255	12.547	47.484
4	1.045	10.450	70.369	1.045	10.450	70.369	1.173	11.732	59.216
5	0.906	9.058	79.427	0.906	9.058	79.427	1.172	11.717	70.933
6	0.704	7.042	86.469	0.704	7.042	86.469	1.089	10.894	81.827
7	0.578	5.777	92.246	0.578	5.777	92.246	1.042	10.419	92.246
8	0.380	3.802	96.048						
9	0.296	2.962	99.009						
10	0.099	0.991	100.000						

步骤3:因子荷载矩阵和因子得分系数

因子分析核心内容是找到因子荷载矩阵,以得到因子分析模型,结果如表5.6所示。

表 5.6　因子载荷矩阵表

指标	f_1	f_2	f_3	f_4	f_5	f_6	f_7
全方式出行公交分担率	−0.020	0.423	0.517	−0.408	0.085	0.372	−0.041
绿色交通出行分担率	0.460	−0.038	−0.404	−0.294	0.365	0.411	0.347
机动化出行公交分担率	0.422	−0.162	−0.462	0.274	−0.452	0.365	0.098
重要交通枢纽公交分担率	0.371	0.022	0.321	0.681	−0.068	0.310	−0.145
交通走廊公交分担率	0.565	−0.291	0.005	0.331	0.558	0.149	0.038
中心城区高峰小时公交分担率	0.748	−0.146	−0.071	0.063	−0.366	−0.345	0.194
高峰时段进入核心区公交分担率	0.685	−0.071	0.448	−0.171	−0.224	−0.063	0.303
通勤交通公交分担率	0.594	0.336	−0.268	−0.080	−0.138	−0.032	−0.409
低收入及特殊人群公交分担率	0.641	−0.416	−0.149	−0.208	0.294	−0.282	−0.060
交通不便地区公交分担率	0.820	0.049	0.008	−0.407	−0.095	−0.039	−0.168

由式(5-1)可以写出因子分析模型表达式如下：

$$\text{全方式出行公交分担率} = -0.02f_1 + 0.423f_2 + 0.517f_3 - 0.408f_4 \\ + 0.085f_5 + 0.372f_6 - 0.041f_7$$

$$\text{绿色交通出行分担率} = 0.46f_1 - 0.038f_2 - 0.404f_3 - 0.294f_4 \\ + 0.365f_5 + 0.411f_6 + 0.347f_7$$

$$\text{机动化出行公交分担率} = 0.422f_1 - 0.162f_2 - 0.462f_3 + 0.274f_4 \\ - 0.452f_5 + 0.365f_6 + 0.098f_7$$

$$\text{重要交通枢纽公交分担率} = 0.371f_1 + 0.022f_2 + 0.321f_3 + 0.681f_4 \\ - 0.068f_5 + 0.31f_6 - 0.145f_7$$

$$\text{交通走廊公交分担率} = 0.565f_1 - 0.291f_2 + 0.005f_3 + 0.331f_4 \\ + 0.558f_5 + 0.149f_6 + 0.038f_7$$

$$\text{中心城区高峰小时公交分担率} = 0.748f_1 - 0.146f_2 - 0.071f_3 + 0.063f_4 \\ - 0.366f_5 - 0.345f_6 + 0.194f_7$$

$$\text{高峰时段进入核心区公交分担率} = 0.685f_1 - 0.071f_2 + 0.448f_3 - 0.171f_4 \\ - 0.224f_5 - 0.063f_6 + 0.303f_7$$

$$通勤交通公交分担率 = 0.594f_1 + 0.336f_2 - 0.268f_3 - 0.08f_4 - 0.138f_5 - 0.032f_6 - 0.409f_7$$

$$低收入及特殊人群公交分担率 = 0.641f_1 - 0.416f_2 - 0.149f_3 - 0.208f_4 + 0.294f_5 - 0.282f_6 - 0.06f_7$$

$$交通不便地区公交分担率 = 0.82f_1 + 0.049f_2 + 0.008f_3 - 0.407f_4 - 0.095f_5 - 0.039f_6 - 0.168f_7$$

由于表 5.6 对于因子的解释性不强,因而采用方差极大法将其旋转得到表 5.7。从表 5.7 中可以看出,第一个因子主要解释中心城区高峰小时公交分担率、高峰时段进入核心区公交分担率两个变量指标,第二因子主要解释交通不便地区公交分担率和通勤交通公交分担率两个指标,其余因子所解释的指标如表 5.7 所示(加粗斜体)。此外,需要说明的是,表中正值表示高于平均水平,负值则相反。

表 5.7 旋转后的因子荷载矩阵表

指标	组成						
	1	2	3	4	5	6	7
全方式出行公交分担率	0.063	0.016	−0.004	−0.011	0.085	**0.847**	−0.175
绿色交通出行分担率	0.107	0.102	−0.117	**0.871**	0.158	0.099	0.236
机动化出行公交分担率	0.146	0.124	0.139	0.149	0.066	−0.240	**0.837**
重要交通枢纽公交分担率	0.087	0.064	**0.861**	−0.103	0.027	0.050	0.247
交通走廊公交分担率	0.147	0.095	**0.598**	**0.633**	−0.106	−0.205	−0.086
中心城区高峰小时公交分担率	**0.779**	0.205	0.075	0.021	0.141	−0.391	0.229
高峰时段进入核心区公交分担率	**0.877**	−0.051	0.171	0.085	0.102	0.174	0.038
通勤交通公交分担率	0.228	**0.794**	0.029	0.026	0.075	0.024	0.203
低收入及特殊人群公交分担率	0.501	0.285	−0.003	**0.504**	−0.292	−0.347	−0.165
交通不便地区公交分担率	0.682	**0.554**	−0.055	0.255	−0.080	0.157	0.095

表 5.8 给出 7 个因子的协方差矩阵分析结果。显然,任意两个因子的相关性都为 0,满足因子分析预期目标。

表 5.8 因子协方差矩阵表

组成	1	2	3	4	5	6	7
1	1.000	0.000	0.000	0.000	0.000	0.000	0.000
2	0.000	1.000	0.000	0.000	0.000	0.000	0.000
3	0.000	0.000	1.000	0.000	0.000	0.000	0.000
4	0.000	0.000	0.000	1.000	0.000	0.000	0.000
5	0.000	0.000	0.000	0.000	1.000	0.000	0.000
6	0.000	0.000	0.000	0.000	0.000	1.000	0.000
7	0.000	0.000	0.000	0.000	0.000	0.000	1.000

步骤 4:因子得分系数

采用回归方法估计因子得分系数,具体结果如表 5.9 所示。

表 5.9 因子得分系数矩阵表

指标	组成						
	1	2	3	4	5	6	7
全方式出行公交分担率	0.014	0.009	0.015	0.058	0.004	0.672	−0.059
绿色交通出行分担率	−0.087	−0.186	−0.148	0.695	0.200	0.156	0.169
机动化出行公交分担率	−0.037	−0.069	0.050	0.020	0.066	−0.092	0.689
重要交通枢纽公交分担率	−0.128	0.000	0.618	−0.149	−0.051	0.092	0.217
交通走廊公交分担率	−0.146	−0.071	0.383	0.433	−0.072	−0.104	−0.149
中心城区高峰小时公交分担率	0.379	−0.090	−0.121	−0.177	0.164	−0.336	0.086
高峰时段进入核心区公交分担率	0.452	−0.309	−0.038	−0.042	0.161	0.113	−0.002
通勤交通公交分担率	−0.085	0.577	−0.049	−0.184	−0.138	0.045	0.091

(续表)

指标	组成						
	1	2	3	4	5	6	7
低收入及特殊人群公交分担率	0.132	0.107	−0.119	0.230	−0.226	−0.262	−0.272
交通不便地区公交分担率	0.194	0.272	−0.182	−0.012	−0.158	0.145	−0.007

根据公式(5-2)，写出因子得分函数具体形式如下：

$F_1 = 0.014x_1 - 0.087x_2 - 0.037x_3 - 0.128x_4 - 0.146x_5 + 0.379x_6 + 0.452x_7 - 0.085x_8 + 0.132x_9 + 0.194x_{10}$

$F_2 = 0.009x_1 - 0.186x_2 - 0.069x_3 - 0.071x_5 - 0.09x_6 - 0.309x_7 + 0.577x_8 + 0.107x_9 + 0.272x_{10}$

$F_3 = 0.015x_1 - 0.148x_2 + 0.05x_3 + 0.618x_4 + 0.383x_5 - 0.121x_6 - 0.038x_7 - 0.049x_8 - 0.119x_9 - 0.182x_{10}$

$F_4 = 0.058x_1 + 0.695x_2 + 0.02x_3 - 0.149x_4 + 0.433x_5 - 0.177x_6 - 0.042x_7 - 0.184x_8 + 0.23x_9 - 0.012x_{10}$

$F_5 = 0.004x_1 + 0.2x_2 + 0.066x_3 - 0.051x_4 - 0.072x_5 + 0.164x_6 + 0.161x_7 - 0.138x_8 - 0.226x_9 - 0.158x_{10}$

$F_6 = 0.672x_1 + 0.156x_2 - 0.092x_3 + 0.092x_4 - 0.104x_5 - 0.336x_6 + 0.113x_7 + 0.045x_8 - 0.262x_9 + 0.145x_{10}$

$F_7 = -0.059x_1 + 0.169x_2 + 0.689x_3 + 0.217x_4 - 0.149x_5 + 0.086x_6 - 0.002x_7 + 0.091x_8 - 0.272x_9 - 0.007x_{10}$

步骤5：各指标权重计算结果

根据公式(5-3)，分别计算得出各个指标变量的权重，如表5.10所示。

表5.10 指标权重计算结果表

序号	指标变量名称	权重值
1	全方式出行公交分担率	0.054 64
2	绿色交通出行分担率	0.129 65

(续表)

序号	指标变量名称	权重值
3	机动化出行公交分担率	0.069 08
4	重要交通枢纽公交分担率	0.102 05
5	交通走廊公交分担率	0.112 86
6	中心城区高峰小时公交分担率	0.122 68
7	高峰时段进入核心区公交分担率	0.116 48
8	通勤交通公交分担率	0.100 98
9	低收入及特殊人群公交分担率	0.103 83
10	交通不便地区公交分担率	0.087 75

5.3 公共交通绩效评价模型构建

多指标综合评价方法有很多种,因为本书所选取指标均是无量纲的统计数据计算出来的量化指标,其评价标准是一个一个区间,很适合选用数学中的广义函数。因此本书选用广义函数理论构建公交分担率评价函数式,评价南京市的公交分担率水平。

首先确定指标值与分数分级规则。根据表 5.1 可知分数为 $0\sim100$,共分为五级,$0\sim<60$ 为较差级,$60\sim<70$ 为一般级,$70\sim<80$ 为较好级,$80\sim<90$ 为好级,$90\sim100$ 为很好级。所以指标分数分界线值分别为:0、60、70、80、90 和 100。同样指标值对应表 5.1 也应该有 6 个分界线值,分别用 z_0、z_1、z_2、z_3、z_4、z_5 表示,指标分数分界线值分别用 100、m_1、m_2、m_3、m_4 和 0 来表示,就形成了指标值与分数分级规则,具体如图 5-2 所示。

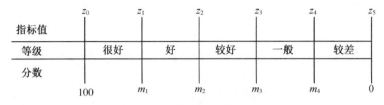

图 5-2 指标值与分数分级图

其次构建用于单个指标具体评价分数计算的函数。如果实际统计计算指标值落入图 5-2 中的某一个指标值区域,则采用该区域对应的分数区域的下限值加上所计算指标在落入区域的转化分数值即为单个指标的最终评价分数。某一区域内的指标值的转化分数值用同等比例放大来计算。由此可以确定指标值与评分之间的函数关系,其中,当指标实际统计计算值大于 z_0 时,其分数为满分,不列入计算公式中,其他区间的相关计算公式如式(5-4)所示。

$$m = \begin{cases} m_1 + \dfrac{(100-m_1)(z-z_1)}{z_0-z_1} & (z_1 \leqslant z \leqslant z_0) \\ m_2 + \dfrac{(m_1-m_2)(z-z_2)}{z_1-z_2} & (z_2 \leqslant z < z_1) \\ m_3 + \dfrac{(m_2-m_3)(z-z_3)}{z_2-z_3} & (z_3 \leqslant z < z_2) \\ m_4 + \dfrac{(m_3-m_4)(z-z_4)}{z_3-z_4} & (z_4 \leqslant z < z_3) \\ \dfrac{m_4(z-z_5)}{z_4-z_5} & (z_5 \leqslant z < z_4) \end{cases} \quad (5\text{-}4)$$

式中,m ——公交分担率指标的得分;

z ——公交分担率指标实际统计值。

最后构建公交分担率多指标综合评价函数。选用简单的加权求和的方法进行,因为上一节中,对公交分担率指标体系的单个指标运用因子分析法均已完成权重计算,其权重采取总权重为 1 的无量纲化处理,因此,采取简单的加权求和方法可以把复杂问题简单化。具体计算公式如式(5-5):

$$M = \sum a_i m_i \quad (5\text{-}5)$$

式中,M ——被评价城市基于公交分担率的公共交通发展绩效综合评分;

a_i ——第 i 个公交分担率指标的权重,具体见表 5.10;

m_i ——第 i 个公交分担率指标的分数,具体由式(5-4)计算得到。

评价思路:首先根据某城市实际的居民出行调查数据及公共交通专项调查数据,应用第三章中公交分担率指标计算公式,计算出某城市相应的所有公交出行分担率现状值,依据所划分的指标值合理评分区间(具体见表 5.1),将现状值代入对应的广义函数(式 5-4)中进行计算,得出分数 m,最后加权平均得出该城市基于公交出行分担率的公共交通发展绩效综合评分 M。

5.4 公共交通发展绩效评价实证分析——以南京为例

5.4.1 南京市公共交通发展分析

1. 南京市概况

（1）地理区位

南京位于江苏省西南部，跨长江而居。作为江苏省省会，南京连接了长三角及中西部地区，处于东西、南北交通的交汇处，是华东地区重要的交通枢纽。

（2）行政区划

南京呈长条形五指状发展态势，市辖玄武区、秦淮区、建邺区、鼓楼区、雨花台区、栖霞区、江宁区、浦口区、六合区、溧水区、高淳区共 11 个行政区，市行政区域面积达至 6 587.02 km^2。

（3）经济与人口

南京市经济运行状况总体稳定，2016 年末各产业生产值见表 5.11。

表 5.11　2016 年末南京市各产业生产值

项目		增加值/亿元	增长率/%	三产业增加值比例
生产总值		10 503.02	—	
其中	第一产业	252.51	1	2.4∶39.2∶58.4
	第二产业	4 117.2	5.3	
	工业	3 581.72	4.8	
	第三产业	6 133.31	10.2	
高新技术产业		5 903		

南京市人口低速平稳增长，2016 年末人口状况见表 5.12。

表 5.12　2016 年末南京市人口状况

项目			数值/万人	所占比例/%
常住人口			827	
其中	城镇		678.14	
	其中	0～14 岁	87.34	10.56
		15～64 岁	648.9	78.46
		65 岁及以上	90.76	10.98
户籍人口			662.79	—

(4) 交通总体发展状况

南京市交通固定资产投资呈现下降趋势。2016 年末交通固定资产各项投资情况见表 5.13。

表 5.13　2016 年末南京市交通固定资产各项投资情况

项目		数值/亿元	降低量/亿元	降低率/%
交通固定资产投资		100.98	21.13	17.3
其中	公路	70.62	4.65	6.18
	内河水运建设	3.04	—	
	港口	5.2	2.84	35.32
	公路客货运枢纽场站建设	9.52	—	
	公共交通建设	12.6	22.39	63.99

南京市公路总量变化较小。2016 年末公路里程及城市道路长度见表 5.14。

表 5.14　2016 年末南京市公路里程及城市道路长度

项目		数值/km
公路总里程		11 211.494
其中	高速公路	613.615
	二级及以上高等级公路	3 074.982
城市道路长度		8 012.07
其中	快速路	227.31
	次干路	1 014.46
	支路	1 345.99
	街坊路	1 830.31
	境内公路	2 443.61

2016 年末南京市机动车保有量情况见表 5.15。

表 5.15　2016 年末南京市机动车保有量情况

项目			数值/万辆	增长量/万辆	增长率/%
机动车保有量			239.87	15.81	7.1
其中	民用汽车		221.68	23.75	12.0
	其中	私人汽车	192.71	20.64	12.0
		轿车	140.9	14.4	11.4

2016 年末南京市轨道运营线路长度情况见表 5.16。

表 5.16 2016 年末南京市轨道运营线路长度情况

项目		数值/km
轨道运营线路长度		231.769
其中	1 号线	38.9
	2 号线	37.6
	3 号线	44.869
	10 号线	21.6
	S1 号线	35.8
	S8 号线	45.2
	有轨电车	7.8

2. 南京市公共交通

南京市的城市发展空间结构见 3.6.1 节。南京市自 2013 年被评为"公交都市"建设示范工程创建城市以来,不断加大对公共交通的投入力度,深入全面地贯彻落实公交优先政策,在促进行业发展、基础设施建设等多个方面取得了明显的进步与发展。尤其在轨道交通方面,截至 2017 年底,南京地铁已开通运营线路 9 条,地铁线路总里程 347 km,覆盖南京全市 11 个市辖区,是我国第一个区县全部开通地铁的城市。地铁线路长度居中国大陆第四(仅次于上海、北京、广州)。全市公交运营线路 715 条,线路总长约 10 961 km,其中市区(含主城区、江北、江宁)线路 623 条(占全市线路的 87% 左右),车辆 9 018 辆,11 283 标台。常规公交场站 330 处,规模达 177.82 hm^2。2017 年南京市公共交通客运总量达到 187 695 万人次,日均客运量 514.2 万人次;其中地铁 97 892 万人次,超过常规公交占公共交通客运量的 52.15%。

(1) 南京市公共交通运输水平变化分析

公共交通运输水平可以由公交客运总量和年人均公交出行次数两个指标反映。

公交客运总量是公交运输水平的绝对指标。由图 5-3 可知,2000—2005 年均增长率为 −6.44%,2006—2010 的年复合增长率为 5.33%,"十二五"期间的平均增长率为 6.35%,成为近 15 年来增速最快的时期。但从总体来看,公交客运总量平均增长率仅为 1.74%,发展速度有待进一步提升。由图 5-3 可知,公交习惯系数(公交客运总量/常住人口总数×365)和公交客运总量表现出相似变化趋势。

图 5-3　南京市公共交通运输水平变化图

在 2003 年达到低点,随后则逐步提高。2016 年全市年人均公交出行次数约为 0.6,不足一次,反映出总体公交出行与公交都市发展要求仍然存在较大差距。

(2) 南京市公交分担率情况

公交分担率一定程度上反映了公共交通吸引力水平。通过历年南京市交通统计年报统计数据,分析得到全市不同交通方式分担率,其历年(2000—2016 年)统计数据如表 5.17 所示。由表 5.17 可见非机动车和步行是居民出行最基本和最主要的方式,两项合计超过 50%,轨道交通及私人汽车所占比重呈现递增的趋势,但公共汽(电)车比例在逐年下降。非机动车分担率总体呈现下降的趋势,私人汽车的增长幅度相对较大,公交分担率比例也出现一定程度的增加。主要是因为私人汽车保有量的逐渐增加和城市规模的扩张引起出行距离的增加,从而使原来非机动车出行需求转化为私人汽车出行。尽管公共交通分担率表现出增加趋势,但传统的公共汽(电)车出行比例呈现下降趋势,增加部分主要来源于轨道交通出行比例的增加。这种现象在一定程度上解释了尽管公交优先战略已成为我国大多数城市的共识,硬件投入(公交专用道、运行车辆等)也在不断增加,但是由于可靠性和服务质量等乘客广泛关注的指标无法有效满足基本出行需求,进而导致传统公共交通在与小汽车的竞争过程中仍然处于劣势,其对公众的吸引力也就难以发挥出来。

表 5.17 南京市居民出行全方式分担率表(2000—2016 年)　　　　单位：%

年份	步行	非机动车	公共汽(电)车	轨道交通	私人汽车	出租车	摩托车	单位车	其他
2000	23.4	42.4	22.8	0.0	0.3	1.3	4.0	4.4	1.4
2001	26.1	41.0	24.4	0.0	0.4	1.0	2.7	3.1	1.3
2002	23.2	43.8	24.7	0.0	0.4	1.0	2.9	3.0	1.0
2003	23.9	44.1	24.1	0.0	0.8	0.5	2.9	2.5	1.2
2004	23.5	40.4	24.3	0.0	2.5	1.1	4.1	3.0	1.1
2005	24.1	41.1	22.6	0.0	3.0	1.3	3.9	3.5	0.5
2006	26.8	42.5	18.6	0.7	2.6	3.9	1.3	2.3	1.3
2007	26.3	40.1	19.3	2.2	4.3	2.1	1.4	3.7	0.6
2008	25.8	39.0	19.0	2.6	5.0	2.5	1.5	4.1	0.5
2009	25.4	37.6	19.1	2.8	6.9	2.6	1.1	4.0	0.5
2010	25.8	36.8	17.6	4.5	7.9	2.5	1.0	3.4	0.5
2011	26.6	35.7	18.3	5.1	8.1	2.5	0.5	2.9	0.3
2012	26.7	31.2	19.7	5.6	10.5	2.4	0.5	3.2	0.2
2013	25.8	30.1	20.1	6.7	11.5	2.7	0.4	2.5	0.2
2014	26.3	29.5	20.3	6.8	11.7	2.8	0.4	2.0	0.2
2015	27.1	28.8	17.4	9.3	13.0	2.2	0.6	1.2	0.4
2016	26.2	29.1	16.2	10.8	13.4	2.1	0.4	1.5	0.3

注：表中数据来自 2000—2016 年《南京市交通统计年鉴》。

由表 5.17 和分担率计算公式可计算得到全方式出行公交分担率、机动化出行公交分担率、机械化出行公交分担率以及绿色交通出行分担率四个指标值，各指标值变化趋势如图 5-4 所示。由图 5-4 可知，近年来南京主城区全方式出行公交分担率和机械化出行公交分担率呈逐步回升态势，但机动化出行公交分担率和绿色交通出行分担率均表现出下滑趋势，这主要是由非机动车出行比例减少和私人小汽车出行比例增加产生的。

根据第三章研究结论，不同的城市空间区域的公交分担率也是各有差异的，以南京市不同区域公交分担率为例，可以明显看出公交分担率指标在空间区域上

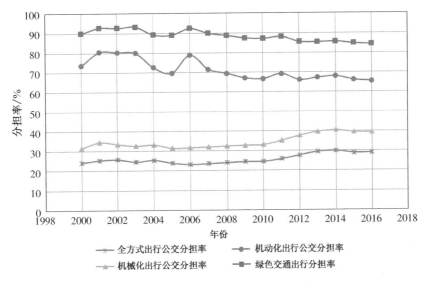

图 5-4 南京市公共交通吸引力指标变化图

的差异性。根据南京城市总体发展规划,南京除了主城区外还有三个副城区,即东山、江北和仙林。各副城区历年全方式出行公交分担率变化情况如表 5.18 所示。但从全方式出行公交分担率来看,副城区的公交分担率均低于主城区,从副城区之间比较来看,其发展阶段不同公交分担率也存在差距,其中江北副城区 2011 年以来的公交分担率稳定增加,超过 15%,与江宁东山及仙林副城区的差距正在逐渐缩小,仙林副城区的公交出行分担率相对较高,与大学城学生为主的人群特征有关。相比其他两个副城区,东山副城区的私人汽车出行比例出现明显下降,应该与轨道交通条件的改善有一定关系。

表 5.18 南京市副城区居民出行全方式结构汇总表(2011—2016 年) 单位:%

年度	副城区	步行	非机动车	公共汽(电)车	轨道交通	私人汽车	出租车	摩托车	单位车	其他	公交分担率
2011	东山	21.4	20.4	15.8	3.9	32.2	0.6	0.5	5.0	0.2	20.3
	江北	23.2	49.3	6.8	0.0	11.9	0.4	5.6	1.8	1.0	7.2
	仙林	39.6	23.0	16.1	2.9	12.0	1.5	0.9	0.6	3.4	20.5

(续表)

年度	副城区	步行	非机动车	公共汽(电)车	轨道交通	私人汽车	出租车	摩托车	单位车	其他	公交分担率
2012	东山	20.0	21.3	16.4	4.2	33.3	0.8	0.4	3.5	0.1	21.4
	江北	22.9	45.8	8.0	0.0	16.1	0.7	4.6	1.8	0.1	8.7
	仙林	32.2	22.5	16.7	6.3	14.9	2.3	1.7	3.2	0.2	25.3
2013	东山	20.6	23.7	17.2	4.6	28.6	0.2	0.3	3.9	0.9	22.0
	江北	20.2	41.1	10.8	0.0	19.8	1.1	3.5	2.1	1.4	11.9
	仙林	31.5	23.4	16.9	6.0	14.5	2.0	1.3	4.3	0.1	18.9
2014	东山	19.2	22.7	17.4	4.4	31.5	0.6	0.3	3.1	0.8	22.4
	江北	21.5	38.8	10.9	1.0	22.8	1.0	1.8	1.6	0.6	12.9
	仙林	32.0	23.8	17.0	6.2	14.8	1.8	0.5	3.8	0.1	25.0
2015	东山	20.3	28.4	12.7	5.9	27.7	1.1	1.1	2.2	0.6	19.7
	江北	21.5	37.3	9.4	4.9	19.9	1.0	3.0	1.7	1.3	15.3
	仙林	19.6	24.8	14.6	7.4	23.6	1.8	1.9	5.7	0.6	23.8
2016	东山	21.6	26.9	13.4	6.3	27.1	1.8	1.0	1.3	0.6	21.5
	江北	21.8	35.9	8.9	5.1	24.6	1.5	0.9	1.1	0.2	15.5
	仙林	22.4	25.1	12.4	8.3	25.1	2.1	1.2	2.5	0.9	22.8

注：公共交通＝公共汽(电)车＋轨道交通＋出租车；表中数据来自 2000—2016 年《南京市交通统计年鉴》。

从表 5.19 中可以看出，近年来南京主城区全方式出行公交分担率及不含步行的机械化出行公交分担率逐步回升，但机动化出行公交分担率呈下滑趋势，这主要是由非机动车出行比例下降、私人小汽车出行比例增加产生的。

表 5.19　南京市主城区公交分担率　　　　　　　　　　　单位：%

年份	全方式出行公交分担率	机械化出行公交分担率	机动化出行公交分担率
2006	19.3	26.4	63.3

(续表)

年份	全方式出行公交分担率	机械化出行公交分担率	机动化出行公交分担率
2007	21.5	29.2	64
2008	21.6	29.1	61.4
2009	21.9	29.4	59.2
2010	22.1	29.8	59.1
2011	23.4	31.9	62.1
2012	25.3	34.5	60.2
2013	26.8	36.1	60.8
2014	27.1	36.8	61.3
2015	26.7	36.6	60.5
2016	27	36.6	60.4
2017	27.2	37	60

受交通基础设施供应不同的影响,南京市主城区与其三个副城区的出行结构相差较大,如图 5-5 和图 5-6 所示,四个地区三种定义的公交分担率亦存在较大差异。同一区域不同类型的公交分担率中,非机动车出行比例越高,机动化出行

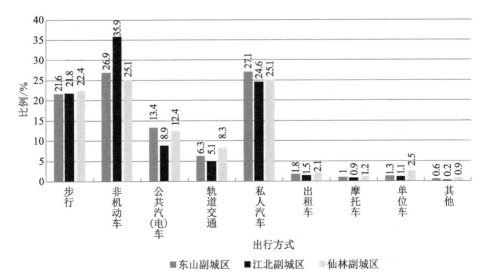

图 5-5　2016 年分区域部分出行方式比例

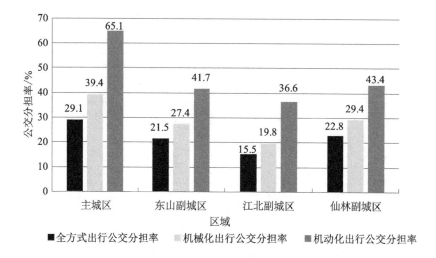

图 5-6　2016 年分区域分类型的公交分担率

注：自 2005 年起，将外围城区的部分街道列入居民出行抽样调查范围，外围城区分东山、江北和仙林三个副城区分别进行统计。

公交分担率较机械化出行公交分担率变化越大。不同的统计区域的情况亦有所不同。

除了全方式出行公交分担率、机动化出行公交分担率、绿色交通出行分担率可以由交通统计年鉴获取外，其他 7 个指标的数值均需通过城市居民出行 OD 调查或者公共交通专项数据调查获取。通过对 2016 年南京市居民出行 OD 调查数据挖掘分析，可以计算得到中心城区高峰小时公交分担率、高峰时段进入核心区公交分担率、通勤交通公交分担率、低收入及特殊人群公交分担率、交通不便地区公交分担率。其中，中心城区高峰小时公交分担率和高峰时段进入核心区公交分担率通过从 OD 数据库中筛选出行时间、出行区域、出行方式数据进行挖掘计算可以获取；通勤交通公交分担率通过从 OD 数据库中筛选出行目的、出行方式数据进行挖掘计算可以获取；低收入及特殊人群公交分担率通过从 OD 数据库中筛选收入和出行方式，同时筛选年龄和出行方式，对两类数据进行挖掘计算相加可以获取；交通不便地区公交分担率通过从 OD 数据库中筛选交通分区和出行方式数据进行挖掘计算可以获取。由以上分析，可计算得到 2016 年所构建的 10 个公交分担率指标现状值，具体如表 5.20 所示。

表 5.20　2016 年南京市各公交分担率指标现状值汇总表

指标	交通走廊公交分担率	重要交通枢纽公交分担率	绿色交通出行分担率	全方式出行公交分担率	机动化出行公交分担率
现状值	62%	36.59%	82.30%	27.00%	65.10%
指标	中心城区高峰小时公交分担率	高峰时段进入核心区公交分担率	通勤交通公交分担率	交通不便地区公交分担率	低收入及特殊人群公交分担率
现状值	30.80%	53.90%	32%	65.20%	65.10%

5.4.2　南京城市与公共交通健康发展绩效评价

用表 5.1 所列各指标的评价标准，结合公共交通绩效评价模型（式 5-5），利用所构建的公交分担率指标体系对南京市 2016 年公共交通发展水平进行评分，结果见表 5.21。

表 5.21　评分结果表

准则层	指标	现状值	指标分数	指标权重	评价分数
空间引导	交通走廊公交分担率	62%	87	0.112 86	9.82
	重要交通枢纽公交分担率	36.59%	74.4	0.102 05	7.59
绿色节能	绿色交通出行分担率	82.30%	87.3	0.129 65	11.32
	全方式出行公交分担率	27.00%	72	0.054 64	3.93
排堵保畅	机动化出行公交分担率	65.10%	80.2	0.069 08	5.54
	中心城区高峰小时公交分担率	30.80%	80.8	0.122 68	9.91
	高峰时段进入核心区公交分担率	53.90%	73.9	0.116 48	8.61
公平服务	通勤交通公交分担率	32%	74	0.100 98	7.47
	交通不便地区公交分担率	65.20%	80.2	0.087 75	7.04
	低收入及特殊人群公交分担率	65.10%	80.1	0.103 83	8.32
总分					79.55

从表 5.21 各项指标评价结果来看，评分总体与南京市发展实际相符。具体应用分析如下：

1. 南京市公共交通与城市空间增长方面绩效分析

从图 3-7 可以看出南京市已经形成鲜明的"一带五轴"的城市空间布局，形成的带、轴也正是城市的客运走廊。从图 3-8 可见南京市对城市空间客运走廊进行了骨干公共交通布设,因此南京市的交通走廊公交分担率评分为 87 分,适配性达到了优秀水平。

从重要交通枢纽公交分担率来看,2016 年南京市该指标评分仅有 74.4 分,存在公共交通与重要枢纽匹配度不到位的问题。究其原因,目前南京市形成的南京南站和南京站两大重要交通综合换乘枢纽,南京站 2016 年只是铁路客运枢纽,2017 年南京中央门客运站搬至南京站北侧形成综合换乘枢纽,公共交通的配置没有形成合力。

该层面指标主要考虑公共交通与城市空间结构和骨干交通走廊适配情况。交通走廊公交分担率和重要交通枢纽公交枢纽公交分担率可以较好地反映一个城市公共交通在支撑城市空间精明增长方面的有效作用。今后南京仍应继续加强城市客运走廊公共交通的配置与优化,保障客运走廊公交主导出行,减轻走廊交通压力。同时,在重要客运枢纽方面,南京北站建成后,南京市将形成三个稳定的综合交通客运枢纽,地铁、常规公交要先行,做到公交导向的枢纽出行模式,对南京市城市空间结构形成引导之势,最终构建出公共交通匹配到位的交通走廊与重要枢纽精明增长之态势。

2. 南京市公共交通与城市绿色节能减排方面绩效分析

南京市绿色交通出行分担率评分较高为 87.3 分,这与南京地处平原地带,地势平坦,气候温和,适合骑行和步行等绿色出行方式出行相关。同时,南京市在慢行系统构建时,公共交通线网、场站调整方面均进行了专项规划,构建了完整的慢行出行系统,每年进行公交线网与场站的调整规划,保障了有序的常规公共交通与轨道交通系统良好运转。

南京市全方式出行公交分担率评分较低,仅为 72 分。这主要是因为城市空间结构拓展快,虽然形成了良好的总体框架结构和良好的增长空间,但是随着东山、江北和仙林三大新城的建成,其人口密度和交通出行强度尚且在逐渐增长过程中,小汽车交通快速增长,新城公共交通配套尚在完善建设中,新城居民出行选择小汽车比例较高,新城各方式分担率具体见表 5.18。

从节能减排、绿色发展层面来看,发展公共交通有助于节能减排,引导城市交通的可持续发展,支持城市的绿色发展。南京市今后需加大新城公共交通线网和场站优化布设力度,完善新城慢行出行系统,用绿色交通出行分担率和全方式出行公交分担率来引导新城公共交通的建设发展。继续做好主城以地铁为骨干,常规公交为主体的公共交通系统,构建完整的慢行出行系统,保证主城区交通绿色发展。

3. 南京市公共交通与城市排堵保畅方面绩效分析

2012年底出台的《意见》中指出大城市要基本实现中心城区公共交通占机动化出行的60%左右,使用机动化出行公交分担率作为公共交通发展目标,这足以说明该指标的重要性,该指标可以从一定层面反映城市"高效运输,排堵保畅"措施的成效。另外,城市交通问题最突出的矛盾在中心城区,尤其是中心城区的高峰时段,中心城区高峰小时公交出行分担率也反映出一个城市"高效运输,排堵保畅"措施是否到位。从评价分数来看,南京市此两个指标的评分分别为80.2分和80.8分,处于良好水平。这主要归功于南京市自2013年被评为"公交都市"建设示范工程创建城市以来,加大贯彻落实《意见》中对机动化出行分担率的要求,落实公交线网调整、加快轨道交通与常规公交的协调发展、做好公交专用道建设等举措,同时对小汽车交通采取停车级差收费等有效政策措施,科学引导主城区的小汽车发展,多管齐下落实公交优先。

由表5.21可见南京市高峰时段进入核心区公交分担率评分为73.9分,主要原因是随着南京市城市空间格局的形成,"一主三副"的城市空间结构必然要求加大主副城区之间的通道建设,需要加大主副城区之间的公交、地铁线路配套建设。目前地面公交网络初步建成,随着新城区公交网络的建成需进一步对接完善,而地铁建设周期较长,主副城区之间地铁线路还在进一步建设过程中。

从"高效运输,排堵保畅"层面来看,南京市仍需持续制定有效的小汽车发展政策,科学引导小汽车发展,进一步加快中心城区公交专用道建设以及公交信号优先的实施,进一步提升机动化出行公交分担率和中心城区高峰小时公交出行分担率。另外,需加快三个新城公交网络与主城公交网络的对接完善,加快重要进出城客运走廊上地铁、干线公交线路等的布设,保障进出城公共交通分担率稳步提升。

4. 南京市公共交通与城市公平服务方面绩效分析

从评价结果来看,南京市的通勤交通公交分担率评分为74分,该指标分值不高的原因是小汽车增长速度迅猛。从表5.17可以看出,与2000年相比,2016年小汽车出行分担率高出13.1个百分点,而公共汽(电)车出行比例下降了6.6%,一定程度上也说明公共交通的竞争吸引力有待进一步加强。

另外两个指标评价分值达到良好,其中交通不便地区公交分担率评分为80.2分,低收入及特殊人群公交分担率评分为80.1分。取得这样的成效是因为南京市逐年密切关注特殊人群出行问题,不断加大出行不便地区的公共交通配置。同时,江苏省交通厅立项"城市低收入人群出行特征与保障策略研究"课题,展开深入调查研究,解决落实低收入人群和特殊人群的出行问题。

该层面指标着重考虑公共交通的服务人群的需求,正是因为公共交通具有公共服务性质,因此对于偏远地区与特殊人群必须保障其服务普适率。该部分指标一方面反映公共交通发展水平,另一方面也是城市社会稳定性、服务公平性、交通人性化的一个重要标志。今后南京市需要在小汽车和公共交通竞争发展中,制定抑制小汽车发展的有效政策和措施,进一步全面落实公交优先战略,从宏观层面政策优先,到中观层面规划优先,再到微观实施层面专用道划定、信号优先实施,全方位提高公共交通竞争力,进而提高通勤交通公交分担率。持续关注交通不便地区、低收入及特殊人群公交出行便利性问题,保障公共交通服务到位。

5.5　本章小结

本章确定了基于指标体系的城市与公共交通健康发展的评价标准,运用因子分析法对最终指标体系进行指标权重的计算,根据广义函数原理构建健康城市基于公交分担率指标体系的公共交通绩效评价模型,结合南京市相关数据对南京城市与公共交通健康发展绩效进行评价。具体研究结论如下:

(1) 根据有关城市公共交通的相关标准及研究成果,参考城市公共交通发展较为先进地区的公交出行分担率值,分别确定公交分担率各个指标的五级评价标准区间,五级标准分别为:很好、好、较好、一般、较差。本章确定了五个区间的边界值。

(2) 选用因子分析法计算公交分担率的权重,经过五个计算步骤最终确定了各指标的权重:全方式出行公交分担率权重为 0.055,绿色交通出行分担率权重为 0.130,机动化出行公交分担率权重为 0.069,重要交通枢纽公交分担率权重为 0.102,交通走廊公交分担率权重为 0.113,中心城区高峰小时公交分担率权重为 0.123,高峰时段进入核心区公交分担率权重为 0.116,通勤交通公交分担率权重为 0.101,低收入及特殊人群公交分担率权重为 0.104,交通不便地区公交分担率权重为 0.088。

(3) 构建了健康城市基于公交分担率指标体系的公共交通绩效评价模型,并结合南京市健康城市公共交通健康发展绩效进行评价。结果表明,所构建指标体系可以客观地评价南京市公共交通发展的实际。同时,从公共交通与城市空间增长方面、公共交通与城市绿色节能减排方面、公共交通与城市排堵保畅方面,以及公共交通与城市公平服务方面对南京市的公共交通发展绩效各指标评分结果进行深入剖析,对于后期公交优先背景下各项交通政策的制定以及公共交通发展规划具有更加明确的指向性。

第六章 公交分担率测算模型构建研究

6.1 影响因子及影响机理分析

公交分担率和人们的出行习惯和出行方式息息相关。公交分担率主要是指人们选择公交出行的比例,所以公交分担率主要受人们出行方式和公共交通的影响。

6.1.1 居民出行方式的影响

影响居民出行方式的因素有很多种,主要与出行者自身的交通属性、家庭属性、交通特性等密切相关。

1. 交通特性

交通特性这里主要是指在一次出行的固有特性中,对交通方式选择影响的部分。

(1) 出行目的

出行目的是人们主要的交通出行特性,是影响人们出行方式的一个重要的因素。如果出行的目的不同,对交通方式的服务质量要求也不同。比如上班时人们一般选择出行时间较短的出行方式,而旅游时人们普遍选择比较舒适的出行方式。

一般而言,在国外工业发达城市,因为工作地点和停车问题的困扰,上班、上学一般不会采用私家车的出行方式,大多选择公共交通的出行方式。但是在中国由于各地发展程度和水平的不同,人们采用的交通方式也各不相同。公共交通的可达性、及时性和容量还远远没有达到需求,所以小汽车出行的比例快速增加,带来交通拥挤等一系列问题。

(2) 出行时间

出行时间也是影响人们选择出行方式的一个重要因素,人们一般会选择出行时间较短的出行方式。根据美国的一项研究成果,人们在考虑用私家车还是轨道交通出行时,大约四分之一的人会把时间作为最主要的考虑因素。在考虑用公共汽车出行还是私家车出行时,仅有百分之二的人会把出行时间放在首位。此外,男性考虑出行时间较女性的比例大。

(3) 费用

交通费用也是影响人们出行选择的一个重要因素,尤其对一些中低收入人群。通常而言,要减少运行时间,必然会增加出行的费用,人们常把出行时间和出行费用综合考虑。研究表明,大约将近一半的低收入人群会把交通费用作为出行的主要考虑因素,相对而言仅有1%的私家车车主会考虑出行的费用。

(4) 舒适性

出行方式作为一种人们切身感受的选择,舒适性也是人们出行考虑的一个重要因素。但舒适性很难界定,人与人之间差别很大,因此也是比较难以预测与估计的因素。研究表明,大约四分之一的私家车出行者是因为舒适性而选择私家车出行的。公共交通出行中,考虑到出行舒适性的人却很少,轨道交通仅有13%,常规公交1%。同时,出行者的收入和性格也是人们出行把舒适性作为出行方式选择的一个重要因素。

另外,安全性、准时性也是人们选择出行方式的一个重要因素。

2. 出行者属性

选择出行方式的主体是个人,人与人的差别必然会带来选择交通出行方式的不同。出行者属性主要包括职业、性别、年龄、收入,以及有无驾照等。

人们的职业多种多样,职业对交通方式的影响很敏感。一般而言,业务员、推销员使用小汽车的概率远高于其他的职业。男性自己驾车的概率远高于女性。个人收入越高,选择公共交通出行的概率就越低。但相较出行时间和出行费用,出行者属性对交通方式选择的影响力较低。

3. 家庭属性

出行者的家庭属性对其选择何种交通方式出行也有很大的影响。家庭成员的多少、有无私家车、居住结构等都会对人们的出行方式产生很大的影响。

通常而言,家庭人数的增加会大大加大人们选择私家车的概率。拥有驾照的人数增多,也会使家庭使用私家车的概率增大。家庭成员的收入水平也是影响家庭成员出行的一个重要因素。

4. 地区特性

一个地区人口的居住密度、土地利用情况、公共交通的设施和水平等都是影响人们选择出行方式的重要因素。地区人口密度越高,选择公共交通出行的可能性越大;城市规模越大,公共交通的出行比例也会越大;地区雨雪天越多,人们选择私家车出行的比例就越高。

5. 出行时间特性

一天内不同时段或者一周内不同日,都会对人们出行造成很大的影响。早晚高峰时,人们选择公共交通出行的概率会很大,私家车出行必然会很不方便。另外,节假日和工作日对人们选择出行方式也有很大的影响。节假日人们考虑私家车出行的概率较大,工作日人们则一般考虑公共交通。

6.1.2 公共交通出行的影响

公交分担率直接与选择公共交通的出行人数相关。因此公共交通自身的影响因素将直接与公交分担率有密切的关系。近年来,在现在大城市中公共交通越来越成为一个最吸引上班、上学人群的主要交通方式,是治理拥堵问题的有效方法。尽管近年来城市公交线网密度和站点覆盖率的不断提高,公交专用车道及快速公交系统的不断发展,使公交出行分担率有所提高,但城市公交存在车辆技术等级偏低、舒适性不足、居民候车时间长、换乘不方便及安全性能较差等原因,直接影响了公交的吸引力。

1. 道路设施条件

公共交通的一个主要的吸引因素是公共交通在路权、通行权上的优先性,并且其设施建设规划都享有优先性,从而能保证出行时间相对较短。道路路面状况和几何线形都会影响城市公交运行,对行车速度、行程时间、驾驶自由度、舒适和方便以及安全、经济效益等方面产生不同程度的影响。在单车道路段,公交车辆无法进行变换车道易造成交通拥堵。在多车道路段,混合车辆能够相对自由地进行变换车道行为,公交运行速度可以相对有效提升。设置公交线路时,如果城市公交的非直线系数较大时,单位距离内的转弯次数增加,从而会降低城市公交运行速度。如果道路平面交叉口较多,也会造成车辆冲突点数较多,从而降低速度。良好的城市线路规划建设则能十分有效地改变这些情况。此外,平面交叉口交通流较复杂,交叉口延误必然会增加,如果采用立体交叉,则可以使相交道路的交通流互不干扰,大大加快城市公交运行速度和安全性,提高车辆通行能力和服务水平。

停靠站是城市公交间断流中一项特有的间断设施。在公交运行过程中,公交车在停靠站消耗的时间占其总运行时间的 19%~21%。所以良好的停靠站设置能很好地提升公共交通的服务水平。由于停靠站类型、交通量和交通流中车辆类型等因素的影响,公交车辆停靠过程中会产生其他延误。由于停靠时会占用一个机动车道,直线停靠站比港湾式停靠站更容易造成道路拥堵,从而影响公交平均运行速度。当交通量过大,同时进入同一站台停靠的车辆过多,造成进站排队等待时,会极大地降低公交车辆平均运行速度。当交通流中其他主体(如出租车辆、私人车辆、非机动车及行人等)占用公交停靠站时,公交车辆必须等待进站停靠,增加进站的等待时间。还有可能因为乘客赶车,车辆进行二次停靠而产生公交停靠过程中的延误。所以良好的公共交通线路和停靠站的设置能很好地提升公共交通的服务时间和服务水平,使更多的人选择公共交通出行。

2. 人的因素

驾驶员是影响公共交通服务水平及时间的一个重要因素。驾驶员反应时间(公交驾驶员在刺激、情绪、年龄和环境等因素影响下所做出逻辑思维判断的时间)越短,公交运行效率越高。乘客对城市公交运行的影响分为上车与下车两方面,等待上车的乘客具有随机性,即乘客在站台分布随机、乘客到达时刻随机、乘客自身特性随机。当等候的公交车辆驶入站台时,乱序的乘客迅速汇聚至车门前等待车门打开,互相拥挤毫不退让,造成公交车辆停靠站延误,这种情况依靠公交车司机对开关门时间的把握——把握得越好,那么这些情况就能很好地避免。此外,驾驶员的驾车水平也会影响人们乘车时的舒适程度。不同的驾驶员的驾车情况、速度、刹车时机都会对乘坐的舒适感产生影响。

乘客自身因素也是决定是否采用公交出行的一个重要原因。通常成人上车的时间比老人和儿童短;男人上车时间比女人短;行动不方便的乘客上车时间较长;负重的乘客由于自身携带的物品或怀抱小孩,上车时间会有所增加。以上特性均影响公交运行效率。等待下车乘客的随机性也会产生车辆停靠延误。等待下车的乘客通常情况下会在即将抵达目的地站的车辆运行途中向下车车门移动。但车厢内人口密度过大,或坐在距离车门较远的位置而不愿提前起身,又或未能听清车辆自动报站等原因而未能提前移动至下车门口,便可能造成下车时间增加或二次停站,由此增加车辆停靠延误,降低通行能力和服务水平。并且不同的乘客对车厢环境的忍耐程度是不同的,对不同的情况也会做出不同的处理,所以一个良好的文明乘客必然会使车厢内环境改善,相反一些不文明乘客则会使车厢内环境进一步恶化,甚至造成事故。

3. 服务方式

公共交通的服务方式包括很多种,有售票方式、座位数安排、线路的情况和管理与控制。不同的服务方式会对人们的出行选择公共交通产生巨大的影响。

公共交通的售票分为有人售票和无人售票。无人售票又分为投币式和刷卡式两种。投币式售票过程中,乘客上车后停留在投币箱处找零钱,阻碍后续乘客上车,从而造成服务水平的降低。刷卡式售票是售票模式的新趋势。刷卡时间理论上小于投币时间,但由于技术问题,依旧存在重复刷卡和难以定位的情况,从而增加延误,降低公交运行效率。售票可以采用上车买票的方式,先使乘客乘坐公交,在车辆运行过程中再进行买票,此方式不占用乘客上车时间,因此减少车辆停靠延误。但不管怎样,不同方式都存在各自的优缺点。

公共交通的管理与控制方式将在很大程度上影响公共交通的运行方式、时间和服务水平,从而对人们选择公共交通出行产生巨大的影响。如果公共交通采用单独路权,那么公共交通必然会像地铁一样准时准点,并且线路运输能力强大。如果公共交通在信号交叉口,信号优先,会降低车辆拥挤时间,尤其是在车辆拥挤的路段,必然会吸引很多人选择公共交通出行。如果公共交通在线路设置上更为合理,一定会方便许多人乘坐公共交通,减少出行时间和提升公交服务水平,也能吸引更多的居民乘坐公共交通。

另外,在大型集会游行、道路建设、救灾抢险、执行重要警卫任务或严重影响行车安全的情况下临时封闭路段,会阻碍公交正常运行,强制居民选择其他方式出行。

4. 外界环境

外界环境主要指公共交通运行时的自然条件。恶劣的自然环境会严重影响车辆通行能力与服务水平。雷雨和大雪天气会造成路面积水和冰冻,降低车辆刹车效率;浓雾天气造成能见度大幅降低,严重影响行车视距。这些情况下,必须降低车辆运行速度来保证行车安全,从而会降低公交车辆通行能力和服务水平,严重影响居民出行的时间。恶劣气候、地质灾害和路面严重受损,都可能使道路处于管制封闭状态,从而造成城市公交停车等待,造成许多出行者不会选择公共交通出行。

6.1.3 主要影响因子

居民出行方式选择对交通政策制定、实施等都有很大的影响,公交分担率对公交的规划、发展、管理等方面也有重大的影响。对城市居民公交出行行为的探讨,是进行城市与交通规划、建设、管理的一项必须进行的基础性工作。居民的出行方式选择影响着一个城市交通系统的构成。在当代综合交通运输的情况下,人们的出行方式选择受很多因素的影响,城市居民出行方式选择是一个十分复杂的决策过程,主要与居民的出行意愿、费用、交通基础设施建设水平等因素相关,甚至还会被个人的爱好、习惯等影响,其中任何一个因素的变化都有可能使居民的出行方式选择发生变化。公交分担率,其实是出行选择公共交通,其必然也会受到出行方式选择的各影响因素的制约。

1. 交通特性因素

(1) 出行距离

从出行方式的服务距离(图6-1至图6-3)中不难发现,不同出行方式在运输的能力和适用出行的距离上存在明显的差异。虽然不同的交通方式可以相互替代使用,但为了提高运输的效率和质量,人们会根据各种交通方式的不同特点进行选择。

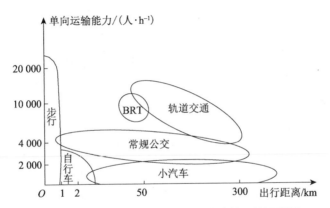

图6-1 不同出行距离下不同出行方式的运输距离图

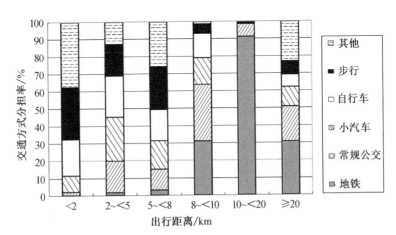

图6-2 北京市出行方式分担率随距离变化图

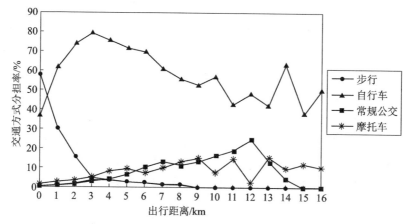

图6-3 石家庄市出行方式分担率随距离变化图

由图6-3可以看出,步行和自行车的分担率在短距离出行时较大,并随着出行距离的增加逐渐下降。常规公交的分担率随着出行距离的增长,先上升后下降,这主要是由于地面常规公交在进行长距离运输时,存在运输时间长、车内环境不良等情况。所以通常在距离较远时,人们一般会选择轨道交通或私家车代替公交出行。但考虑到私家车出行成本过高,所以地铁的分担率始终随着出行距离的增加而上升,由此可见轨道交通在城市长距离运输中的优势。通过图6-1至6-3统计分析得出:对短距离出行,居民一般会选择步行;对中距离出行,居民一般会选择公交出行或者小汽车出行;对长距离出行,居民一般会选择轨道交通。

(2) 出行目的

人们在不同的出行目的下选择交通方式的衡量标准不同。以某市不同出行目的下的出行方式分担率为例(如表6.1所示),可见人们在日常性的上班、上学等刚性出行时,通常重视出行的可靠性,需要快速、准时地到达目的地,主要考虑的是出行方式的时间和费用。相反,像旅游、购物等弹性出行一般具有很强的随意性和自由性,故人们对时间和费用的要求相对较低,主要追求的是出行的方便、安全和舒适。

表6.1 某市不同出行目的下的出行方式分担率(2015年)　　　　单位:%

出行目的	公交	自行车	步行	其他
上班	42.57	33.17	22.13	2.13
上学	19.07	12.29	68.08	0.56

(续表)

出行目的	公交	自行车	步行	其他
购物	17.20	14.12	67.24	1.44
生活	37.89	22.61	36.49	3.01
文体游憩	33.20	17.82	46.69	2.29
业务	42.63	28.61	13.90	14.86
回家	34.97	25.38	37.59	2.06

由图 6-4 可以看出，在刚性出行中，自行车出行所占比例最大，显示该城市人们普遍选择自行车作为上班、上学的交通方式。常规公交和小汽车分别居于第二和第三位，这主要显示人们在出行方式上考虑出行目的的同时，还会受到交通方式的费用和舒适程度的影响。但是公交分担率还是偏低，难以达到发达国家优良的水平。在弹性出行中，小汽车出行比例最高，因为这种交通方式在舒适性、便捷性和自由性方面是最好的，其速度也相对较快，十分适合旅游、购物等出行。

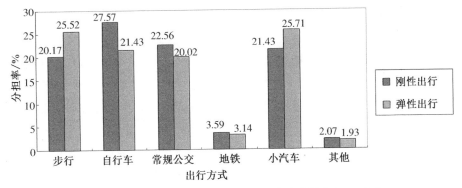

图 6-4 某市不同出行目的下的出行方式分担率(2017 年)

此外，公共交通出行除了受出行距离和出行目的等交通特性影响外，各种交通方式的出行费用、出行舒适度、安全性等也是影响人们选择公共交通出行的重要因素。

2. 出行者属性因素

出行者属性也是影响居民选择公共交通出行的一个重要因素。家庭有无私家车是出行者的一个基本属性，有无私家车对人们选择公共交通出行有很大的影响。由表 6.2 可以明显地看出有车家庭出行时必然会首选自驾车出行。但是因为自驾车需要考虑停车问题、道路情况等问题，而且还要负担昂贵的汽油费，所以在短途出行时，出行成本可能会比较高，人们一般选择公交或步行予以代替来节约费用。无车家庭出行时只能依靠传统的出行方式，一般选择公共交通出行或步行，而具体选择哪种交通方式会根据人们各自的具体情况而定。

表6.2　某市有车户与无车户不同交通方式分担率对比表（2017年）　　单位：%

交通方式	有车户的分担率	无车户的分担率
小汽车	49.89	4.34
地铁	1.84	4.07
公交车	13.87	26.26
自行车	14.56	29.96
步行	1.02	3.28
其他	18.82	32.09

此外，出行者属性还包括出行者的自身属性（年龄、性格、职业、性别等）。青年人出行较多，老年人出行相对较少。青年人出行较多选择公交和小汽车，老年人出行则主要选择步行。

3. 出行时间段因素

出行时间段也是影响居民选择公共交通方式出行的一个重要因素。由表6.3可知，上班高峰时期选择小汽车出行的比例明显高于公共交通方式出行，而非高峰时期选择公共交通方式出行比例增高。可见高峰时期交通拥挤，不管乘坐公共交通出行还是非公共交通出行都会拥挤在路上，但是小汽车车内环境舒适，而公共交通出行车内环境拥挤，一旦拥挤时间过长，人们就难以忍受，所以一般人们在高峰时期会选择小汽车出行。但在非高峰时期，公共交通出行又因为方便快捷、费用低廉、车内环境良好而比小汽车更吸引乘客，所以非高峰时期公共交通方式出行比例高于高峰时期。

表6.3　某市高峰时期与非高峰时期各交通方式的分担率　　单位：%

交通方式	高峰时期分担率	非高峰时期分担率
小汽车	29.18	22.44
地铁	3.73	2.04
公交车	18.51	25.6
非机动车	25.14	23.55

(续表)

交通方式	高峰时期分担率	非高峰时期分担率
步行	2.07	2.12
其他	21.37	24.25

由表 6.4 可知,伦敦以通勤为目的的全方式出行中公共交通出行分担率为 44.6%,明显高于全目的的 30.1%。此外,出行时间段的差别对公交分担率的影响还包括工作日和非工作日、法定传统节假日等。

表 6.4 伦敦通勤出行方式构成

方式	公共交通	出租车	小汽车	摩托车	自行车	步行
比例/%	44.6	2.0	37.5	1.2	2.6	12.1

4. 出行地区特性因素

出行地区的不同必然会造成出行方式选择的不同,郊区人们一般选择地铁或自己驾车,城市内人们主要选择助力车、自行车等交通方式。地铁站周边人们也倾向于选择地铁出行。在交通设施完善的地区,人们选择公交出行的概率大,在地区人口密度高的地区人们也倾向于选择公交出行。

由表 6.5 可知,中央区域、内伦敦、外伦敦、外伦敦以外四个从内到外不同的区域范围,机动化方式比重递增,由公共交通主导转变为由个体机动主导。

表 6.5 大伦敦不同区域公交出行分担率　　　　　　　　　单位:%

	中央区域	内伦敦	外伦敦	外伦敦以外	中央区域和内伦敦之间	内伦敦和外伦敦之间	外伦敦与中央区域之间	外伦敦和外伦敦以外	合计
公共交通	18	20	13	3	70	38	81	16	24
个体机动	6	31	51	69	18	56	17	81	43
慢行	76	49	36	28	12	6	2	3	33

由表 6.6 可知,上海中心城公共交通(包括轨道、公共汽车)出行分担率为 34.6%。

表 6.6　上海全市/中心城全方式出行方式构成　　　　　　　　单位：%

方式	公共交通	个体机动	非机动车	步行
全市	25.2	20.0	28.6	26.2
中心城	34.6	19.4	19.5	26.5

由表 6.7 可知，东京都区部公共交通（包括轨道交通、公共汽车）出行分担率为 47%。

表 6.7　东京都市圈/区部全方式出行方式构成　　　　　　　　单位：%

方式	轨道交通	公共汽车	小汽车（含出租车）	两轮车（含摩托车）	步行
都市圈	32	3	23	18	24
区部	44	3	15	15	23

5. 总结分析

根据上述分析内容可以归纳出公交分担率测算主要和以下几个因素有关。

(1) 政府规划者因素

政府规划者可以决定对公共交通的补贴和投资建设，从而影响和作用于公交分担率。如果政府大力倡导公共交通的发展，那么公共交通必然会有一个较大的发展；如果政府不提倡以公共交通发展为主要的发展模式，那么也会对公共交通的发展产生一定的阻碍作用。

(2) 出行费用

票价、费用、优惠直接与人们的经济利益相关，是主导人们出行选择的主要因素。有人出于自身经济因素肯定不会选择出行费用昂贵的交通方式，比如中低收入人群一般不会选择小汽车出行。

(3) 出行时间

出行时间的快慢直接与人们选择何种交通方式密切相关。出行时间短的交通方式必然受广大民众所喜爱，并且上班、上学等一些通勤交通一般也会选择出行时间短的交通方式。

(4) 土地利用

我国《城市用地分类与规划建设用地标准》规定城市土地利用分为十大类。其中，居住用地的交通流密度较大，尤其是人流较为密集的居住区，大量的居民需要进行不同目的的日常出行活动，因而需要构建符合大部分居民出行需求的交通结构体系。各大中城市公共交通较为密集的用地为公共设施用地,人们正常的教育、行政办公、医疗卫生以及文化娱乐等都是生活不可或缺的部分。以上也正因为土地利用形态不同,出行者出行方式也不尽相同。

(5)准时性、可达性、舒适性

准时性对于时间要求较高的出行者具有重要的影响,私人小汽车经常遇到高峰小时或者雨雪天气堵车等交通问题,相对而言,公共交通准点率较高,尤其是地铁比较准时,因而影响着出行者对交通出行方式的选择。可达性主要体现在交通工具换乘次数和候车时间,出行者是否需要进行换乘,换成的次数,换乘过程中所消耗的时间、体力等。舒适性主要体现在乘客乘坐过程中的车内环境,车内环境通常用车内拥挤度来衡量。

6.2 基于非集计理论的公交分担率测算模型构建与实证

6.2.1 非集计模型

城市居民出行方式预测是将之前预测的居民全目的全方式出行量分配到各种交通方式的出行中,再将其转换成各种相对应的交通工具的出行量。目前,国内外大部分的交通方式划分模型及方法应用都不能完全适用,不仅受到不同的外界因素的影响,而且还有些模型自身的发展也不够完善,存在一定缺陷。但是在实际应用中,考虑到我国的国情以及经济和交通建设发展现状,公交分担率受到各种宏观和微观因素的限制,宏观因素对公交分担率的影响较大。因而,普遍采用宏观指导微观的准则,定性和定量分析相结合的方法进行预测。

公交分担率测算模型需要在宏观上定性分析城市的经济发展水平、土地利用情况、交通基础设施的建设以及城市交通发展政策等因素,以相同或者更高水平的城市发展现状及未来走势为参照,比较并分析该城市影响居民选择交通方式出行的相关的原因。从微观的角度,研究出行者的出行特性及其由于自身特性所带来的影响,分析各种城市公共交通方式的特点,不同交通方式间以互补或者竞争形式存在的联系,以及服务对象、服务水平和选择偏好等。结合相关的城市居民出行调查数据选择相应模型对公交分担率进行测算,并对其计算结果的精度进行分析调整,使之选取主要影响公交分担率的因素并符合一定的范围。

通过以上对公交分担率测算模型的分析,加之非集计模型的优势,本节采用多元 Logit 模型(Multinomial Logit Model,MNL 模型)进行测算。以所获得的居民出行调查数据作为微观层面的支撑,然后分析所计算出的结果,结合宏观因素的影响对模型进行多次试算,最后与实际公交分担率进行对比分析,从而可以更准确地把握城市交通结构变化以及居民出行需求。

1. 模型的数学表述

个人 n 对于选择肢 i 的效用 U_{in} 会随着选择肢特性和个人经济社会特性的改变而改变,同时选择肢特性和个人的社会经济特性的改变会引起效用 U_{in} 的改变,可以用式(6-1)对其进行表示:

$$U_{in} = U_{in}(\boldsymbol{SE}_n, \boldsymbol{A}_{in}) \tag{6-1}$$

式中,U_{in}——关于个人的偏好函数(对于个人 n 的效用函数);

$\boldsymbol{SE}_n$——关于个人 n 的社会经济特性向量;

$\boldsymbol{A}_{in}$——关于个人 n 的选择肢 i 的特征值向量。

由于离散选择模型以随机效用理论为基础,因此,式(6-1)中的 U_{in} 可以表示为:

$$U_{in} = V_{in} + \varepsilon_{in} \tag{6-2}$$

$$V_{in} = V_i(\boldsymbol{X}_{in}) \tag{6-3}$$

$$\varepsilon_{in} = U_{in}(\overline{\boldsymbol{X}}_{in}) + \Delta U_{in}(\boldsymbol{X}_{in}) \tag{6-4}$$

要素向量 $\boldsymbol{X}_{in}$ 所对应的效用项即为这里的 V_{in}。此处,把能够进行观测的 $\boldsymbol{SE}_n$ 及 $\boldsymbol{A}_{in}$ 统称为要素;ε_{in} 是由不能进行观测的相关要素向量 $\overline{\boldsymbol{X}}_{in}$ 以及对于个人所特有的不可以进行观测的偏好所造成效用偏离的概率变动项。通过上述可知,V_i 用来表达个人效用函数。ΔU_{in} 是体现个人 n 所特有的偏好和个人效用函数差的函数。

为了化繁为简,式(6-3)可以按照线性相关来进行设定:

$$V_{in} = \sum_{k}^{K} \beta_k x_{kin} \tag{6-5}$$

此处的 x_{kin} 是关于个人 n 的选择肢 i 的第 k 个相关变量值,根据调查统计数据对待定系数 β_k 进行标定。个人的社会经济特性以及选择肢的特性可以用 x_{kin}($k=1,2,\cdots,K$)来表示,变量 x_{kin} 的个数用 K 来表示。说明变量通常情况下可以利用上述特性,但是,某些特性有时亦可以以某种特定的变换形式或其合成变量(如所需收入)作为说明变量。如果令 $x_{kin}=1$,那么其就成了常数变量。

$$X_{kin} = g_{ki}(\boldsymbol{SE}_n, \boldsymbol{A}_{in}) \tag{6-6}$$

式中,k——变量个数;

B_{ki}——选择肢固有变量;

X_{kin}——关于个人 n 的选择肢 i 的第 k 个变量的观测值。

对于经济社会特性和选择肢特性因素是可以进行观测的,g_{ki} 是表达其的函数。

当利用各选择肢的效用函数(6-2)表示函数式时,对于任意个人 n 选择肢集合 A_n 中的关于相关分肢 i 的可能性如式(6-7)所示:

$$\begin{aligned} P_{in} &= P(U_{in} - U_{jn}; i \neq j, j \in A_n) \\ &= P(V_{in} + \varepsilon_{in} > V_{jn} + \varepsilon_{jn}; i \neq j, j \in A_n) \\ &= P(\varepsilon_{jn} < V_{in} + \varepsilon_{in} - V_{jn}; i \neq j, j \in A_n) \end{aligned} \quad (6-7)$$

式中,c, i, j——选择肢集合 A_n 中的分肢;

ε_{in}、ε_{jn}——选择分肢 i 和 j 的误差项;

P_{in}——个人 n 选择第 i 个分肢的概率;

V_{cn}——个人 n 选择选择肢 c 时,可观测要素向量的效用固定项。

所以,如果假定效用函数的概率变动项向量是 $\boldsymbol{\varepsilon}_n = (\varepsilon_{1n}, \varepsilon_{2n}, \cdots, \varepsilon_{cn})$,并且服从某种相关概率分布形式,$\varepsilon_n$ 的分布参数就可以来表示选择概率 P_{in},同时也可以将其表示为效用的确定项向量 $\boldsymbol{V}_n = (V_{1n}, V_{2n}, \cdots, V_{cn})$。

ε_n 服从不同形式的概率分布,通过此就可以得到不同形式的概率预测模型,进行预测。对于 Logit 模型,就是假定 $\boldsymbol{\varepsilon}_n$ 的分量服从相互独立的 Gumble 分布;对于 Probit 模型,就是 $\boldsymbol{\varepsilon}_n$ 的各分量服从多元正态分布。

2. 效用函数

本书采用各种函数形式来表达效用函数,但是由于模型分析、参数标定、模型计算等原因,现在较为广泛使用式(6-5)所体现的线性函数来表示效用函数。

应当注意的是,对于式(6-5),参数 β_k 对各选择肢采取同样的数值,但这并非不可改变。式(6-5)可以对不同选择肢取不同值的参数。前者被称为选择肢共同变量(Generic Variable)参数,后者被称为选择肢固有变量(Specific Variable)参数。

在非集计行为模型中,选择概率 P_{in} 是由选择肢间的相对效用差来进行标定的。因此,个人的社会经济特性变量如果作为共同变量就会发生正负抵消的现象。因此,社会经济变量必须要以固有变量的形式出现,至少要出现在各个选择肢中的某一个选择肢效用函数中,它不能有社会经济特性变量。当然,这一原则也同样适用于常数项变量。

6.2.2 MNL 模型的分析

1. MNL 模型的选择概率模型

多元 Logit 模型(Multinomial Logit Model，MNL 模型)的概率选择模型形式为：

$$P_{in} = \frac{\exp(\beta V_{in})}{\sum_{j \in A_n} \exp(\lambda V_{jn})} \tag{6-8}$$

通过模型的表达式可以很容易地看出，该概率选择模型不仅具有简便的数学表达形式，易于计算，在物理表达上容易理解，同时又由于选择概率分布在0~1之间，各个选择肢的概率总和相加为 1。因此，对于计算结果，可以根据以上特性来对模型的合理性进行验证。

以随机效用理论为基础的多元 Logit 模型假定 ε_{in} 与 V_{in} 独立，而且多元模型的各选择肢的误差项服从 Gumble 分布，因此，通过上述分析，可以得出各 ε_{in} 的概率密度分布 Logit 函数，可以使用式(6-9)表示：

$$F(\varepsilon_{in}) = \exp[-e^{-\lambda(\varepsilon_i - \eta)}] \tag{6-9}$$

式中，ε_{in} 的常见值的参数可以用 η 表示，通常令 $\eta=0$；ε_{in} 的方差 σ^2 所对应的参数是 λ；ε_{in} 的方差 σ^2 是 $\pi^2/6\lambda^2$，ε_{in} 的期望值是 $\eta + \gamma/\lambda$，其中的欧拉常数项 $\gamma \approx 0.577$，ε_{in} 含义同前；F 为概率密度分布函数。

采用 Gumble 分布来描述随机项的分布主要原因是它与正态分布相近似，同时在数值计算分析中具有运算简便的优势。根据上面的假定，ε_n 的联合分布函数为 $F(\varepsilon_1, \varepsilon_2, \cdots, \varepsilon_c) = \prod_{i \in A_n} F(\varepsilon_i)$。

因此，

$$F(\varepsilon_1, \varepsilon_2, \cdots, \varepsilon_c) = \lambda e^{-\lambda \delta_i} \prod_{i \in A_n} \exp(-e^{-\lambda \delta_i}) \tag{6-10}$$

式中，δ_i 为 $\varepsilon_1 + \varepsilon_2 + \cdots + \varepsilon_c$。

在 Logit 模型的标定中，λ 值的获取往往会受到其他因素的影响。因此，为了模型进一步的计算，通常认为 V_{in} 中包含 λ，同时用 V_{in} 中的说明变量来标定各参数。

2. MNL 模型的 IIA 特性

多元 Logit 模型具有 IIA(Independence from Irrelevant Alternation，无关方

案独立性)特性。多元 Logit 所具有的这种 IIA 特性,是指两个任意选择肢的选择概率之间的比值不受其他选择肢状态的影响,相互独立。由于各 ε_{in} 在选择肢之间互相独立的假设,才使得多元 Logit 模型产生了 IIA 特性。

$$\frac{P_{in}}{P_{jn}} = \frac{\exp(\lambda V_{in})}{\sum_{j \in A_n} \exp(\lambda V_{jn})} \Big/ \frac{\exp(\lambda V_{jn})}{\sum_{j \in A_n} \exp(\lambda V_{jn})} = \frac{\exp(\lambda V_{in})}{\exp(\lambda V_{jn})} \quad (6-11)$$

但是,当 ε_{in} 不相互独立时,选择肢间具有类似性时,就会出现类似著名的"红-蓝巴士悖论"那样的 IIA 问题。也就是说当选择肢之间存在非独立性但却仍然直接使用 Logit 模型时,对于非独立的选择肢就会产生过高评价它们的现象。因此,多元 Logit 模型参数标定会产生错误,由此直接导致预测结果发生错误。

应当注意的是,IIA 特性对研究对象是否可以成立,应通过实验来决定。因为 IIA 特性不仅与选择肢之间的非独立性有关,而且也与所研究的目标人群偏好的差异性有关,多元 Logit 模型的参数应满足被选择的各选择肢特性的样本平均值。

6.2.3 MNL 模型的计算

实际进行 MNL 模型计算时,应按照如图 6-5 所示的计算流程进行,下面根据流程图进行部分步骤的说明。

1. 效用函数的定义

个人 n 的选择肢集合为 A_n 时,选择肢 i 的概率为:

$$P_{in} = \frac{e^{\lambda V_{in}}}{\sum_{j \in A_n} e^{\lambda V_{jn}}} = \frac{1}{\sum_{j \in A_n} e^{\lambda(V_{in} - V_{jn})}}, \quad i \in A_n \quad (6-12)$$

式中,V_{in} ——效用的确定项;

λ ——参数。

$$V_{in} = \boldsymbol{\theta}' \boldsymbol{X}_{in} = \sum_{k=1}^{K} \theta_k x_{ink}, \quad i \in A_n \quad (6-13)$$

式中,$\boldsymbol{\theta}' = (\theta_1, \theta_2, \cdots, \theta_k)$ 是未知参数向量;

$\boldsymbol{X}_{in} = (x_{in1}, \cdots, x_{ink}, \cdots, x_{inK})$ 是个人 n 的选择肢 i 的特性向量。

因此,式(6-12)可以改写为:

$$P_{in} = \frac{e^{\lambda \boldsymbol{\theta} \boldsymbol{X}_{in}}}{\sum_{j \in A_n} e^{\lambda \boldsymbol{\theta} \boldsymbol{X}_{jn}}} = \frac{\exp(\lambda \sum_{k=1}^{K} \theta_k x_{ink})}{\sum_{j \in A_n} \exp(\lambda \sum_{k=1}^{K} \theta_k x_{jnk})} = \frac{1}{\sum_{j \in A_n} \exp[\lambda \sum_{k=1}^{K} \theta_k (x_{jnk} - x_{ink})]},$$

$$i \in A_n \tag{6-14}$$

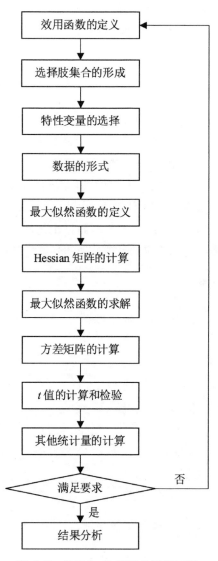

图 6-5 多元 Logit 模型的计算流程

2. (对数)极大似然函数 L 的定义

个人 n 的选择结果 $\delta_{1n}, \cdots, \delta_{in}, \cdots, \delta_{J_n^n}$ 的联合概率分布函数可用式(6-15)表示：

$$P_{1n}^{\delta_{1n}} P_{2n}^{\delta_{2n}} \cdots P_{in}^{\delta_{in}} \cdots P_{J_n^n}^{\delta_{J_n^n}} = \prod_{i \in A_n} P_{in}^{\delta_{in}} \tag{6-15}$$

式中，δ_{in}——个人 n 选择 i 的结果；

$P_{in}^{\delta_{in}}$——个人 n 选择 i 结果的概率分布；

$\boldsymbol{X}_{in}$——个人 n 的选择肢 i 的特征向量；

L——极大似然函数；

J_n^n——个人 n 有 n 个选择。

因此，个人 $1,\cdots,n,\cdots,N$ 的选择结果的联合概率（即似然函数）应为：

$$L^* = \prod_{n=1}^{N} \prod_{i \in A_n} P_{in}^{\delta_{in}} \tag{6-16}$$

L^* 是似然函数，然后对 L^* 取对数，就能得到对数似然函数，即：

$$L = \ln L^* = \sum_{n=1}^{N} \sum_{i \in A_n} \delta_{in} \ln(P_{in}) = \sum_{n=1}^{N} \sum_{i \in A_n} \delta_{in} \left(\boldsymbol{\theta}^{\mathrm{T}} \boldsymbol{X}_{in} - \ln \sum_{j \in A_n}^{J_n} \mathrm{e}^{\boldsymbol{\theta}^{\mathrm{T}} \cdot \boldsymbol{x}_{jn}} \right)$$

$$\tag{6-17}$$

根据数学模型可知，对于未知参数 θ，L 对于 θ 以一般凹函数的形式呈现。所以，如果要使 L 达到最大值，那么极大似然估计量 $\overline{\theta}$ 应该由式(6-17)对 θ_k 进行求偏导，然后令方程为 0，即可得到联立方程的解。因此，L 对 θ_k 的偏导数方程可以用式(6-18)表示。

$$\frac{\partial L}{\partial \theta_k} = \sum_{n=1}^{N} \sum_{i \in A_n} \delta_{in} \left(x_{ink} - \frac{\sum_{j \in A_n} x_{ijk} \mathrm{e}^{\theta_k \boldsymbol{X}_{in}}}{\sum_{j \in A_n} \mathrm{e}^{\theta_k \boldsymbol{X}_{in}}} \right) = 0, \quad k = 1, 2, \cdots, K \tag{6-18}$$

式中，x_{ink}——个人 n 选择 i 的第 k 个变量的观测值；

x_{ijk}——个人 j 选择 i 的第 k 个变量的观测值；

$\boldsymbol{X}_{in}$——同上。

根据式(6-14)，化简上式并令其为 0，则有：

$$\sum_{n=1}^{N} \sum_{i \in A_n} (\delta_{in} - P_{in}) x_{ink} = 0 \tag{6-19}$$

$$P_{in} = \frac{\mathrm{e}^{\boldsymbol{\theta}^{\mathrm{T}} \boldsymbol{X}_{in}}}{\sum_{j \in A_n} \mathrm{e}^{\boldsymbol{\theta}^{\mathrm{T}} \boldsymbol{X}_{in}}}, \quad i \in A_n \tag{6-20}$$

3. 梯度及 Hessian 矩阵的推导

由式(6-18)可知，梯度及 Hessian 矩阵应为：

$$\nabla L = \begin{pmatrix} \dfrac{\partial L}{\partial \theta_1} \\ \vdots \\ \dfrac{\partial L}{\partial \theta_k} \\ \vdots \\ \dfrac{\partial L}{\partial \theta_K} \end{pmatrix} = \begin{pmatrix} \sum\limits_{n=1}^{N} \sum\limits_{i \in A_n} (\delta_{in} - P_{in}) x_{in1} \\ \vdots \\ \sum\limits_{n=1}^{N} \sum\limits_{i \in A_n} (\delta_{in} - P_{in}) x_{ink} \\ \vdots \\ \sum\limits_{n=1}^{N} \sum\limits_{i \in A_n} (\delta_{in} - P_{in}) x_{inK} \end{pmatrix} \quad (6-21)$$

$$\begin{pmatrix} \dfrac{\partial^2 L}{\partial \theta_1^2} & \cdots & \dfrac{\partial^2 L}{\partial \theta_K \partial \theta_1} \\ \vdots & \cdots & \vdots \\ \dfrac{\partial^2 L}{\partial \theta_1 \partial \theta_K} & \cdots & \dfrac{\partial^2 L}{\partial \theta_K^2} \end{pmatrix} \quad (6-22)$$

4. t 值的计算与 t 检验

所谓 t 值,即:

$$t_k = \frac{\hat{\theta}_k}{\sqrt{v_k}} \quad (6-23)$$

其中,v_k 是上式中的第 k 个对角元素。当 $|t_k| > 1.96(2.756)$ 时,可以认为有 95%(99%)的确信度认为其是影响选择概率的主要因素的特性 x_{ink},或者认为,当 $|t_k| < 1.96(2.756)$ 时,可以认为有 95%(99%)的确信度 x_{ink} 与选择概率无关。这种情况下,根据非集计模型理论,去掉该影响因素,然后对参数向量再次进行数学标定,但去掉时亦应考虑实际情况,有些因素往往是必需的。

5. 其他统计量的计算

(1) 样本数:N;

(2) 可能情况:$C = \sum\limits_{n=1}^{N} (J_n - 1)$,其中 J_n 是个人 n 的选择肢数;

(3) 对数似然函数中的 θ_k 值全部为 0 时的 L 值如下:

$$L(0) = \sum_{n=1}^{N} \sum_{i \in A_n} \delta_{in} \ln\left(\frac{1}{J_n}\right) = -\sum_{n=1}^{N} J_n \quad (6-24)$$

(4) 选择肢固有常数项变量以外的 $\hat{\theta}_k$ 全部为 0 时的 L 值为 $L(c)$;

(5) $L(\hat{\theta})=L$ 的最大值;

(6) 极大似然比(或 Mcfadden 的决定系数):

$$\rho^2 = 1 - \frac{L(\hat{\theta})}{L(0)} \tag{6-25}$$

虽然 ρ^2 的准确性与精度最好接近于 1,但通常在模型分析计算时,ρ^2 在 0.2~0.4 之间就可以认为模型的拟合很准确了。这是由于多元 Logit 模型具有内生变量 δ_{in},其实在 0~1 之间的变量,对于它本身来说不宜适用于相关系数的评价方法。

(7) $\rho^{-2} = 1 - \dfrac{L(\hat{\theta})/(c-K)}{L(0)/c}$。这个指标最好也是接近于 1。

6.2.4 模型应用——南京市未来公交分担率的推测

在 6.2.3 节中详细介绍了非集计模型的构建方法,主要是针对多元 Logit(MNL)模型。针对模型的构建原理,本节利用交通需求预测软件 TransCAD 并结合 2016 年南京市居民出行 OD 调查结果(见表 6.8),并从上万份调查结果中抽取几百份具有代表性的样本,将其作为非集计模型构建的基本支撑数据,并对模型进行相关系数的标定。同时,由于居民出行选择考虑的因素多样,公交分担率的影响因素不仅涉及微观还涉及宏观,因此,对于量化后的计算结果还应进行一定的定性分析,根据城市未来的发展趋势、发展规模、交通基础设施的建设,将公交分担率的结果进一步修正以趋近合理。

1. 选择肢的确定

出行者 n 的选择方案集合 A_n 的并集 A 定义如下:

$$A = \bigcup A_n \tag{6-26}$$

表 6.8 历年南京市主城区居民出行结构表　　　　　　　单位:%

年份	步行	非机动车	公共汽(电)车	轨道交通	私人汽车	出租车	摩托车	单位车	其他
2006	26.8	42.5	18.6	0.7	2.6	3.9	1.3	2.3	1.3
2007	26.3	40.1	19.3	2.2	4.3	2.1	1.4	3.7	0.6
2008	25.8	39.0	19.0	2.6	5.0	2.5	1.5	4.1	0.5
2009	25.4	37.6	19.1	2.8	6.9	2.6	1.1	4.0	0.5

(续表)

年份	步行	非机动车	公共汽(电)车	轨道交通	私人汽车	出租车	摩托车	单位车	其他
2010	25.8	36.8	17.6	4.5	7.9	2.5	1.0	3.4	0.5
2011	26.6	35.7	18.3	5.1	8.1	2.5	0.5	2.9	0.3
2012	26.7	31.3	19.7	5.6	10.5	2.4	0.5	3.2	0.2
2013	25.8	30.1	20.1	6.7	11.4	2.7	0.4	2.5	0.2
2014	26.3	29.5	20.3	6.8	11.7	2.8	0.4	2.0	0.2
2015	27.1	28.8	17.4	9.3	13.0	2.2	0.6	1.2	0.4
2016	26.2	29.1	16.2	10.8	13.4	2.1	0.4	1.5	0.3

注：2017年报，南京市政府和交通部门的相关发文公示指标数据统计口径为不含步行出行方式的公交分担率。若扣除步行出行方式，公交分担率达36.6%[公共汽(电)车、轨道交通分别为22%、14.6%]。

通过南京市居民出行调查，确定了南京市居民出行的交通方式主要为步行、非机动车、常规公交、轨道交通、私人汽车、出租车等交通方式，这些方式的出行占到了出行比例的96%以上。因此，出行者 n 的出行方式选择肢集合 A 如表6.9所示。

表6.9 出行方式选择肢集合

1.步行	2.自行车	3.电动车	4.公共汽(电)车	5.地铁	6.私人汽车	7.出租车	8.摩托车	9.单位车
walk	bike	ev	bus	metro	car	taxi	motorcycle	unitcar

因此，可得到选择肢集合 A 为：

$A = \{i=1(步行); i=2(自行车); i=3(电动车); i=4[公共汽(电)车]; i=5(地铁); i=6(私人汽车); i=7(出租车); i=8(摩托车); i=9(单位车)\}$

2. 特性变量的选择

特性变量的选择与居民出行方式的影响因素有关，由于居民本身特性的多样化，其出行方式的选择影响因素也随之变化，加之各种交通方式有着不同的特性等均需考虑在内，但是又由于某些因素不易量化，因此在特性变量的选择上也要有针对性。因此，对于特性变量来讲，除了本身具有的固有因素之外，还应考虑出行者特性、出行方式特性以及出行特性。根据居民出行OD调查数据，对需要的数据进行选取并加以分类，如表6.10所示。

表 6.10　特性变量的选择

特性	变量	量化方法	变量赋值	记录方式
出行者特性	年龄	多分类变量	1：6～14 岁；2：15～19 岁；3：20～24 岁；4：25～29 岁；5：30～39 岁；6：40～49 岁；7：50～59 岁；8：60 岁及以上	X1
出行者特性	性别	二分类变量	1：男性；2：女性	X2
出行者特性	是否有月票	二分类变量	1：是；2：否	X3
出行者特性	是否有机动车驾驶证	二分类变量	1：是；2：否	X4
出行者特性	平均收入	连续变量	实际值/元	X5（采用实际值）
出行方式特性	时耗	连续变量	实际值/min	X6（采用实际值）
出行特性	出行距离	连续变量	实际值/km	X7（采用实际值）
出行特性	出行目的	多分类变量	1：上班；2：上学；3：公务；4：生活购物；5：文化娱乐；6：探亲访友；7：看病；8：回程；9：其他	X8

3. MNL 模型的算法实现

本节主要利用交通需求预测软件 TransCAD 对南京市居民出行 OD 调查结果进行模型的构建，并针对模型的计算结果进行实例分析。

TransCAD 交通需求预测软件内部整合了地理信息系统（GIS）技术，在区域和城市交通运输规划中起着举足轻重的地位。同时在进行城市交通规划时，TransCAD 可以方便地导入、存储、分析、计算数据，同时也整合了多元 Logit 模型，只需将数据导入，然后建立模型表、创建 MNL 模型，通过软件对数据进行分析、检测与计算，即可得到模型的计算结果。

TransCAD 不仅可以进行离散选择模型的计算，还有回归模型、交叉分类模型两种方式划分模型，因此在 TransCAD 中可以根据现有的数据、规划年限以及城市的现状需求，选择合适的需求预测模型。同时，它不仅可以直观地进行模型的构建，还可以利用其强大的系统进行交通分配，在导入路网的基础上进行地理上的客货流的分配。

本次调查结果得到的是离散数据，离散数据更能反映出行者的真实选择行为，因此本书采用离散选择模型，即非集计模型来对调查数据进行模型的构建，利用 TransCAD 中的离散选择模型进行方式划分。

1) 数据准备

本书在构建非集计模型时所采用的数据来自 2016 年南京市居民出行 OD 调查结果，调查数据为离散型的数据，根据数据的导入、分析、计算可以得到相关参数的标定结果。

在数据运用上，抽取了调查结果中的 208 份居民出行样本，这些样本包括出行者特性(性别、年龄、收入水平等)、出行属性(出行时间、出行费用、出行距离、出行方式等)。

以 6.2.3 节建立的多元 Logit 模型的效用函数为基础，对样本数据进行分析、处理，从而进一步得到函数中所关系到的数据。具体包括：

(1) 出行费用。本次调查中，自行车的费用根据公共自行车或共享单车费用计算，基础费用为 0.5 元；常规公交的基础票价为 2 元；地铁的基础票价为 2 元；私人汽车的费用依出行距离而定，每千米的燃油费为 0.625 元，与距离的乘积即为小汽车费用；出租车的基础费用为 11 元；摩托车每千米油耗费用约 0.3 元，计算方法与小汽车类似。以上各类交通费用会随着距离的增加而增加。此外，单位车出行费用视为 0 元，由于电动车等非机动车费用不方便定量计算，便不予考虑。

(2) 出行时间。各样本的出行时间与出行方式选择相关，私人交通工具出行时间即为车程时间，公共交通出行时间则需考虑等车时间和车程时间。

(3) 出行者的个人社会经济属性。出行者的经济属性包括出行者拥有的自行车、电动车、小汽车数量，个人及家庭收入水平等，但是为了简便运算，本次建模时只考虑出行者的收入水平。

除了上述数据，还应考虑出行者的出行特性。出行者的出行特性包括出行距离与出行目的等。但是针对出行目的这种特性变量来看，它不易量化，并且受多种因素的影响，因此在模型的构建影响因素标定上将出行目的这种不易量化的因素排除。同时出行起讫点对交通方式选择的影响因素不仅涉及宏观因素又关乎微观因素，较为复杂，因此在建模时也不予考虑。因此建模时只考虑出行距离(Distance)、出行方式选择(Choice)。

通过以上对样本数据的分析，从中选取相应的影响变量，并对这些变量进行量化处理。具体包括：各种交通出行方式的出行费用、出行者收入、出行距离、出行方式选择等因素，如图 6-6 所示。

M-MNL2.dvw - M-MNL2

Gender	[bike-time]	[bus-time]	[car-time]	[ev-time]	[metro-time]	[taxi-time]	[bike-cost]	[bus-cost]	[car-cost]	[ev-cost]	[metro-cost]	[taxi-cost]	distance	i
1	15.00	10.80	6.75	10.80	4.50	6.75	0.00	2.00	1.78	0.50	2.00	11.00	2.70	100
2	15.00	10.80	6.75	10.80	4.50	6.75	0.00	2.00	1.78	0.50	2.00	11.00	2.70	100
2	15.00	10.80	6.75	10.80	4.50	6.75	0.00	2.00	1.78	0.50	2.00	11.00	2.70	100
1	15.00	10.80	6.75	10.80	4.50	6.75	0.00	2.00	1.78	0.50	2.00	11.00	2.70	70
1	15.00	10.80	6.75	10.80	4.50	6.75	0.00	2.00	1.78	0.50	2.00	11.00	2.70	70
2	20.00	14.40	9.00	14.40	6.00	9.00	0.00	2.00	2.38	0.50	2.00	12.40	3.60	70
1	20.00	14.40	9.00	14.40	6.00	9.00	0.00	2.00	2.38	0.50	2.00	12.40	3.60	70
2	20.00	14.40	9.00	14.40	6.00	9.00	0.00	2.00	2.38	0.50	2.00	12.40	3.60	120
2	20.00	14.40	9.00	14.40	6.00	9.00	0.00	2.00	2.38	0.50	2.00	12.40	3.60	120
1	20.00	14.40	9.00	14.40	6.00	9.00	0.00	2.00	2.38	0.50	2.00	12.40	3.60	120
2	20.00	14.40	9.00	14.40	6.00	9.00	0.00	2.00	2.38	0.50	2.00	12.40	3.60	120
1	20.00	14.40	9.00	14.40	6.00	9.00	0.00	2.00	2.38	0.50	2.00	12.40	3.60	120
1	20.00	14.40	9.00	14.40	6.00	9.00	0.00	2.00	2.38	0.50	2.00	12.40	3.60	120
2	30.00	21.60	13.50	21.60	9.00	13.50	0.10	3.00	3.56	0.50	2.00	16.76	5.40	120
1	30.00	21.60	13.50	21.60	9.00	13.50	0.10	3.00	3.56	0.50	2.00	16.76	5.40	80
2	30.00	21.60	13.50	21.60	9.00	13.50	0.10	3.00	3.56	0.50	2.00	16.76	5.40	80
1	30.00	21.60	13.50	21.60	9.00	13.50	0.10	3.00	3.56	0.50	2.00	16.76	5.40	80
2	20.83	15.00	9.38	15.00	6.25	9.38	0.00	3.00	2.48	0.50	2.00	12.80	3.75	100
1	27.28	20.00	12.50	20.00	8.30	12.50	0.10	3.00	3.30	0.50	2.00	15.80	5.00	100
2	27.28	20.00	12.50	20.00	8.30	12.50	0.10	3.00	3.30	0.50	2.00	15.80	5.00	100
1	34.72	25.00	15.63	25.00	10.42	15.63	0.10	3.00	4.13	1.00	2.00	18.80	6.25	100
2	34.72	25.00	15.63	25.00	10.42	15.63	0.10	3.00	4.13	1.00	2.00	18.80	6.25	100

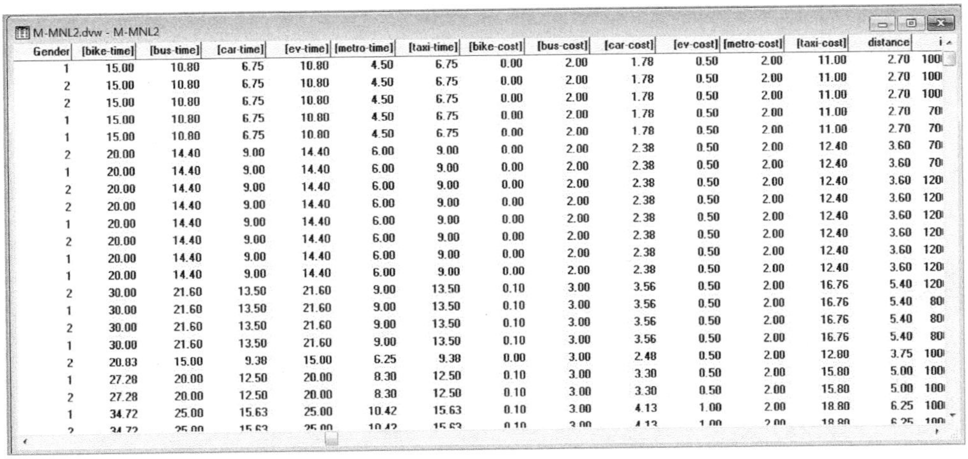

图 6-6　TransCAD 模型中的数据表

2) MNL 模型表的建立

MNL 模型表的建立是 MNL 模型构建的关键,包括对模型表的创建以及模型表的填充。模型表的创建包括选择肢的选定和影响因素的定义,模型表的填充包括数据源的选择、选择肢个数、影响各个选择肢的对应变量。如图 6-7 和图6-8 所示,MNL 模型表包含两方面内容:模型的创建和模型的填充。

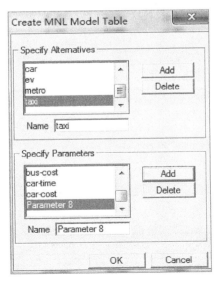

图 6-7　MNL 模型表的创建

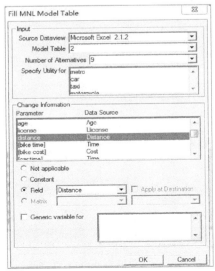

图 6-8　MNL 模型表的填充

通过图 6-6 可以看出,本次针对南京市出行方式结构,选取了除步行外的其他各种交通方式,即自行车、常规公交、小汽车、电动车、地铁、出租车。在图 6-7 中,有五个选择肢的效用函数应包括常量 Asc,并且对不同的交通方式赋予其相应的影响因素。

3) 参数标定

MNL 模型表创建和填充之后,即 TransCAD 自动对模型进行标定,在后续的计算过程中,自动添加模型名称(亦可以根据自身需要对名称进行修改)和模型参数值。

MNL 模型表中有两种类型的行:

(1) 模型行,其设定在底部;

(2) 效用行,其设定在顶部。

多元 Logit 模型在应用时也存在一些不足之处,由于非集计模型本身的算法原因,某一种方式选择概率仅关系着其与其他交通方式的效用行差值,与其自身效用值大小无关。因此,为了计算多元 Logit 模型的参数,效用函数中的不同变量不能呈线性相关的关系,否则会因线性相关性得不出结果。同时,变量本身还需要有一定的约束,所有效用函数中的不同出行方式不能包含相同值的变量。

在 MNL 模型参数标定后,会产生一个关于标准误差、t 检验值以及最大似然函数值等的报告。根据 t 检验值,结合实际情况不断地校验、调整,最后确定主要影响因素。表 6.11 为 t 检验值不符合要求的参数,即除了这些参数,表 6.10 中的其他参数的 t 检验值都符合要求。

表 6.11 模型参数标定结果

影响因素	参数值	标准差	t 检验值
性别	−0.14	0.11	−1.89
年龄	−0.26	0.05	−1.73
是否有月票	1.12	0.11	1.92
是否有机动车驾驶证	−0.19	0.07	−1.67
摩托车时间	1.43	0.26	1.71
摩托车费用	3.32	0.67	−1.81

注:以上为不符合 t 检验要求的参数,测算公交分担率时不予考虑。

根据图 6-9 的 MNL 模型的计算结果,对模型的参数结果进行分析、比较,再进行相关的计算即可得到相关交通方式的分担率。

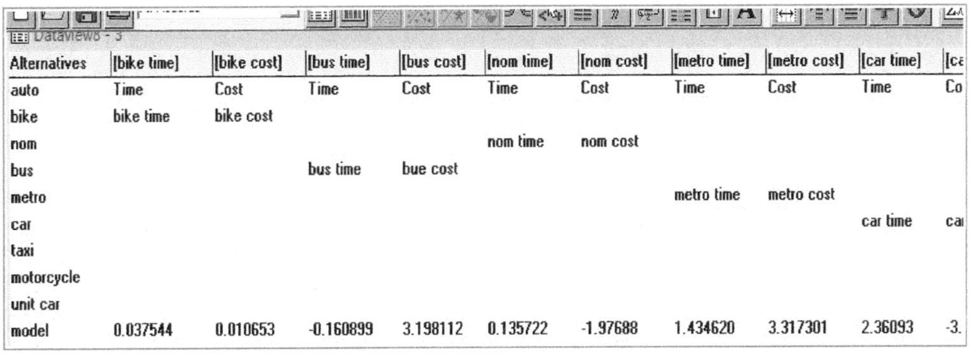
Dataview8 - 3

Alternatives	[bike time]	[bike cost]	[bus time]	[bus cost]	[nom time]	[nom cost]	[metro time]	[metro cost]	[car time]	[ca
auto	Time	Cost	Time	Cost	Time	Cost	Time	Cost	Time	Co
bike	bike time	bike cost								
nom					nom time	nom cost				
bus			bus time	bue cost						
metro							metro time	metro cost		
car									car time	ca
taxi										
motorcycle										
unit car										
model	0.037544	0.010653	-0.160899	3.198112	0.135722	-1.97688	1.434620	3.317301	2.36093	-3.

图 6-9 MNL 模型的计算结果

4）分担率计算及精度评价

本节侧重点在于构建 MNL 模型，再利用交通分析软件对公交分担率进行计算，通过对测算结果和实际公交分担率进行对比分析，从而评价模型的精度。因而，将影响公交分担率的主要因素的参数值代入式(6-8)进行计算。统计口径按照机械化方式的标准，扣除步行出行方式，求出样本中出行者选择常规公交、私人小汽车、出租车、地铁等交通方式的比例，再将所得的概率求和并计算出平均值，所得结果即为不同公共交通分担率的结果。然后根据南京市交通局统计年鉴的数据计算结果，将两者数据结果做比较。

由表 6.12 可知各种交通出行比例（扣除步行）结果为：公共汽（电）车 22.81%、地铁 11.46%、私人汽车 19.87%、出租车 1.23%、摩托车 0.32%、单位车 2.03%。与南京市统计年鉴所统计的数据相比，整体各项绝对值误差不大于 5 个百分点，在可接受的误差范围内，模型的预测结果较为准确。

表 6.12 模型精度评价

出行方式选择		公共汽(电)车	轨道交通	私人汽车	出租车	摩托车	单位车
年鉴统计数据	比例/%	22.0	14.6	18.2	2.8	0.5	2.0
模型测算结果	比例/%	22.81	11.46	19.87	1.23	0.32	2.03
误差分析/百分点		0.81	−2.54	1.67	−1.57	−0.18	0.03

但其中轨道交通、私人汽车与出租车的误差相对较大，可能原因是除了可量化的影响因素选择外，还有一些外在的不可量化的因素，如交通政策的推行、交通

设施的增减修改、天气和节假日突发客流等，都有可能影响出行者对交通方式的选择。例如，轨道交通误差偏差较大的原因可能是近几年轨道交通的迅速发展，尤其是南京市的轨道线网覆盖率越来越高，地铁线路的增加从经济性和可达性等方面对居民出行影响较大。而出租车的误差可能主要来源于近几年滴滴快车等打车软件的快速崛起，为出行者带来了极大的便捷且经济性也较高。

6.3 基于多目标函数的公交分担率测算模型构建与实证

6.3.1 模型构建的基本思路

随着我国经济的迅速发展，小汽车数量爆炸性的迅速上升，造成道路交通拥挤，给人们生活带来了不便和巨大的经济损失。政府相继出台了一系列公共交通优先发展的政策。但是，汽车行业处在产业链的上游，是国家的一个重要支柱产业，如果一味地限制其发展必然会造成经济发展缓慢等不良情况。

对于某一个具体的城市，公共交通（主要指轨道交通和常规公交）与小汽车、自行车、步行等出行方式必然存在一个合理的比例。这个比例受多种因素的影响，合理的比例能使道路交通量达到一个相对较小的值。但分析模型与计算交通量难以与影响因素紧密联系，并且交通量一般可以直接观测或预测得到，所以本节主要考虑整个系统达到平衡时公共利益和个体利益达到平衡来表达整个系统的平衡状态。

由此建模的思路为：主要同时考虑公共利益与个体利益，结合预测城市的具体情况，选取合适的利益评价指标建立模型，选取合适的数据进行模型的求解与计算，由城市的轨道交通出行比例与常规公交出行分担率得到公共交通在居民出行中的分担率。

6.3.2 模型参数的选择

1. 个体利益评价指标的选取

由上文的分析及参考国内外资料可以发现，候车时间（发车频率）、准点率（可信度）、换乘优惠、骨干公交布局与城市发展轴带（客流走廊）、城市中心体系（客源中心）布局的适配性是影响居民选择公共交通出行的重要因素。经分析不难发现，这些因素可以用出行时间、出行距离与车内舒适程度这三项指标进行评价。

因为时间难以用具体约束条件和算式表达，但时间却直接与人们的个体利益密切相关，于是就将出行时间转化为广义费用进行处理，即将模型中出行费用和出行时间都转化为货币价值的广义出行费用。

车内舒适程度也没有具体的刻画标准，但据调查车内的拥挤程度是现在乘客感知车内环境的主要因素，所以车内环境用车内拥挤程度进行评价。

2. 公共利益评价指标的选取

常规公交和轨道交通出行的公共利益主要体现在对城市道路交通时空资源的占用程度和对环境的污染程度。因为轨道交通一般修建在地下或者是以高架的形式，所以其对道路交通时空资源的占用几乎为零，本书模型不计其对道路交通时空资源的占用程度。而且因为轨道交通是零排放清洁能源车，也不考虑轨道交通对环境的影响程度。

因此，本书模型主要选择常规公共交通对时空资源的占用程度、对环境的污染程度作为公共利益的评价指标，以常规公交的出行者占用道路面积和常规公交的污染排放作为评价指标。

6.3.3 模型构建与求解

1. 基本假设

为了更加合理和实际地使用模型，并且考虑实际数据的获取与计算，做出如下假设：

（1）不考虑其他喜好习惯等对出行选择的影响。

（2）折算费用时不考虑特殊情况的金钱损耗。

（3）一定时期内出行率是稳定的。

（4）公交和地铁全程为单一票价，不随其他因素的变化而变化。

2. 广义费用

1) 公共交通出行实际支付的费用

（1）常规公交的出行实际支付的费用

我国大部分城市常规公交的收费形式和收费标准差别都很大，并且不同的出行方式的计费方式差距也很大。对于单次的出行费用，本书统一用单程统一票价。

设城市总人口为 p，公交总分担率为 R，所以常规公交出行者支付的实际总费用为：

$$f_1 = p \times R \times r_1 \times j_1 \times c_1 \qquad (6-27)$$

式中，f_1——常规公交出行者实际支付的总费用（元）；

r_1——常规公交占公共交通总分担率的比例;

j_1——常规公交出行者平均每人每次单程票价(元);

c_1——常规公交的平均换乘系数。

(2) 轨道交通的出行实际支付的费用

和常规公交一样,我国的轨道交通计费情况也十分多样,本书同样用单程统一票价。由此轨道交通的实际出行总费用为:

$$f_2 = p \times R \times r_2 \times j_2 \times c_2 \tag{6-28}$$

式中,f_2——轨道交通出行者实际支付的总费用(元);

r_2——轨道交通占公共交通总分担率的比例;

j_2——轨道交通出行者平均每人每次单程票价(元);

c_2——轨道交通的平均换乘系数。

公共交通出行实际支付的总费用

$$F_1 = f_1 + f_2 \tag{6-29}$$

即

$$F_1 = p \times R \times (r_1 \times j_1 \times c_1 + r_2 \times j_2 \times c_2) \tag{6-30}$$

2) 公共交通出行总时间的广义费用

(1) 常规公交出行时间

常规公交出行所用的时间,受多种因素影响,每个人、每条线出行都会有不同的时间。因难以把握特殊情况,所以用平均居民常规公交出行时间来衡量每个人公交的出行时间,以此计算总的常规公交出行时间。

$$s_1 = p \times R \times r_1 \times h_1 \tag{6-31}$$

式中,h_1——平均每人常规公交出行的时间;

s_1——常规公交出行总时间。

(2) 轨道交通出行时间

轨道交通由于运送速度快、准点性高,出行时间主要和轨道交通运营管理水平有关。但运营管理水平也难以衡量,所以依旧用轨道交通平均出行时间来计算轨道交通出行时间。

$$s_2 = p \times R \times r_2 \times h_2 \tag{6-32}$$

式中,h_2——平均每人轨道交通出行的时间;

s_2——轨道交通出行总时间。

公共交通出行总时间

$$S = s_1 + s_2 \tag{6-33}$$

由于时间难以直接用利益价值来衡量,本书采用平均一小时工资乘公共交通出行总时间,来估算出行时间的广义费用。所以出行时间的广义费用

$$F_2 = S \times w \tag{6-34}$$

式中,w——平均一小时的公交出行费用。

即

$$F_2 = p \times R \times (r_1 \times h_1 + r_2 \times h_2) \times w \tag{6-35}$$

综上所述,广义费用的计算公式 F 为:

$$F = F_1 + F_2 \tag{6-36}$$

即

$$F = p \times R \times [(r_1 \times h_1 + r_2 \times h_2) \times w + (r_1 \times j_1 \times c_1 + r_2 \times j_2 \times c_2)] \tag{6-37}$$

3. 车内拥挤程度

当前车内拥挤程度的概念不是十分明确,同样也十分难以明确概念。查阅资料可知拥挤程度主要反映的是车内乘客使用的面积,显然车内环境与车内单位面积容纳的乘客数成反比。车内单位面积容纳的乘客数越多,车内拥挤程度必然越大;相反,车内单位面积容纳的乘客数越少,车内就越不拥挤。因此本书用单位面积上的载客人数来衡量拥挤程度。

(1) 常规公交

常规公交每辆车的平均载客人数

$$G_b = \frac{p \times R \times r_1 \times q_1}{x_b \times I_1 \times 60} \tag{6-38}$$

式中,G_b——常规公交平均每辆车的载客人数;

q_1——常规公交平均发车频率(min);

x_b——常规公交线路总数;

I_1——正常常规公交线路运营时间(h)。

查阅相关资料可知,常规公交平均可提供乘客使用的面积为 17.5 m²,可得常规公交每辆车单位面积上的载客人数即拥挤度

$$Y_1 = \frac{p \times R \times r_1 \times q_1}{x_b \times I_1 \times 1\,050} \tag{6-39}$$

(2) 轨道交通

按照上面常规公交计算拥挤度的方法，本书依旧采用轨道车厢内，单位面积上的载客人数来衡量拥挤度。因此，轨道交通一列车的平均载客人数

$$G_m = \frac{p \times R \times r_2 \times q_2}{x_m \times I_2 \times 60} \tag{6-40}$$

式中，G_m——轨道交通平均每辆车的载客人数；

q_2——轨道交通平均发车频率（min）；

x_m——轨道交通线路总数；

I_2——正常轨道交通线路运营时间（h）。

查阅相关资料可知，轨道交通平均每节车厢的平面面积约为 39 m²，可得轨道交通每辆车单位面积上的载客人数即拥挤度

$$Y_2 = \frac{p \times R \times r_2 \times q_2}{x_m \times I_2 \times 2\,340 \times t} \tag{6-41}$$

式中，t——轨道交通每辆车的编组数。

公共交通出行的平均拥挤度，可以由常规公交的拥挤度与轨道交通的拥挤度加权平均得到。所以公共交通的拥挤度

$$Y = r_1 \times Y_1 + r_2 \times Y_2 \tag{6-42}$$

即

$$Y = p \times R \times \left(\frac{r_1^2 \times q_1}{x_b \times I_1 \times 1\,050} + \frac{r_2^2 \times q_2}{x_m \times I_2 \times 2\,340 \times t} \right) \tag{6-43}$$

4. 占用道路总面积

公共交通需要的道路总面积主要是公交车占用的道路面积，轨道交通一般采用地下或高架形式，所以基本不占用道路面积。因此，本书中公共交通所占用的道路面积就认为是常规公交占用的道路资源。

$$S_b = p \times R \times r_1 \times e_1 \tag{6-44}$$

式中，S_b——常规公交占用道路面积；

e_1——公交出行者每人所需道路面积。

根据相关研究和文献,不同类型的常规公交的出行方式所占用的道路面积如表 6.13 所示。

表 6.13 公交客运方式人均占用道路面积比较

常规公交服务水平	占用道路面积/m^2	标准
高	1.75	单节车 20 个座位,航空椅,定员 20 人
中	1	单节车 35 个座位,普通椅,定员 35 人
低	0.7	单节车 35 个座位,普通椅,定员 50 人(有 15 人无座位)

5. 目标函数

本书研究的思路是寻求其他交通方式与公共交通出行方式之间的合适比例,以寻求适宜的公交分担率来促进城市交通的良好发展。所以广义的出行费用、拥挤程度、占用道路总面积都要达到最小,因此建立目标函数如式(6-45)所示。

$$\begin{cases} \min F = p \times R \times [(r_1 \times h_1 + r_2 \times h_2) \times w + (r_1 \times j_1 \times c_1 + r_2 \times j_2 \times c_2)] \\ \min Y = p \times R \times \left(\dfrac{r_1^2 \times q_1}{x_b \times I_1 \times 1\,050} + \dfrac{r_2^2 \times q_2}{x_m \times I_2 \times 2\,340 \times t} \right) \\ \min S_b = p \times R \times r_1 \times e_1 \end{cases}$$

(6-45)

6. 约束条件

上面模型研究的公共交通系统只包括常规公交和轨道交通,参数 r_1、r_2 分别代表常规公交和轨道交通在公共交通中的比例,所以显然有 $r_1 + r_2 = 1$,并且 $r_1 > 0, r_2 > 0, 0 < R < 1$,具体模型约束条件如式(6-46)所示:

$$\begin{cases} r_1 + r_2 = 1 \\ r_1 > 0, r_2 > 0, 0 < R < 1 \end{cases}$$

(6-46)

7. 模型的求解

通过上面的模型可以看出公交出行比例的增大,必然会引起广义费用的增加和公交占用总面积的增大,而拥挤度会随公交分担率的上升而下降,当然其中还有许多复杂多变的情况,本书不予考虑。轨道交通出行比例的增大,会使广义出行费用增长,但不会使道路占用面积增大。利用计算机软件计算三个指标在约束条件下达到最小的解,即多目标函数求最优解,达到三者之间相对平衡,由此确定与预测合适的公交分担率。但是广义出行总费用、占用道路总面积、拥挤程度的单位与数量级不相同,多目标优化模型可能并不存在最优解或难以求得最优解。考虑到计算模型的方便,本书引入满意程度这一概念来将三个最优目标化为统一的单位和数量级,这样便于求解也方便比较。满意程度就是满足目标函数的程度。将各指标取得最小值时对应目标的满意程度定为100%,取得最大值时的满意程度定为0,中间其他值对应的满意程度由插值法确定,这样就可以把三者对应的满意程度都量化在0与100%之间,既方便计算比较,也方便模型求解。

模型的具体求解公交分担率预测步骤如图6-10所示。

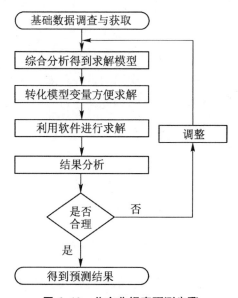

图6-10 公交分担率预测步骤

6.3.4 模型应用——南京市未来公交分担率的推算

算例只是验证模型的准确性,因此选择以往年度数据进行预测,并进行误差分析,得出模型的准确性,本节以2012年至2016年南京市的统计数据为基础进行预测分析。

1. 南京市公交分担率模型的推算步骤

依据上文建立的模型推算公交分担率。先进行基础数据的获取和预测,然后分析以r_1,r_2为变量的三个目标函数的变化,得到现状数据的三个目标的满意程度,结合南京的实际变化情况,预测出三个规划的目标值,然后以规划数据为基础,再以r_1,r_2为变量,得到三个目标函数随r_1,r_2变化的折线图,与确定的满意程度和约束条件确定对应的 r_1，r_2，再确定规划年的公交分担率。具体流程如图 6-11 所示。

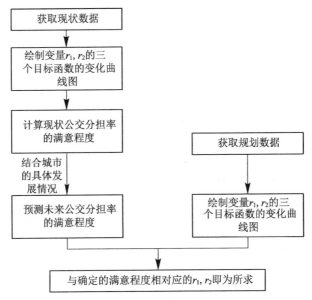

图 6-11　南京公交分担率推算步骤流程图

2. 南京公交分担率测算模型的建立与计算

1) 南京现状公交分担率情况分析与建模

依据南京历年的交通年报和实际估测可以得到 2016 年南京公共交通的数据如表 6.14 和表 6.15 所示。

表 6.14　南京常规公交现状数据表

常规公交全方式分担率	平均换乘系数	平均单程票价	平均出行时间	线路总数	正常运营时间	平均发车间隔
16.2%	1.15	1 元	44.5 min	645	18 h	15 min

表 6.15　南京轨道交通现状数据表

轨道交通全方式分担率	平均换乘系数	平均单程票价	平均出行时间	每日平均开行列车数	车辆编组数	正常运营时间	平均发车间隔
10.8%	1.51	1.54 元	54 min	201	6	20 h	8.2 min

同时,据调查可知南京市 2016 年城市常住总人口为 827 万人,平均一小时工资为 13.83 元,利用前文所叙述的模型,建立如下模型。目标函数为:

$$\begin{cases} \min F = 1\,555\,243\,175 r_1 + 1\,889\,606\,900 r_2 \\ \min Y = 3.10 r_1^2 + 0.37 r_2^2 \\ \min S_b = 2\,522\,350 r_1 \end{cases} \quad (6\text{-}47)$$

约束条件为:

$$\begin{cases} r_1 + r_2 = 1 \\ r_1 > 0,\ r_2 > 0,\ 0 < R < 1 \end{cases} \quad (6\text{-}48)$$

2) 南京现状公交分担率模型求解分析

(1) 广义费用

以 r_1 为变量,$r_1 + r_2 = 1$,使用 MATLAB 软件画出目标函数 $\min F$($\min F = 1\,555\,243\,175 r_1 + 1\,889\,606\,900 r_2$)的图形,见图 6-12。

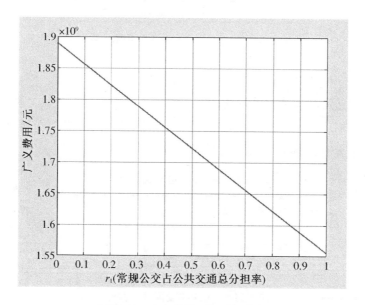

图 6-12　广义费用目标函数曲线

由图 6-12 可知,广义费用的最小值为 1 555 243 175,对应满意程度为 100%,最大值为 1 889 606 900,对应满意程度为 0。以 1% 为间隔对 r_1 取值,利用插值法,画出现状满意程度曲线,见图 6-13。

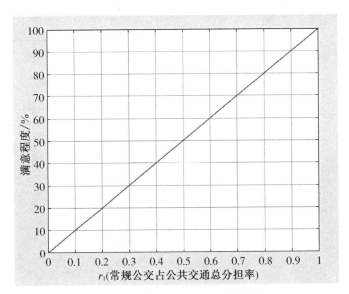

图 6-13 广义费用满意程度曲线

由图 6-13 可知,现状公交分担率的满意程度约为 60% 左右。

(2) 拥挤程度

以 r_1 为变量,$r_1+r_2=1$,使用 MATLAB 软件画出目标函数 $\min Y$($\min Y = 3.10 r_1^2 + 0.37 r_2^2$)的图形,见图 6-14。

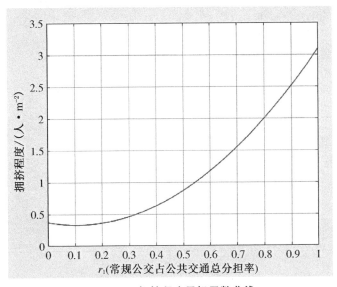

图 6-14 拥挤程度目标函数曲线

由图 6-14 可知,拥挤程度的最小值为 0.33,对应满意程度为 100%,最大值为 3.1,对应满意程度为 0。以 1‰ 为间隔对 r_1 取值,利用插值法,画出现状满意程度曲线,见图 6-15。

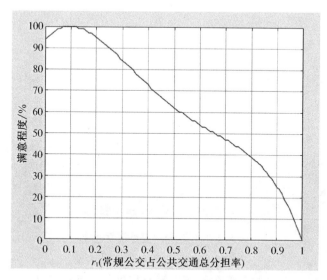

图 6-15　拥挤程度满意程度曲线

由图 6-15 可知,现状拥挤程度的满意程度约为 54%。

(3) 占用道路面积

以 r_1 为变量,$r_1+r_2=1$,使用 MATLAB 软件画出目标函数 $\min S_b$（$\min S_b = 2\,522\,350 r_1$）的图形,见图 6-16。

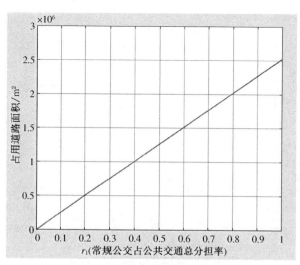

图 6-16　占用道路面积目标函数曲线

由图 6-16 可知，占用道路面积最小值为 0，对应满意程度为 100%，最大值为 2 522 350，对应满意程度为 0。以 1% 为间隔对 r_1 取值，利用插值法，画出现状满意程度曲线，见图 6-17。

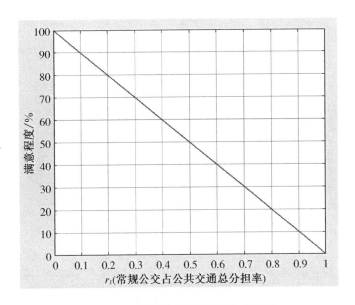

图 6-17　占用道路面积满意程度曲线

由图 6-17 可知，现状占用道路面积的满意程度约为 40%，与广义费用满意程度基本成反比例关系。

由以上分析可知，广义费用、拥挤程度、占用道路面积三个目标函数的满意程度分别约为 60%、54% 和 40%，占用道路面积的满意程度偏低。由图 6-18 可知，当南京常规公交分担率占公交分担率的比例比较小，轨道交通所占比例比较大时，满意程度将处于一个比较好的层次。由此可知，南京如果要更好地发挥公共交通的作用，大力发展轨道交通将会取得一个很好的成果。但轨道交通建设速度慢、耗资巨大也成为制约轨道交通发展的因素。

3) 南京未来公交分担率的情况分析与建模计算

根据南京城市发展趋势，2017 年南京市交通不会大变，有一些公共交通的改善措施，但举措的影响都不是很大。依据南京历年的交通年报和实际估测，2017 年南京市人口 833.5 万人，平均一小时工资 15.33 元，各项指标的预测值见表 6.16 和表 6.17。

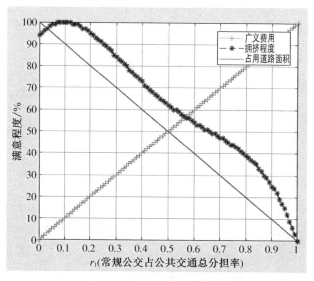

图 6-18　三个因素的满意程度综合图

表 6.16　南京未来常规公交数据表

平均换乘系数	单程票价	平均出行时间	线路总数	正常运营时间	平均发车间隔
1.14	0.99 元	45 min	714	18 h	15 min

表 6.17　南京未来轨道交通数据表

平均换乘系数	平均单程票价	平均出行时间	每日平均开行列车数	车辆编组数	正常运营时间	平均发车间隔
1.5	1.53 元	49.5 min	252	6	20 h	8.2 min

利用前文所叙述的模型,建立如下模型:

$$\begin{cases} \min F = 1\,566\,531\,404 r_1 + 1\,725\,573\,046 r_2 \\ \min Y = 2.52 r_1^2 + 0.26 r_2^2 \\ \min S_b = 2\,267\,120 r_1 \end{cases} \quad (6\text{-}49)$$

约束条件为:

$$\begin{cases} r_1 + r_2 = 1 \\ r_1 > 0,\ r_2 > 0,\ 0 < R < 1 \end{cases} \quad (6\text{-}50)$$

4) 未来情况模型求解分析

(1) 广义费用

以 r_1 为变量，$r_1+r_2=1$，使用 MATLAB 软件画出目标函数 $\min F$（$\min F = 1\,566\,531\,404 r_1 + 1\,725\,573\,046 r_2$）的图形，见图 6-19。

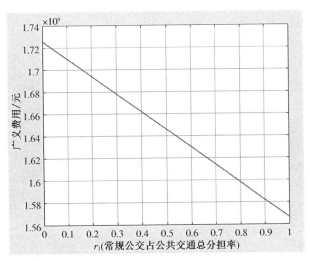

图 6-19　未来广义费用目标函数曲线

由图 6-19 可知，显然广义费用的最小值为 $1\,566\,531\,404$，对应满意程度为 100%，最大值为 $1\,725\,573\,046$，对应满意程度为 0。以 1% 为间隔对 r_1 取值，利用插值法，画出现状满意程度曲线，见图 6-20。

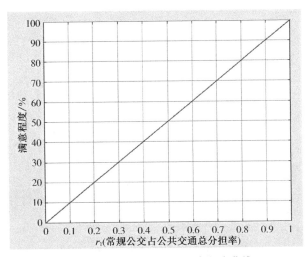

图 6-20　未来广义费用满意程度曲线

（2）拥挤程度

以 r_1 为变量，$r_1+r_2=1$，使用 MATLAB 软件画出目标函数 $\min Y$（$\min Y = 2.52r_1^2 + 0.26r_2^2$）的图形，见图 6-21。

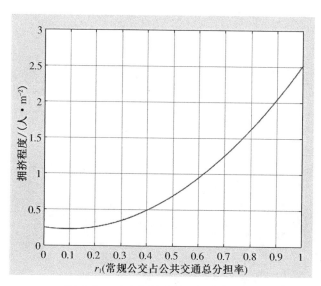

图 6-21　未来拥挤程度目标函数曲线

由图 6-21 可知，拥挤程度的最小值为 0.24，对应满意程度为 100%，最大值为 2.52，对应满意程度为 0。以 1% 为间隔对 r_1 取值，利用插值法，画出现状满意程度曲线，见图 6-22。

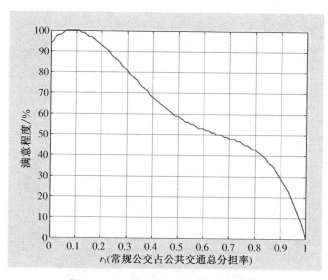

图 6-22　未来拥挤程度满意程度曲线

(3) 占用道路面积

以 r_1 为变量，$r_1+r_2=1$，使用 MATLAB 软件画出目标函数 $\min S_b$（$\min S_b = 2\,267\,120 r_1$）的图形，见图 6-23。

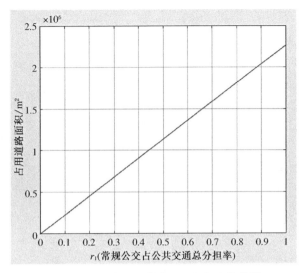

图 6-23　未来占用道路面积目标函数曲线

由图 6-23 可知，占用道路面积最小值为 0，对应满意程度为 100%，最大值为 2 267 120，对应满意程度为 0。以 1% 为间隔对 r_1 取值，利用插值法，画出现状满意程度曲线，见图 6-24。

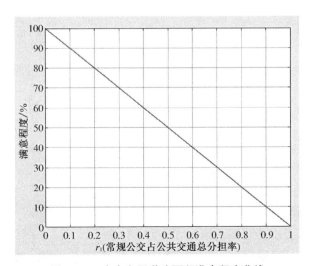

图 6-24　未来占用道路面积满意程度曲线

规划年三个目标函数随 r_1 的变化如图 6-25 所示。

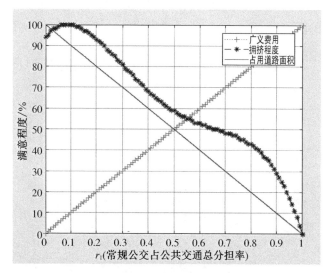

图 6-25　未来三个因素的满意程度综合图

三者满意程度之和如图 6-26 所示。

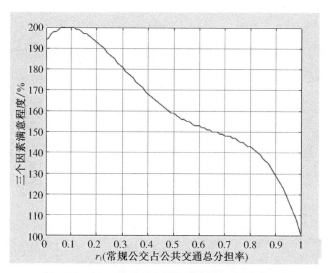

图 6-26　未来三个因素的满意程度之和

3. 南京未来公交分担率的预测

从以上分析可以发现，r_1 在 10% 左右时，广义费用、拥挤程度、占用道路面积的满意程度之和达到最大。2017 年城区仅开通 4 号线，轨道客流培育需要一个过程，由此预测 2017 年公交分担率的三个目标函数的满意程度应该不会有较大变化，应该还在 60%、54% 和 40% 左右。因此这里取 r_1 为 60%，根据趋势外推 2017 年公交全方式分担率约为 27.2%，对应常规公交分担率为 16.32%，轨道交通分担率为 10.88%。

以此方法推算近五年的南京公交分担率见表 6.18。

表 6.18　南京未来公交分担率预测数据表

年份	公交分担率/%	常规公交分担率/%	轨道交通分担率/%
2012	24.59	18.44	6.15
2013	26.52	18.03	8.49
2014	26.25	17.06	9.19
2015	26.14	16.21	9.93
2016	26.31	15.79	10.52

4. 预测结果分析

与现状值对比后，可以得到误差值如表 6.19 所示。

表 6.19　南京未来公交分担率预测数据误差表

年份	公交分担率/%	常规公交分担率/%	轨道交通分担率/%
2012	−0.71	−1.26	0.55
2013	−0.28	−2.07	1.79
2014	−0.85	−3.24	2.39
2015	−0.56	−1.19	0.63
2016	−0.69	−0.41	−0.28

由表 6.19 可以看出公交分担率预测误差虽然略大，但是偏离仍在可接受范围。由此可知该方法能快速地计算公交分担率的数值，虽然存在一定的误差，但是该方法计算简便，所需数据少，能很好地估算未来的公交分担率。

2017 年南京常规公交的全方式分担率预测为 27.2%，预测结果是常规公交分担率为 16.32%，轨道交通分担率为 10.88%。从中可以看出南京未来公共交通的发展重点在轨道交通。轨道交通的发展将对南京落实公交优先政策，提升公共交通满意程度产生巨大的作用。但与发达国家相比，南京的公交分担率水平依旧过低。南京现在采用以公共交通为主导的发展模式，应该注重对土地的合理开发利用，集约化合理使用土地，更好地发挥土地的价值，从而更好地发挥轨道交通的作用,缓解轨道交通建设产生的巨大经济压力。现状公共交通的土地利用情况不理想,亟须改进。车内拥挤程度虽然不是很高,但是从上文分析中可以看出,南京出行时间段集中,公共交通的车内拥挤程度依旧过高,难以令人满意。应该多采取一些"削峰填谷"的措施,同时应针对高峰时的客运情况更加注重高峰时的运营管理和行车计划编制。广义费用的满意程度尚可,因为南京公共交通的票价相对而言较便宜。但随着近年来物价上涨,南京票价上涨已成为必然趋势,所以票价的情况不会向更高的方向迈进。从预测结果与现状数据对比我们还可以发现,南京未来情况与现状情况变化不大,这主要是因为南京2017年相对2016年公共交通没有很大的变化。但是未来南京将新开多条轨道线路,必然会对南京的公交分担率产生较大的影响。

6.4 本章小结

本章分析公交分担率影响因子,选取主要影响因子,一方面运用非集计原理,构建MNL公交分担率测算模型,并结合南京市数据对模型进行标定,结果表明所建模型能够较准确地测算公交分担率。另一方面,运用多目标函数原理构建公交分担率测算模型,并进行实证应用,结果表明所建模型也可以较准确地测算公交分担率。具体结论如下:

(1) 对公交分担率测算的主要影响因子及影响机理进行分析,得出影响公交分担率测算的主要因子为:政府规划者因素、出行费用因素、出行时间因素、土地利用因素、准时性、可达性因素。

(2) 基于非集计原理构建MNL模型,结合南京市公交分担率数据进行模型的参数标定,并进行南京市公交分担率测算实证应用。结合南京市居民出行OD数据,确定步行、自行车、电动车、公共汽(电)车、地铁、私人汽车、出租车、摩托车、单位车等作为选择肢,从出行者特性、出行特性和出行方式特性三个方面确定特性变量,运用TransCAD对模型进行标定,结果表明在可接受的误差范围内,模型的预测结果较为准确。

(3) 利用多目标函数原理,选取影响公交分担率的三类主要影响因素(出行时间和费用、乘车舒适性、公共利益)构建了公交分担率测算模型。参数标定过程中,利用广义费用函数对出行时间和费用进行拟合,构建车内拥挤度函数对乘车舒适度进行计算,构建占用道路面积函数对公共利益进行计算。最后结合南京公共交通相关数据对模型进行了应用。分别分析了三个目标因素的情况,分析表明南京市大力发展轨道交通将大幅度提高满意程度。通过应用实例分析计算证明本章所构建模型所需数据小,计算方便,可操作性强。虽然模型存在一定的误差,但计算普遍性较强,既可以预测多年的公交分担率,也可以预测不同统计口径的公交分担率,甚至可进一步预测城市其他交通方式的分担率。

第七章 公共交通与健康城市空气质量协整关系研究

7.1 研究方法选取

公共交通与城市空气质量的相关关系是相当复杂的非平衡关系，正如其他许多经济社会问题是非平稳的，给经典的数理分析方法带来了很大限制。通常采用差分方法消除序列中含有的非平稳趋势，使得序列平稳化后建立模型，比如使用ARIMA(差分整合移动平均自回归)模型。但是变换后的序列限制了所讨论经济问题的范围，并且有时变换后的序列由于不具有直接的经济意义，使得化为平稳序列后所建立的时间序列模型不便于解释。协整理论及其方法，为非平稳序列的建模提供了另一种途径。虽然一些经济变量本身是非平稳序列，但是它们的线性组合却有可能是平稳序列。这种平稳的线性组合被称为协整方程，且可解释为变量之间的长期稳定的均衡关系。鉴于公共交通与城市空气质量的相关关系是相当复杂的非平衡关系，也需要借鉴协整理论及其方法对此展开研究。

本章通过引入向量自回归模型和向量误差修正模型，研究分析公交分担率指标和空气质量的协整关系，以摸清两者之间的作用机理，同时回答了公共交通对于健康城市空气质量是否存在长期均衡关系这一现实问题。这对于健康城市空气质量的有效调控具有重要的应用价值，可为健康城市导向下的城市公共交通发展政策提供参考。

7.2 变量指标选取

7.2.1 健康城市空气质量指标选取

1. 空气污染物指标与空气质量指数

按照国家生态环境部门的相关标准和规范，反映空气质量的空气污染物统计指标和浓度限值如表 7.1 所示。

表 7.1 中,空气质量分指数计算方法如下,某污染物项目 P 的空气质量分指数按式(7-1)计算:

$$IAQI_P = \frac{IAQI_{Hi} - IAQI_{Lo}}{BP_{Hi} - BP_{Lo}}(C_P - BP_{Lo}) + IAQI_{Lo} \quad (7-1)$$

式中,$IAQI_P$——污染物项目 P 的空气质量分指数;

C_P——污染物项目 P 的质量浓度值;

BP_{Hi}——表 7.1 中与 C_P 相近的污染物浓度限值的高位值;

BP_{Lo}——表 7.1 中与 C_P 相近的污染物浓度限值的低位值;

$IAQI_{Hi}$——表 7.1 中与 BP_{Hi} 对应的空气质量分指数;

$IAQI_{Lo}$——表 7.1 中与 BP_{Lo} 对应的空气质量分指数。

空气质量分指数由表 7.1 中的各污染物浓度确定,根据《环境空气质量指数(AQI)技术规定(试行)》,计算公式如式(7-2):

$$AQI = \max\{IAQI_1, IAQI_2, IAQI_3, \cdots, IAQI_n\} \quad (7-2)$$

式中,$IAQI$——空气质量分指数,即式(7-1)计算结果;

n——污染物项目。

根据分析不同空气质量指数分级、颜色标识以及相关信息可知,当 AQI 大于 50 时,$IAQI$ 最大的污染物为首要污染物。若 $IAQI$ 最大的污染物为两项及以上时,则为并列首要污染物。$IAQI$ 大于 100 的污染物为超标污染物。

表 7.1 空气质量分指数及对应的污染物项目浓度限值表

空气质量分指数/IAQI	污染物项目浓度限值/($\mu g \cdot m^{-3}$)									
	SO_2 24 小时平均	SO_2 1 小时平均①	NO_2 24 小时平均	NO_2 1 小时平均①	PM_{10} 24 小时平均	CO 24 小时平均	CO 1 小时平均①	O_3 1 小时平均	O_3 8 小时平均	$PM_{2.5}$ 24 小时平均
0	0	0	0	0	0	0	0	0	0	0
50	50	150	40	100	50	2	5	160	100	35
100	150	500	80	200	150	4	10	200	160	75
150	475	650	180	700	250	14	35	300	215	115
200	800	800	280	1 200	350	24	60	400	265	150
300	1 600	(2)	565	2 340	420	36	90	800	800	250

(续表)

空气质量分指数/IAQI	SO$_2$ 24 小时平均	SO$_2$ 1 小时平均①	NO$_2$ 24 小时平均	NO$_2$ 1 小时平均①	PM$_{10}$ 24 小时平均	CO 24 小时平均	CO 1 小时平均①	O$_3$ 1 小时平均	O$_3$ 8 小时平均①	PM$_{2.5}$ 24 小时平均
	污染物项目浓度限值/(μg·m^{-3})									
400	2 100	②	750	3 090	500	48	120	1 000	③	350
500	2 620	②	940	3 840	600	60	150	1 200	③	500

注：① 二氧化硫（SO$_2$）、二氧化氮（NO$_2$）和一氧化碳（CO）的 1 小时平均浓度限值仅用于实时报，在日报中需使用相应污染物的 24 小时平均浓度限值。

② 二氧化硫（SO$_2$）1 小时平均浓度值高于 800 μg/m^3 的，不再进行其空气质量分指数计算，二氧化硫（SO$_2$）空气质量分指数按 24 小时平均浓度计算的分指数报告。

③ 臭氧（O$_3$）8 小时平均浓度值高于 800 μg/m^3 的，不再进行其空气质量分指数计算，臭氧（O$_3$）空气质量分指数按 1 小时平均浓度计算的分指数报告。

2. 健康城市空气质量指标选取

根据《全国健康城市评价指标体系（2018 版）》，健康城市的 5 个一级评价指标体系中，健康环境指标排在首位，它包括了空气质量、水质、垃圾废物处理等二级指标，而空气质量指标又具体包括了环境空气质量优良天数比例和重度及以上污染天数两个典型指标。健康城市空气质量指标如表 7.2 所示。

表 7.2 健康城市空气质量指标表

序号	指标名称	指标含义	计算公式
1	环境空气质量优良天数比例/%	全市全年空气质量指数 AQI≤100 的天数占全年天数百分比	全市全年空气质量指数 AQI≤100 的天数/全年天数×100%
2	重度及以上污染天数/天	全市全年空气质量指数 AQI>200 的天数	全市全年空气质量指数 AQI>200 的天数

从以上空气质量指标分析可以看出，既有微观层面按照小时和天为单位的具体指标，也有以年份为单位的宏观层面的指标。本书在综合考虑数据可得性和完整性等原则基础上，选取空气质量指标分别为：二氧化硫浓度年均值（mg/m^3）和环境空气质量优良天数比例（%）。这些数据可以从统计年鉴中检索得到，为后续与公交分担率指标的协整关系分析提供数据支撑。

7.2.2 公交分担率指标选取

考虑到公共交通与空气质量之间关系为较为宏观的关系，因此选取指标体系中较为全局性指标来进行具体公共交通与空气质量的协整关系分析。据此选取全方式出行公交分担率和机动化出行公交分担率两个指标考察公共交通与城市空气质量的均衡关系,空气质量指标为二氧化硫浓度平均值和环境空气质量优良天数比例。数据来源为《南京统计年鉴》(2000—2018)。

表 7.3 协整关系指标表

指标名称	类别	变量符号
全方式出行公交分担率	分担率指标	pub_total
机动化出行公交分担率	分担率指标	pub_carmob
二氧化硫浓度年均值	城市分担率指标	S
环境空气质量优良天数比例	城市分担率指标	pt_aqi

从 2000 年至 2018 年的全方式出行公交分担率、机动化出行公交分担率、二氧化硫浓度年均值、环境空气质量优良天数比例四个变量的统计数据分析可以发现,全方式出行公交分担率和二氧化硫浓度年均值时间趋势比较接近,可能存在长期均衡关系,即协整关系。同时,机动化出行公交分担率与环境空气质量优良天数比例也呈现一定的联动性,但并不显著。故下文从定量分析角度分析全方式出行公交分担率指标与空气中二氧化硫浓度年均值的协整关系和相互因果关系。

7.3 分析模型构建

VAR (Vector Autoregression)称为向量自回归模型,是在自回归模型基础上建立的。该模型由西姆斯(Sims)在 1980 年提出并由此获得 2011 年诺贝尔经济学奖。它是处理具有相关关系的多变量的分析和预测、随机扰动对系统的动态冲击的最方便方法。对于滞后 p 阶的 VAR 模型 VAR(p)的数学表达式为:

$$y_t = v + A_1 y_{t-1} + \cdots + A_p y_{t-p} + B_0 x_t + B_1 x_{t-1} + \cdots + B_s x_{t-s} + u_t, \quad t \in (-\infty, +\infty) \quad (7-3)$$

式中,y_t——$K \times 1$ 维内生变量向量;

x_t——$M \times 1$ 维外生变量向量;

v——$K \times 1$ 维参数向量;

$A_1, A_2, \cdots, A_p$——待估计 $K \times K$ 维参数矩阵;

$B_0, B_1, \cdots, B_s$——待估计 $K \times M$ 维系数矩阵；

p——滞后阶数；

t——时间序列长度；

u_t——白噪声向量，满足 $E(u_t) = 0$，$E(u_t u_t') = \Sigma$，$E(u_t u_s') = 0$ for $t \neq s$。

同时模型中等式右边只有内生变量的滞后值，不存在同期相关性问题，用普通最小二乘法（OLS）能得到 VAR 模型的有效一致估计量。

VAR 模型主要适用于分析平稳时间序列，但实际应用中，变量间常常是非平稳数据。建模时需要用数据的动态非均衡过程来逼近经济理论的长期均衡过程，可通过向量误差修正模型（Vector Error Correction Model，VECM）来进行建模分析。事实上，VECM 模型是含有协整约束的 VAR 模型，因而根据 VAR 模型可推导出向量误差修正模型表达式，可以写为：

$$\Delta y_t = \alpha y_{t-1} + \sum_{i=1}^{p-1} \Gamma_i \Delta y_{t-i} + e_t, \text{其中} \Gamma_i = -\sum_{j=i+1}^{p} A_j \quad (7-4)$$

式中，系数向量 α 反映变量间均衡关系偏离长期均衡状态时，将其调整到均衡状态的调整速度；e 是噪声项。所有解释变量差分项系数反映了各变量的短期波动对被解释变量的短期变化影响。

由上节分析可知全方式出行公交分担率和二氧化硫浓度年均值时间趋势比较接近，可能存在长期均衡关系，即协整关系。由于向量误差修正模型适合用来分析变量间的动态非平衡过程，所以选用 VECM 模型来对公共交通和健康城市空气质量协整关系和相互因果关系进行分析。

7.4 协整关系分析

7.4.1 单位根检验和平稳性处理

进行变量间协整分析的首要前提是要求时间序列数据属于平稳序列，也就是该时间序列的期望均值、方差、自协方差及自相关系数等数据特征不随时间推移而改变。按照计量经济学相关理论，如果时间序列存在单位根，则为非平稳序列，由此导致自回归系数的估计值向左偏向于 0、传统的 t 检验失效，以及可能出现伪回归（Spurious Regression）或伪相关等问题。因此，时间序列平稳性检验也就是对数据进行单位根检验，常用的方法包括 ADF（Augmented Dickey-Fuller）检验、PP（Phillips-Person）检验、DF-GLS（Dickey-Fuller Generalized Least Squares）检验、KPSS(Kwiatkowski-Phillips-Schmidt-Shin)检验。本书采用后两种方法,其中 DF-GLS 检验的 H_0 假设为"存在单位根",被称为最有功效的单位根检验方法,而 KPSS 检验的 H_0 假设为"时间序列为平稳序列"。

详细的 DF-GLS 检验结果如表 7.4 所示。如表 7.4 所示,第 1 阶到第 7 阶滞后,t 检验值均无法在 5% 水平上拒绝"存在单位根"的 H_0 假设,在 10% 水平上也无法拒绝原假设。KPSS 检验结果也显示相同结论。故认为全方式出行公交分担率指标时间序列数据存在单位根,属于非平稳数据。为此,对原始公交分担率指标进行一阶差分处理,再次进行单位根检验,结果如表 7.5 所示。由表 7.5 可以看出,t 检验值在 5% 显著水平上可以拒绝存在单位根的原假设,即认为一阶差分处理后的公交全方式分担率指标时间序列数据为平稳序列。

表 7.4 全方式出行公交分担率指标单位根检验结果表

全方式出行公交分担率 DF-GLS 检验		观测次数=10	最大阶数=7	施韦特准则选择
阶数	DF-GLS 检验统计量	临界值 1%	临界值 5%	临界值 10%
7	−0.304	−3.770	−6.020	−4.383
6	−0.815	−3.770	−4.391	−3.191
5	−2.150	−3.770	−3.438	−2.535
4	−1.703	−3.770	−3.012	−2.292
3	−1.682	−3.770	−2.965	−2.340
2	−1.239	−3.770	−3.151	−2.558
1	−1.988	−3.770	−3.421	−2.823

表 7.5 全方式出行公交分担率指标一阶差分单位根检验结果表

全方式出行公交分担率一阶差分 DF-GLS 检验		观测次数=9	最大阶数=7	施韦特准则选择
阶数	DF-GLS 检验统计量	临界值 1%	临界值 5%	临界值 10%
7	−1.132	−2.660	−1.950	−1.600
6	−1.593	−2.660	−1.950	−1.600
5	−2.141	−2.660	−1.950	−1.600
4	−1.595	−2.660	−1.950	−1.600
3	−1.639	−2.660	−1.950	−1.600
2	−1.875	−2.660	−1.950	−1.600
1	−2.567	−2.660	−1.950	−1.600

对二氧化硫浓度年均值时间序列数据进行单位根检验。首先对原始数据进行 DF-GLS 检验,结果如表 7.6 所示。由表 7.6 可知,二氧化硫浓度年均值时间序列原始数据也是非平稳序列,没有通过 5% 显著水平下的 t 检验。

表 7.6 二氧化硫浓度年均值指标单位根检验结果表

二氧化硫浓度年均值 DF-GLS 检验		观测次数=9	最大阶数=7	施韦特准则选择
阶数	DF-GLS 检验统计量	临界值1%	临界值5%	临界值10%
7	−7.568	−3.770	−6.020	−4.383
6	−2.981	−3.770	−4.391	−3.191
5	−1.055	−3.770	−3.438	−2.535
4	−1.146	−3.770	−3.012	−2.292
3	−1.657	−3.770	−2.965	−2.340
2	−2.168	−3.770	−3.151	−2.558
1	−2.045	−3.770	−3.421	−2.823

经过一阶差分处理后,通过验证,可以认为一阶差分处理后的二氧化硫浓度年均值指标的时间序列数据为平稳序列,结果见表 7.7。

表 7.7 二氧化硫浓度年均值一阶差分单位根检验结果表

二氧化硫浓度年均值一阶差分 DF-GLS 检验		观测次数=9	最大阶数=7	施韦特准则选择
阶数	DF-GLS 检验统计量	临界值1%	临界值5%	临界值10%
7	−2.143	−2.660	−1.950	−1.600
6	−0.875	−2.660	−1.950	−1.600
5	−0.523	−2.660	−1.950	−1.600
4	−1.203	−2.660	−1.950	−1.600
3	−1.814	−2.660	−1.950	−1.600
2	−1.655	−2.660	−1.950	−1.600
1	−1.559	−2.660	−1.950	−1.600

综合以上检验结果,全方式出行公交分担率与二氧化硫浓度年均值指标时间序列数据单位根检验分析如表 7.8 所示。

由以上分析可知,全方式出行公交分担率指标和二氧化硫浓度年均值指标的一阶差分后的单位根检验均为平稳序列,故该两种序列均为一阶单整 I(1),可以进一步验证两者之间是否存在协整关系。

表 7.8　单位根检验结果汇总表

指标	检验方法	检验结论
全方式出行公交分担率	DF-GLS 检验、KPSS 检验	非平稳
二氧化硫浓度年均值	DF-GLS 检验、KPSS 检验	非平稳
一阶差分处理后全方式出行公交分担率	DF-GLS 检验、KPSS 检验	平稳
一阶差分处理后二氧化硫浓度年均值	DF-GLS 检验、KPSS 检验	平稳

7.4.2　协整检验和向量误差修正模型稳定性检验

1. 协整检验

鉴于两个变量的时间序列均为一阶单整,对于二者之间的长期均衡关系应进行协整检验。主要方法有恩格尔-格兰杰两步法(Engle-Granger two-step,EG)和约翰森-朱塞利乌斯(Johansen-Juselius,JJ)检验,前者是基于模型残差的检验,可以通过最小二乘法检验其平稳性,后者是基于模型回归系数的检验。本书采用 JJ 检验,结果如表 7.9 所示。由表 7.9 可知,包含常数项的协整秩检验显示,只有一个线性无关的协整向量。而最大特征值检验(Max Statistic)也表明,可以在 5% 水平上拒绝协整秩为 0 的 H_0 假设,但无法拒绝协整秩为 1 的原假设。故全方式出行公交分担率和二氧化硫浓度年均值之间存在 1 个协整方程,二者之间存在显著的协整关系,即长期均衡关系。

表 7.9　协整秩检验结果表

最大秩	参数	LL	特征值	跟踪统计	5%临界值
0	14	95.901 713	0	25.193 6	15.41
1	17	108.090 79	0.824 71	0.815 4*	3.76
2	18	108.498 49	0.056 58		

注: * 表示所在行只有一个线性无关的协整向量。

运用最小二乘法,得到两个变量序列的协整方程回归结果见表 7.10。易知二氧化硫浓度年均值和全方式出行公交分担率的协整方程可以表示为:

$$S = -0.399\,3 \times pub\_total + 0.142\,7$$

全方式出行公交分担率对城市环境二氧化硫浓度年均值的边际效应约为 -0.40,且通过 0.01 水平下的显著性检验。从长期均衡关系来看,全方式出行公交分担率的提升对于城市空气环境中二氧化硫浓度具有负向抑制作用,从而有助于减少城市空气污染。

表 7.10 协整方程拟合回归结果表

分布	变异系数	标准差	z	概率>z	95%置信区间上界	95%置信区间下界
S	1.000 0	0		0	0	0
pub_total	0.399 3	0.124 6	3.200 0	0.001 0	0.155 1	0.643 5
常数项	−0.142 7	0		0	0	0

2. 向量误差修正模型(VECM)稳定性检验

两个变量的短期关系可以用 VECM 来分析。利用变量的时间序列数据,分析得到短期内向量误差修正模型的参数为:

$$\hat{\alpha} = (-0.761\ 7, -0.260\ 3) \quad \hat{\beta} = (1, 0.399\ 3) \quad \hat{v} = (-0.000\ 939\ 2, 0.002\ 748)$$

$$\hat{\Gamma}_1 = \begin{pmatrix} 0.369 & -0.024\ 5 \\ -0.222 & 0.298 \end{pmatrix} \quad \hat{\Gamma}_2 = \begin{pmatrix} 0.488 & -0.058\ 2 \\ -0.000\ 7 & 0.22 \end{pmatrix}$$

ΔS 的误差修正项系数是 −0.761 7,说明上年度二氧化硫浓度年均值和全方式出行公交分担率的非均衡误差对本年的二氧化硫浓度年均值增长率的负反馈效应为 0.761 7。

表 7.11 给出了 VECM 模型进行残差自相关检验结果。由表 7.11 可知,接受无自相关的原假设,进一步的残差正态性检验如表 7.12~7.14 所示,三种检验形式 Jarque-Bera test(JB 检验)、Skewness test(偏度检验)、Kurtosis test(峰度检验)均接受原假设,认为残差符合正态分布。最后 VECM 模型的稳定性检验结果如图 7-1 所示。由图 7-1 可见,除了 VECM 模型本身所假设的单位根之外,伴随矩阵的所有特征值均落在了单位圆之内。因此模型具有稳定性,可用于进一步分析。

表 7.11 残差自相关检验表

变量	卡方	自由度	Prob>卡方
1	2.661 3	4	0.616
2	4.155	4	0.385 43

0 阶自相关:无滞后

表7.12 残差正态性检验表(Jarque-Bera 检验)

方程	卡方	自由度	Prob>卡方
D_S	0.712	2	0.700 52
D_pub_total	0.945	2	0.623 46
ALL	1.657	4	0.798 55

表7.13 残差正态性检验表(偏度检验)

方程	卡方	自由度	Prob>卡方	方程
D_S	−0.529 25	0.700	1	0.402 69
D_pub_total	−0.573 14	0.821	1	0.364 82
ALL		1.521	2	0.467 32

表7.14 残差正态性检验表(峰度检验)

方程	卡方	自由度	Prob>卡方	方程
D_S	2.863 8	0.012	1	0.914 24
D_pub_total	2.555 1	0.124	1	0.725 05
ALL		0.135	2	0.934 58

H_0：VECM 中的扰动呈现正态分布

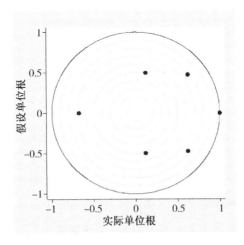

图 7-1 VECM 系统稳定性的判别图

7.4.3 格兰杰因果检验

经济学中常需确定因果关系是从 x 到 y,还是从 y 到 x,抑或是双向因果关系。格兰杰(Granger)提出一种检验方法,即原因必然发生于结果之前,原因包含有关结果的独特信息,对结果具有解释力或预测力。如果 x 是 y 的因,但 y 不是 x 的因,则 x 的过去值可用来预测 y,但是 y 的过去值不能用来预测 x。事实上,这种因果关系并非真正意义上的因果,可以认为是一种动态相关关系,表示的是一个变量是否对另一个变量有预测能力。

本节中对于格兰杰因果的分析结果如表 7.15 所示。由表 7.15 可知,以二氧化硫浓度年均值为被解释变量的方程中,全方式出行公交分担率的卡方统计量为 8.079 9,通过 5%水平下的显著性检验,可以认为全方式出行公交分担率是二氧化硫浓度年均值的格兰杰原因。反之,以全方式出行公交分担率为被解释变量的方程中,二氧化硫浓度年均值联合显著性并未通过检验,故认为二氧化硫浓度年均值不是全方式出行公交分担率的格兰杰原因。

表 7.15 格兰杰因果判断结果表

方程	不包括在内	卡方	自由度	Prob>卡方
S	pub_total	8.079 9	2	0.018
pub_total	S	1.897 7	2	0.387

7.4.4 脉冲响应函数和方差分解

脉冲响应函数可以具体验证各个变量系列之间的关系以及影响进程,即衡量来自某个内生变量的随机扰动项的一个标准差的冲击对 VAR 模型中其他内生变量当前值和未来值的影响。前文已经验证了向量误差修正模型的可靠性,接下来可以对其脉冲响应函数和预测方程分解特征进行分析。虽然来自平稳 VAR 的脉冲响应函数(IRF)会随着时间的推移而消失,但是来自一阶协整向量的脉冲响应函数并不总是会消失。因为平稳 VAR 中的每个变量都有一个时不变的均值和一个有限的时不变的方差,所以冲击对这些变量中的任何一个的影响都必须消除,这样变量才能恢复到它的均值。相比之下,在一阶协整向量模型中建模的 I(1) 变量并不是均值回归,而伴随矩阵中的单位模量意味着某些冲击的影响不会随着时间的推移而消失。随着时间的推移,当影响逐渐消失时,冲击被称为是暂时的;当这种效应没有减弱时,冲击就被认为是永久性的。

1. 脉冲响应函数分析

如图7-2所示为正交化的脉冲效应图。图中横坐标代表响应函数的追踪期,本书中设为20期,纵坐标为因变量对自变量的响应程度。图(a)为全方式出行公交分担率对二氧化硫浓度年均值的脉冲响应路径。显然,全方式出行公交分担率正交冲击的增加对二氧化硫浓度年均值产生负向响应,在第3年达到最大响应值,第8年达到最小响应值,并在第12年开始呈现稳定的负向影响。尽管从短期来看全方式出行公交分担率对二氧化硫浓度年均值的冲击响应波动幅度较大,但从长期来说,二者之间存在稳定均衡关系,进一步验证了前文协整方程检验结果。其政策启示在于,公共交通能够对城市空气二氧化硫浓度起到抑制作用,在健康城市空气污染治理过程中应对公共交通采取长期稳定政策,建立公交优先发展的长效机制。

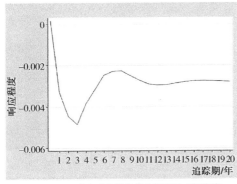

(a) 全方式出行公交分担率对二氧化硫浓度年均值的脉冲响应路径

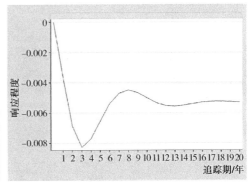

(b) 二氧化硫浓度年均值对全方式出行公交分担率的脉冲响应路径

图7-2 正交化脉冲响应图

图(b)为二氧化硫浓度年均值对全方式出行公交分担率的脉冲响应路径。可见,二氧化硫浓度年均值对全方式出行公交分担率表现出类似的特征,但冲击影响幅度明显减小,这可能与格兰杰因果关系不成立有关。此外,公共交通本身也会产生空气污染,只是相对于私家车来说其对空气污染程度较小。因而鉴于二氧化硫浓度年均值对全方式出行公交分担率的长期均衡负向影响的计量关系,在政策上应注意在深入推进公交优先战略的同时,也要注重将公共交通分担率提升与促进公交车辆节能减排有机结合起来,科学有效地减少公交车辆尾气污染物的排放。

2. 预测误差方差分解图

VECM模型中所有变量对预测误差方差的贡献比例之和为1,因而通过对预测误差方差的贡献比例分析也可用来度量某个变量正交化冲击对因变量的影响程度,方差分解如图7-3所示。由图(d)可知,二氧化硫浓度年均值预测方差在第1年完全来自其自身,但向后推测10年的预测方差仅有约20%来源于自身。图(b)表示全方式出行公交分担率对二氧化硫浓度年均值预测方差的贡献,可以看出随着预测周期的增加,全方式出行公交分担率对二氧化硫浓度年均值预测方差贡献达到80%,这意味着从长期来看二氧化硫浓度年均值变化主要受公交分担率影响,其自身影响较小。由图(a)(c)可知,无论从长期还是短期来看,全方式出行公交分担率的预测方差均来自其自身,受二氧化硫浓度年均值影响较小。这与二氧化硫浓度年均值不是全方式出行公交分担率的格兰杰原因的结论相一致。

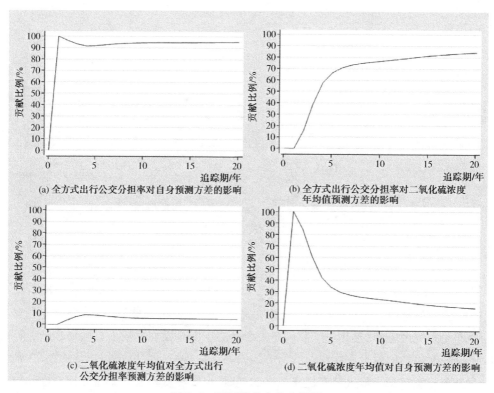

图7-3 预测误差方差分解图

7.5 本章小结

通过建立向量误差修正模型，本章分析了全方式出行公交分担率与空气质量指标二氧化硫浓度年均值的协整关系，并以南京市为例进行了应用研究。相较以往研究方法，本章引入计量经济学方法，基于历年公共交通和空气质量相关指标统计数据，运用统计学及数学分析模型对研究对象进行定量化分析，能更全面真实地反映研究对象间的长期均衡关系和因果关系，为政策制定提供更有力的依据。具体研究结论如下：

（1）选取二氧化硫浓度年均值和环境空气质量优良天数比例作为空气质量指标，选取全方式出行公交分担率和机动化出行公交分担率作为公共交通指标。通过四个指标间的联动关系分析，最终确定全方式出行公交分担率与二氧化硫浓度年均值两个指标对公共交通与城市空气质量二者的协整关系和因果关系进行定量分析。

（2）分析了向量自回归模型，因其主要适用于分析平稳时间序列，但实际应用中，变量间常常是非平稳数据，建模时需要用数据的动态非均衡过程来逼近经济理论的长期均衡过程。本章根据 VAR 模型推导构建了向量误差修正模型 VECM 来进行公共交通与城市空气质量协整关系分析。

（3）对全方式出行公交分担率和二氧化硫浓度年均值两个指标进行时间序列平稳性检验，发现均存在单位根，属于非平稳数据。对两指标进行一阶差分处理后，其单位根检验均为平稳序列，表明可以进一步验证两者之间的协整关系。

（4）对全方式出行公交分担率和二氧化硫浓度年均值进行协整检验，结果表明二者之间存在显著协整关系，即长期均衡关系。全方式出行公交分担率对城市环境二氧化硫浓度年均值具有显著的边际效应（约为 -0.40）。从长期均衡关系来看，全方式出行公交分担率的提升对于城市空气环境中二氧化硫浓度具有负向抑制作用，从而有助于减少城市空气污染。

（5）对所构建的 VECM 模型进行稳定性检验，结果表明所建模型具有良好的稳定性，在此基础上进一步对两个指标进行格兰杰因果检验和脉冲响应函数和方差分解。结果表明：全方式出行公交分担率是二氧化硫浓度年均值的格兰杰原因，但二氧化硫浓度年均值并不是全方式出行公交分担率的格兰杰原因。也就是说，公共交通能够对城市空气二氧化硫浓度起到抑制作用，在健康城市空气污染治理过程中应对公共交通采取长期稳定政策，建立公交优先发展的长效机制。同时也要注重将公共交通分担率提升与促进公交车辆节能减排有机结合起来，科学有效地减少公交车辆尾气污染物的排放。

第八章 公共交通对健康城市服务公平性影响研究

8.1 研究方法选取

对于健康城市来说,公平性是一个比贫困更广泛的概念。贫困主要是针对某个贫困线以下的人口,而公平性则针对整个人口范围。经济学中,通常运用基尼(Gini)系数、泰尔系数和变异系数等指标来量化城市收入公平性,公平性衡量指标通常是根据支出以外的分配来计算的,这些指标主要考虑的是人均收入的影响。而公共交通对健康城市服务公平性的影响也可以选用人均收入指标来考量,因此,将这种公平性概念引入城市公共交通对健康城市服务公平性影响研究中。

本书借鉴既有研究成果,设计城市公共服务的加权基尼系数,在此基础上构建多元回归计量模型,分析公共交通分担率指标与城市医疗公共服务公平性之间的相关性和数量变化规律,为健康城市社会公平性建设目标实现提供理论基础和政策依据。本章重在考察公交分担率与医疗公共服务影响评价的方法构建和验证,研究方法可以用于除了医疗公共服务以外的教育资源、体育活动场地、公园绿地等服务公平性研究。需要指出的是,本书中所讨论的公平性是指健康城市的医疗服务资源的公平性,不是公共交通本身的公平性。

8.2 变量确定与数据获取

8.2.1 变量指标确定

1. 健康城市公共服务指标

健康城市的核心是人类健康的提升,而一个城市医疗公共服务则是对城市居民健康水平的重要保障,其公平性直接反映健康城市居民对于医疗公共资源获取的平等性,包括获取医疗资源的成本、机会等的平等性,这也被称为横向公平性

(Horizontal Equity or Fairness/Egalitarianism)。综合考虑世界卫生组织和爱卫办等关于健康城市的科学定义，根据《全国健康城市评价指标体系(2018版)》中提出的城市健康评价指标来设置和选取健康城市公共服务指标，其中对于公共卫生服务资源指标包括每万人口全科医生数、每万人口拥有公共卫生人员数、每千人口医疗卫生机构床位数、提供中医药服务的基层医疗卫生机构占比、卫生健康支出占财政支出的比重等5个指标。结合数据可得性、可比性和科学性等原则，选用城市每万人口拥有公共卫生人员数作为健康城市公共医疗资源水平代理指标，将其与人口和人均GDP数据相结合，可以计算不同年份的健康城市公共医疗水平基尼系数。

事实上，健康城市公共服务还有很多其他方面的公共服务，包括教育资源、体育活动场地、公园绿地等，本章重在考察公交分担率与公共服务影响评价的方法构建和验证，故并没有进一步分析这些公共服务资源的加权基尼系数。此外，需要指出的是，本书中所讨论的公平性是指健康城市的医疗服务资源的公平性，并不是公共交通本身的公平性。医疗资源更应该从平均分布的角度来分析，也就是横向公平性，而不是仅仅考虑某个群体的权利，同时，作为公共交通自身来说，采用纵向公平性是合理的。

2. 解释变量指标

公交分担率是公共交通对健康城市的服务公平性影响的重要指标，属于公共交通系统服务效果层面的指标，即公共交通吸引力。本书选取前文设定的10个指标。对于协变量指标，考虑到经济因素仍是影响医疗服务需求的重要因素，实际采用人均GDP作为城市经济发展水平的代理指标。

8.2.2 数据获取

本书以南京市公共交通和城市医疗公共服务为研究对象。根据中国社会科学院发布的《城市蓝皮书：中国城市发展报告No.11》，南京城市健康发展指数综合排名居全国第九位，江苏省第一位，故以南京作为健康城市样本具有较好的代表性。公共交通分担率指标的统计数据来源于《南京市交通年报》(2001—2017)，所涉及的城市医疗技术人员的样本数据来源于《南京统计年鉴》(2001—2017)，其中人均GDP数值统一换算成2000年可比价，以消除价格因素影响，满足不同历史数据对比需求。为消除异方差影响，同时便于拟合系数比较和结果分析，对样本原始数据采用Z-Score标准化方法进行了标准化和无量纲化处理。计算公式为：$x'=(x-x_{\mathrm{mean}})/d$。其中，$x'$为标准化之后的数据，$x$为原始数据，$x_{\mathrm{mean}}$为样本均值，$d$ 为原始数据标准差。

8.3 健康城市公共服务公平性评价方法研究

8.3.1 洛伦兹曲线和基尼系数

1. 洛伦兹曲线和基尼系数

假如要研究某群体内部收入分配的公平性问题，首先要刻画该群体内部收入分配的洛伦兹(Lorenz)曲线。假设群体内部共有 n 个人，每人的收入分别为 x_1，x_2，…，x_n，然后将 n 个人的收入按照从小到大的顺序进行升序排序，得到 x'_1，x'_2，…，x'_n，在此基础上，构造坐标 $(h/n, L_h/L_n)$，其中 $h=0,1,…,n$；$L_0=0$；$L_h = \sum_{i=0}^{h} x'_i$。将这些坐标点绘制在平面直角坐标系中并依次相连，所得到的曲线就是 Lorenz 曲线[图 8-1(a)]，图中的 45 度等分线代表了收入的完全平等。图 8-1(b)是以 $n=10$ 为例作出的基尼系数洛伦兹曲线。

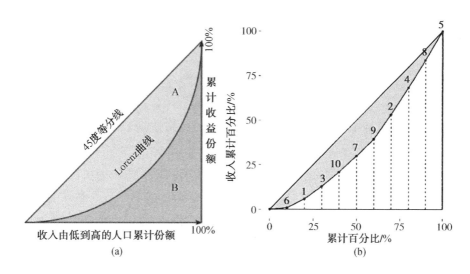

图 8-1 Gini 系数示意图

Gini 系数是研究经济分布不平等程度(或者说公平性)的一个重要指标，在经济学中，它常用来衡量一个国家的财富或收入分配与完全平等的分配差距有多大，它的计算可以通过 Lorenz 曲线来实现。图 8-1(b)中弧形阴影部分的面积占整个下三角区域面积的比例即为 Gini 系数。计算过程为：对 Lorenz 曲线上每个点向下引一条垂线,将 Lorenz 曲线与 x 轴围成的区域划分成很多个梯形区域(其中第一个区域为三角形区域),则可以对这些区域的面积进行计算。设 Lorenz 曲线上的任意一点为 (X_i, Y_i)(这里 $i=0,1,\cdots,n$;$X_0=0$;$Y_0=0$),那么该点与前一个点形成的梯形区域的面积为 $(X_i - X_{i-1})(Y_i + Y_{i-1})/2$,整个面积为 $\sum_{i=1}^{n}(X_i - X_{i-1})(Y_i + Y_{i-1})/2$。由于下三角区域的面积为 $1/2$,则得到 Gini 系数的计算公式如下:

$$Gini = 1 - \sum_{i=1}^{n}(X_i - X_{i-1})(Y_i + Y_{i-1}) \tag{8-1}$$

此外,在某些情况下也可以不使用洛伦兹曲线来计算基尼系数。其计算公式变为:

$$Gini = \frac{1}{n}\left[n + 1 - \frac{2\sum_{i=1}^{n}(n+1-i)y_i}{\sum_{i=1}^{n}y_i}\right] \tag{8-2}$$

式中,y_i——某人或某个家庭的财富值,是非递减序列。

显然,基尼系数最大值为 1,最小值为 0。基尼系数越接近 0 表明收入分配越是趋向平等。按照国际惯例,把 0.2 以下视为收入绝对平均;0.2~0.3 视为收入比较平均;0.3~0.4 视为收入相对合理;0.4~0.5 视为收入差距较大;当基尼系数达到 0.5 以上时,表示收入悬殊,也就是公平性(均等性)越差。

2. 加权 Gini 系数

在实际情况中,往往只知道一个团体总的收入状况和团体的人口数,而不知道团体内部每个人的收入状况,这就需要使用加权基尼系数。在分析所有团体的收入分配公平性问题时,假设在每个团体内部收入分配是完全公平的(即按人口平均分配)。由前文所述可知,对于给定数组 $(x_1, x_2, \cdots, x_n)$,可以生成一批 Lorenz 曲线上的坐标点 (X_i, Y_i) $(i=0,1,\cdots,n, X_0=0, Y_0=0)$。因此 Lorenz 曲线上的坐标点与原始数据存在一定的函数关系,假设其函数关系为 $(F(x), L(x))$,对于任意数据 x_i,其对应的 Lorenz 曲线上的坐标为 $(F(x_i), L(x_i))$。其中,$F(x)$ 是 x 的累积经验分布函数,$L(x)$ 则为将 x 进行从小到大排序后依次累加所得到的值,将对应点上的坐标提取出来就可以得到这样一个三元组 $(x, F(x), L(x))$。$F(x)$ 和 $L(x)$ 存在如下函数关系:

$$\begin{cases} F(x) = \int_0^x \mathrm{d}F(x) \\ L(x) = \int_0^x t\,\mathrm{d}F(t) / \int_0^{+\infty} t\,\mathrm{d}F(t) \end{cases} \tag{8-3}$$

其中，$F(0)=0$。$L(x)$ 实际上就是不大于 x 那部分数据加权与占所有数据加权和的比例，$\mathrm{d}F(x)$ 是权重。根据 Lorenz 曲线来确定函数 $F(x)$ 和 $L(x)$。设第 i 个团体总收入为 z_i，其人口数为 w_i，人均收入 $x_i = z_i/w_i$。为计算 $F(x)$，将 x_i 按照从小到大的顺序进行排序，得到 $x'_1, x'_2, \cdots, x'_n$，并且令 $x'_0 = 0$，$F(x'_0) = 0$ 和 $L(x'_0) = 0$，从而得到 z_i 和 w_i 的排序值 z'_i 和 w'_i。于是得出

$$\begin{cases} F(x'_h) = \sum_{i=0}^h w'_i / \sum_{i=0}^n w'_i, \\ L(x'_h) = \sum_{i=0}^h w'_i x'_i / \sum_{i=0}^n w'_i x'_i = \sum_{i=0}^h z'_i / \sum_{i=0}^n z'_i \end{cases}, h = 0, 1, \cdots, n.$$

对于 Lorenz 曲线的未知情况，可以采用式(8-4)来计算加权基尼系数

$$Gw = \frac{\sum_{i=1}^m \sum_{k=1}^m n_i n_k \mid y_i - y_k \mid}{2\bar{y}_w} \tag{8-4}$$

式中，n_i——第 i 个区域的人口权重，$n_i = N_i/N$；

y_i——第 i 个区域的平均收入；

$\bar{y}_w$——加权平均收入，$\bar{y}_w = n_1 y_1 + \cdots + n_m y_m$。

8.3.2 莫兰指数

在部分研究中，学者也提出采用莫兰指数（Moran's I）来评价公共交通的空间平等性。莫兰指数分为全局（I）和局部（I_i）两类，其计算公式分别如式(8-5)和式(8-6)：

$$I = \frac{N}{\sum_i \sum_{j \neq i} w_{ij}} \frac{\sum_i \sum_{j \neq i} w_{ij}(x_i - \bar{x})(x_j - \bar{x})}{\sum_i (x_i - \bar{x})^2} \tag{8-5}$$

$$I_i = \frac{x_i - \bar{X}}{S_i^2} \sum_{j=1}^n w_{ij}(x_j - \bar{X}), \text{其中} S_i^2 = \frac{\sum_{j=1}^n (x_j - \bar{X})^2}{n-1} \tag{8-6}$$

式中，x_i——空间单元 i 的变量值；

$\bar{X}$——所有空间单元的变量均值；

w_{ij}——单元空间关系的空间权重矩阵中空间单元 i 和 j 之间的影响程度，空间权重矩阵一般形式为 0-1 矩阵或者距离矩阵；

N——空间单元总数。

I 的数值范围为 $[-1, 1]$，若其值大于 0，则区域 i 的高值（低值）被周围的高值（低值）所包围；若 I 小于 0，则区域 i 的高值（低值）被周围的低值（高值）所包围。如果相邻要素的值都大于或者都小于均值，则分子将为正，表示正自相关。如果一个要素值小于均值而另一个要素值大于均值，则分子将为负，表示负自相关。在所有情况下，与均值的偏差越大，结果就越大。如果数据集中的值倾向于在空间上发生聚类（高值聚集在其他高值附近，低值聚集在其他低值附近），则莫兰指数将为正。如果高值排斥其他高值，而倾向于靠近低值，则莫兰指数将为负。将此应用于解释城市公共服务公平性，莫兰指数越大则代表公共服务的空间异质性、公平性越差；反之则代表随机性强，也就是呈现公平性。

8.3.3 多元线性回归分析方法

1. 普通线性模型（OLS 模型）

该模型的表达式一般可以写成：

$$Y = X\beta + \varepsilon \tag{8-7}$$

其中，响应变量 $Y = (y_1, y_2, \cdots, y_n)^T$，自变量 $X = (X^{(1)}, X^{(2)}, \cdots, X^{(d)})$，对于每一个 $X^{(j)}$，有 $X^{(j)} = (x_1^{(j)}, x_2^{(j)}, \cdots, x_n^{(j)})^T$。假设每个 $x_i^{(j)}$（$i = 1, 2, \cdots, n$；$j = 1, 2, \cdots, d$）均已标准化，随机误差项 $\varepsilon_i \sim N(0, \sigma^2)$（$i = 1, 2, \cdots, n$），$\varepsilon = (\varepsilon_1, \varepsilon_2, \cdots, \varepsilon_n)^T$，回归系数 $\beta = (\beta_1, \beta_2, \cdots, \beta_d)^T$。当 X 为列满秩设计矩阵时，回归系数 β 可由普通最小二乘估计（OLS）方法求得：

$$\hat{\beta}_{\text{OLS}} = \arg\min_{\beta \in \mathbf{R}^d} \|Y - X\beta\|^2 = (X^T X)^{-1} X^T Y \tag{8-8}$$

当设计矩阵 X 不满足列满秩时，将不能采用普通最小二乘法来求解回归系数 β，此时引入惩罚方法，可同时满足变量选择和参数估计要求。在参数估计时，通过将部分参数压缩为 0 以达到变量选择的目的。惩罚方法是取惩罚似然函数最小时的值作为回归系数的估计值，即：

$$\hat{\beta} = \arg\min_{\beta \in \mathbf{R}^d} [\|Y - X\beta\|^2 + P_\lambda(\beta)] \tag{8-9}$$

其中，$\mathbf{R}^d$ 为多维度实数域，惩罚项 $P_\lambda(\beta) = \lambda \sum_{j=1}^{d} |\beta_j|^m$，$m \geq 0$，$\lambda$ 为调节参

数(也可以为向量)。当 $m=1$ 时即为 L_1 惩罚项(也就是" L_1 penalty");当 $m=2$ 时变为 L_2 惩罚项(也就是" L_2 penalty")。

2. LASSO 方法

LASSO 方法是 1996 年由 Robert Tibshirani 首次提出的,全称 "Least Absolute Shrinkage and Selection Operator"。该方法是在普通线性模型中增加 L_1 惩罚项,对于普通线性模型的 Lasso 估计为:

$$\hat{\boldsymbol{\beta}}_{\text{Lasso}} = \arg\min_{\boldsymbol{\beta} \in \mathbf{R}^d} \|\boldsymbol{Y} - \boldsymbol{X}\boldsymbol{\beta}\|^2 \quad \text{s.t.} \sum_{j=1}^{d} |\beta_j| \leqslant t, t \geqslant 0 \quad (8\text{-}10)$$

等价于:

$$\hat{\boldsymbol{\beta}}_{\text{Lasso}} = \arg\min_{\boldsymbol{\beta} \in \mathbf{R}^d} (\|\boldsymbol{Y} - \boldsymbol{X}\boldsymbol{\beta}\|^2 + \lambda \sum_{j=1}^{d} |\beta_j|) \quad (8\text{-}11)$$

式中 t 与 λ 相对应,是一个决定规则化程度的预定的自由参数,为调节系数。令 $t_0 = \sum_{j=1}^{d} |\hat{\beta}_j(\text{OLS})|$,当 $t < t_0$ 时,一部分系数就会被压缩至 0,从而降低 $\boldsymbol{X}$ 的维度,达到减小模型复杂度的目的。

3. 岭回归(Ridge Regression)

当协变量 $\boldsymbol{X}^{(j)}$ 间相互独立时,采用普通最小二乘法估计参数 $\boldsymbol{\beta}$ 具有很好的性质,$\hat{\boldsymbol{\beta}}_{\text{OLS}}$ 为无偏估计,即 $E(\hat{\boldsymbol{\beta}}_{\text{OLS}}) = \boldsymbol{\beta}$,且在所有的无偏估计 $\hat{\boldsymbol{\beta}}_{\text{OLS}}$ 中具有最小方差。然而,当协变量维度增加时,$\boldsymbol{X}^{(j)}$ 间难免会存在相关关系或者说共线性关系,此时设计矩阵 $\boldsymbol{X}$ 将不再满足列满秩(称为"病态")。当 $\boldsymbol{X}$ 呈现"病态"时,$\boldsymbol{X}^{\text{T}}\boldsymbol{X}$ 接近奇异,尽管 $\hat{\boldsymbol{\beta}}_{\text{OLS}}$ 仍然具有最小方差,但 $\hat{\boldsymbol{\beta}}_{\text{OLS}}$ 很大,导致模型稳定性比较差。为此,众多学者提出了不同的改进方法,用得较为广泛的是 Ridge 方法,也称为"岭回归"。Ridge 方法中对于 $\boldsymbol{\beta}$ 的估计公式为:

$$\hat{\boldsymbol{\beta}}_{\text{Ridge}} = \arg\min_{\boldsymbol{\beta} \in \mathbf{R}^d} \|\boldsymbol{Y} - \boldsymbol{X}\boldsymbol{\beta}\|^2 \quad \text{s.t.} \sum_{j=1}^{d} |\beta_j|^2 \leqslant t, t \geqslant 0 \quad (8\text{-}12)$$

也可以写成:

$$\hat{\boldsymbol{\beta}}_{\text{Ridge}} = \arg\min_{\boldsymbol{\beta} \in \mathbf{R}^d} (\|\boldsymbol{Y} - \boldsymbol{X}\boldsymbol{\beta}\|^2 + \lambda \sum_{j=1}^{d} |\beta_j|^2) = \frac{1}{1+\gamma} \hat{\boldsymbol{\beta}}_{\text{OLS}} \quad (8\text{-}13)$$

式中参数含义同 LASSO 回归模型解释,γ 由 λ 或 t 决定。

可以看出岭回归方法估计的 $\hat{\boldsymbol{\beta}}_{\text{Ridge}}$ 是 $\boldsymbol{\beta}$ 的有偏估计,即 $E(\hat{\boldsymbol{\beta}}_{\text{Ridge}}) \neq \boldsymbol{\beta}$,且岭回归估计结果是将 OLS 估计以相同比例进行了压缩。岭回归和 LASSO 回归方法最大的区别在于后者采用的是 L_1 penalty,岭回归是 L_2 penalty。以二维数据

空间为例，图 8-2(a)对应于 LASSO 方法，图(b)对应于岭回归。

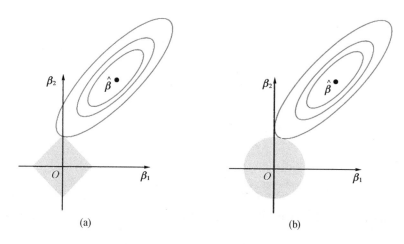

图 8-2 LASSO 方法和岭回归差异图

图 8-2 中椭圆代表随着 λ 变化的残差平方和函数等高线，$\hat{\beta}$ 是椭圆中心点，对应线性模型最优解。图 8-2(a)(b)两个图的区别在于约束域 $|\beta_1|+|\beta_2|\leqslant t$，$\beta_1^2+\beta_2^2\leqslant t^2$，分别对应图中实心色块区域。等高线和约束域的切点就是目标函数的最优解，岭回归方法对应的约束域是圆，其切点只会存在于圆周上，不会与坐标轴相切，在任一维度上的取值都不为 0，故没有稀疏；对于 LASSO 方法，其约束域是正方形，会存在与坐标轴的切点，使得部分维度特征权重为 0，因此很容易产生稀疏的结果，将不显著的变量系数压缩至 0 以达到变量选择的目的。Ridge 方法虽然也对原本的系数进行了一定程度的压缩，但是任一系数都不会压缩至 0，最终模型保留了所有的变量。

4. 弹性网(Elastic Net)方法

Zou 等于 2005 年提出弹性网络算法，它是一种同时使用 L_1 penalty 和 L_2 penalty 为先验正则项的线性回归模型。它的计算公式为：

$$\hat{\beta}_{\text{elastic}}=\arg\min_{\beta\in \mathbf{R}^d}(\|Y-X\beta\|^2+\lambda\, P_\alpha(\beta)) \tag{8-14}$$

式中，$P_\alpha(\beta)=\dfrac{1-\alpha}{2}\|\beta\|_2+\alpha\|\beta\|_1$，$\|\beta\|_1=\lambda\sum_{j=1}^{d}|\beta_j|$，$\|\beta\|_2=\lambda\sum_{j=1}^{d}|\beta_j|^2$，其余参数含义同上。易知，当 $\alpha=1$ 或者 $\alpha=0$ 时，弹性网络模型可以分别简化成 LASSO 模型和 Ridge 模型，也就是说，后两者是弹性网络模型的特例。图 8-3 列

出了三种模型拟合函数之间的差异性。

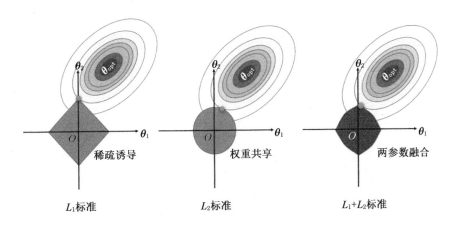

图 8-3　LASSO、Ridge 和 Elastic Net 回归拟合损失函数变化差异图

图片来源：https://towardsdatascience.com/regression-analysis-lasso-ridge-and-elastic-net-9e65dc61d6d3

8.3.4　公平性评价方法

对于健康城市来说，公平性（或者说均等化）是一个比贫困更广泛的概念。公平性是对整个人口范围而言的，而贫困主要是针对某个贫困线以下的人口。公平性衡量标准通常是根据支出以外的分配来计算的，例如收入、土地、资产、纳税等连续变量。在经济学中，通常运用基尼系数、泰尔系数和变异系数等指标来量化城市收入公平性，这些指标主要考虑人均收入的影响，将这种公平性概念引入城市公共交通对健康城市医疗服务公平性评价也具有适应性。

借鉴加权基尼系数指标公式来构造适合健康城市公共服务公平性评价的方法，方法分为两类，即以人口和 GDP 为权重的加权基尼系数。通过替换公式(8-4)中的对应参数，从而计算得出两种形式的加权基尼系数具体数值。

对应参数如下：

$n_i = N_i/N$ 表示南京市第 i 个区域的人口权重（或者人均 GDP 权重）；

y_i 表示第 i 个区域的公共服务水平指标（采用医疗公共服务指标，也可以依据研究目标确定相应指标）；

$\bar{y}_w = n_1 y_1 + \cdots + n_m y_m$ 表示城市公共服务加权平均水平。

8.4　公共交通对健康城市服务公平性影响评价与分析

8.4.1　公平性评价

1. 加权基尼系数方法

利用前述城市公共服务公平性评价方法和统计数据,得到基于人口和经济水平的加权基尼系数,计算结果如图 8-4 所示。由图 8-4 可知,两种加权基尼系数在 2004 年之后基本趋于一致,围绕在 0.35～0.40 之间波动,说明南京城市公共资源的公平性处于基本合理区间[0.3,0.4],但从趋势线来看,呈现逐年增加态势,医疗公共服务资源分配不公平现象有可能进一步显现。

2. 莫兰指数方法

将反向欧氏距离作为权重矩阵构建方法,利用 ArcGIS 软件计算得出全局莫兰指数和局部莫兰指数分布,如表 8.1、图 8-5 和图 8-6 所示。从全局莫兰指数来看,其数值为正且呈逐年增加趋势,在 0.05 和 0.1 显著水平上分别通过显著性检验。这与基尼系数表现出同样的启示,即南京市医疗公共服务的公平性呈下降趋势。莫兰指数为正,说明全市医疗资源表现为正自相关,即医疗水平的高值区域

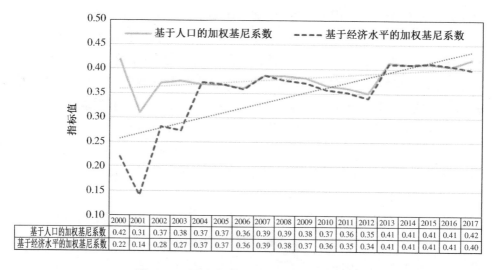

图 8-4　两种加权基尼系数时间序列结果图

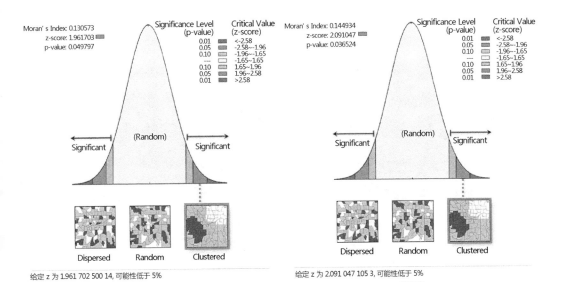

2002

2008

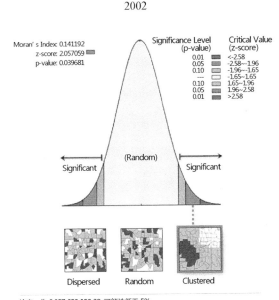

2012

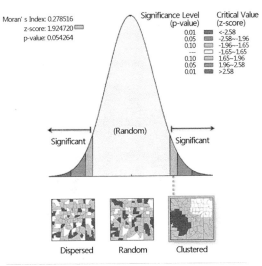

2016

图 8-5 莫兰指数值和区间分类图

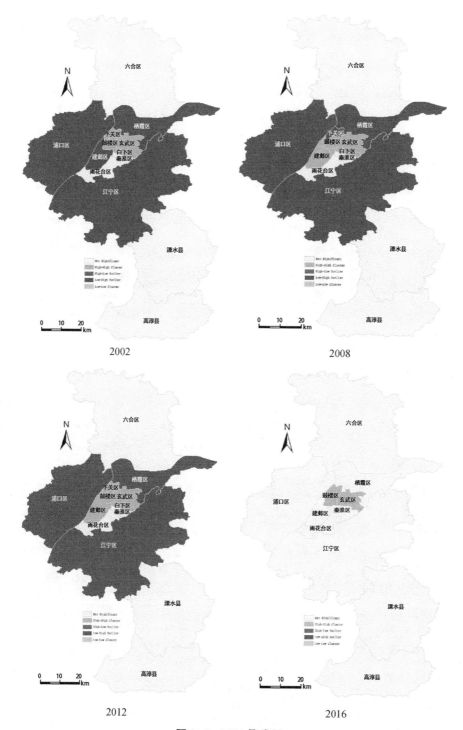

图 8-6 LISA 聚类图

与高值区域相邻,医疗资源逐渐向部分区域集聚,特别是在鼓楼区和玄武区等城市中心区域集中分布。空间联系的局部指标(LISA)图显示了局部莫兰指数的转移变化过程(图 8-6)。

表 8.1 全局莫兰指数表

参数	2002 年	2008 年	2012 年	2016 年
莫兰指数	0.130 6	0.144 9	0.141 2	0.278 5
Z 分数	1.961 7	2.091 0	2.057 1	1.924 7
p 值	0.049 8	0.036 5	0.039 7	0.054 3

8.4.2 多元回归模型选择

对于多元回归分析,一般可以按照以下步骤来选择和确定合适的模型形式和进入模型的变量:

首先确定进入待考察的解释变量和被解释变量,进行普通最小二乘法回归分析,回归分析主要用以诊断变量共线性和异方差检验。如果满足最小二乘法模型的假设条件,则可以直接使用 OLS 模型结果进行后续研究和分析。

当自变量之间存在很强共线性,则可以采用岭回归、LASSO 回归或弹性网回归方法。模型选择标准包括 R^2、Adjusted R^2、AIC(Akaike Information Criterion,赤池信息准则)、BIC(Bayesian Information Criterion,贝叶斯信息准则)等,其基本思想是通过将分析模型与所有可能模型进行对比,并按照一定标准做出最终选择。

1. 基于逐步筛选策略的普通线性回归分析

在多元回归中,被解释变量常受到很多因素(共同)影响,如何根据研究目标选择合适的被解释变量进入回归模型是首先需要考虑的问题。如果引入的解释变量较少,回归模型将不能对被解释变量变化规律做出较好的解释,但解释变量个数也并非越多越好,解释变量过多可能引起变量间多重共线性问题,造成参数估计结果非有效、方差增大等问题。采用逐步筛选策略(Stepwise Strategy)对回归模型的解释变量进行筛选,计算结果如表 8.2 所示。模型的调整判定系数(Adjusted R^2)为 0.926,进入回归模型的变量解释能力较强。从回归系数来看,变量都通过 0.01 水平的显著性检验,其中影响最大的是交通走廊公交分担率,其系数为正,说明对于公共服务基尼系数具有正反馈作用。在负向指标中,影响最大的公交指标为机动化出行公交分担率,为-4.310 6,也就是说提升该指标有助于减小城市医疗服务加权系数,提升公共服务的公平性。

然而，以上回归结果的可靠性还需要从变量共线性、残差独立性和异方差等方面进行回归后检验分析。

表 8.2　最小二乘法回归分析结果表

变量	系数	标准差	t	$p>t$	95%置信区间上界	95%置信区间下界
z_pub_green	1.354 2	0.298 0	4.540 0	0.001 0	0.680 1	2.028 2
z_pub_total	4.024 2	0.788 0	5.110 0	0.001 0	2.241 7	5.806 7
z_pub_peak	−0.388 5	0.164 7	−2.360 0	0.043 0	−0.761 0	−0.016 0
z_pub_mec	−2.717 5	0.559 5	−4.860 0	0.001 0	−3.983 0	−1.451 9
z_pub_carmob	−4.310 6	1.300 3	−3.320 0	0.009 0	−7.252 0	−1.369 2
z_pub_corr	6.188 5	1.871 3	3.310 0	0.009 0	1.955 3	10.421 8
z_pub_lin	0.507 9	0.249 6	2.040 0	0.072 0	−0.056 7	1.072 4
Adjusted R^2	0.926 0					

注：变量前字母 z 代表标准化后变量。

表 8.3　样本数据描述统计表

指标	变量名称	备注
指标 1	Gini_pop	人口加权 Gini 系数(指标 1)
指标 2	gdpper	人均 GDP(万元)(指标 2)
指标 3	pub_peak	中心城区高峰小时公交分担率(指标 3)
指标 4	pub_hub	重要交通枢纽公交分担率(指标 4)
指标 5	pub_carmob	机动化出行公交分担率(指标 5)
指标 6	pub_corr	交通走廊公交分担率(指标 6)
指标 7	pub_lin	低收入及特殊人群公交分担率(指标 7)
指标 8	pub_core	高峰时段进入核心区公交分担率(指标 8)
指标 9	pub_green	绿色交通出行分担率(指标 9)
指标 10	pub_com	通勤交通公交分担率(指标 10)
指标 11	pub_total	全方式出行公交分担率(指标 11)
指标 12	pub_incv	交通不便地区公交分担率(指标 12)

(1) 变量共线性检验。采用 VIF(方差膨胀因子)来判断自变量间是否存在共线性问题。一般情况下，VIF 值不大于 10，则说明变量间不存在共线性问题。由表 8.4 可知，VIF 最小值为 5.86，平均达到 194.72，存在严重的共线性问题。可知应用普通最小二乘法得到以上系数估计并不可靠。这种共线性现象也可以直观

地从变量散点矩阵图看出来,图 8-7 显示出任意两个变量之间的相关性趋势关系。

表 8.4 变量膨胀因子表

变量	变量膨胀因子	1/变量膨胀因子
z_pub_corr	757.08	0.00
z_pub_carmob	365.51	0.00
z_pub_total	134.23	0.01
z_pub_mec	67.67	0.02
z_pub_green	19.19	0.05
z_pub_lin	13.47	0.07
z_pub_peak	5.86	0.17
平均变量膨胀因子	194.72	0.05

注:变量前字母 z 代表标准化后变量。

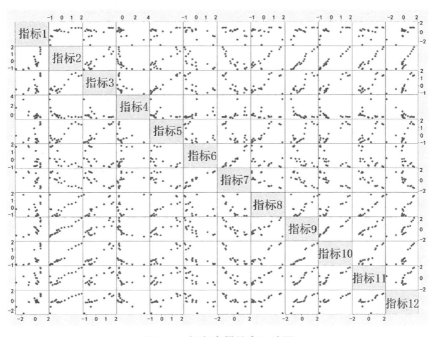

图 8-7 解释变量散点矩阵图

(2) 异方差检验。怀特检验不仅考虑条件方差函数的一阶近似,同时考虑了二次项(含平方项与交叉项)检验分析,它是异方差检验更为一般的方法。分析结果如表 8.5 所示。根据怀特检验结果($p=0.385\ 6$,大于 0.05 显著水平),说明样本数据异方差现象并不明显。此外,图 8-8(a)的残差图和标准化残差 P-P 图(b)

（Probability-probability Plot）也表明标准化残差与正态分布不存在显著差异。

表 8.5　怀特检验结果表

检验类型	chi2	自由度	p 值
异方差检验	**17.00**	**16**	**0.385 6**
偏差检验	4.78	11	0.941 4
峰度检验	1.48	1	0.224 3
总和	23.26	28	0.720 2

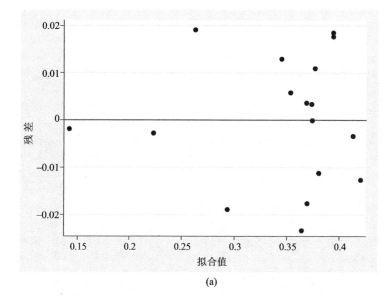

图 8-8　残差图和残差累计概率 P-P 图

2. 岭回归分析

如前所述,由于解释变量间存在严重共线性,普通最小二乘法的系数估计值是有偏的,需要采取岭回归、LASSO 回归和弹性网回归等含有正则项的模型形式。这些回归方法适用范围各有不同,在实际应用中需要根据一定的模型选择标准,对比分析三种模型形式(实际上是四种形式,还包括与最小二乘法的比较),以比较选择最优模型表达形式。

根据岭回归方法特点,它并不对进入模型的解释变量进行压缩,而是全部保留。图 8-9 是岭回归模型求解路径,最优 λ 值为 19.64。该模型求解得出的各变量回归系数如表 8.6 所示。结合图 8-9 和表 8.6 可知,对加权基尼系数具有正向边际效应的变量指标包括人均 GDP、高峰时段进入核心区公交分担率、绿色交通出行分担率、全方式出行公交分担率以及交通不便地区公交分担率,其余指标为负向指标,其中影响最大的两个指标为中心城区高峰小时公交分担率和机动化出行公交分担率,说明这些指标的提升可以减小医疗公共服务的加权基尼系数,因而促进健康城市医疗资源的公平性。总体上,边际效应较小的两个公交指标为交通不便地区公交分担率(0.004 7)和通勤交通公交分担率(−0.025 2)。

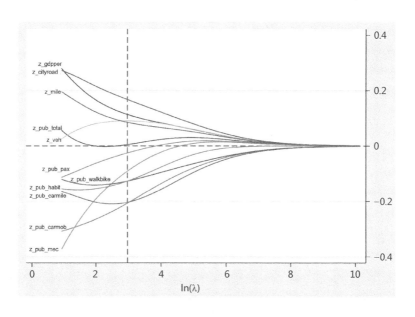

图 8-9 Ridge 回归模型求解路径图 ($\lambda_{opt} = 19.64$)

注:变量前字母 z 代表标准化后变量。

另外，从表 8.6 中 Ridge 回归系数一列中也可以看出，与 Ridge 方法相比，OLS 回归方法对各解释变量的拟合估计值都变大，但要注意，此处 Ridge 方法得到的变量系数估计值是有偏的。

表 8.6　三种回归分析结果汇总表

变量	Ridge 拟合系数		LASSO 拟合系数		Elastic Net 拟合系数($\alpha=0.5$)	
	Ridge	Post-est OLS	LASSO	Post-est OLS	Elastic Net	Post-est OLS
z_gdpper	0.113 4	0.141 8				
z_pub_peak	−0.203 6	−0.858 0	−0.360 6	−0.398 2	−0.329 727 5	−0.398 240 4
z_pub_mec	−0.090 5	−3.115 5				
z_pub_carmob	−0.206 5	−4.176 2	−0.369 6	−0.418 2	−0.347 761 8	−0.418 255 1
z_pub_corr	−0.126 8	6.126 7				
z_pub_lin	−0.126 6	0.864 7				
z_pub_core	0.090 7	−0.354 9				
z_pub_green	0.084 8	1.843 1				
z_pub_com	−0.025 2	−0.324 1				
z_pub_total	0.167 2	−0.475 6	0.206 0	0.225 4	0.226 055 3	0.225 389 3
z_pub_incv	0.004 7	4.383 3				

3. LASSO 回归分析

图 8-10 给出了 LASSO 回归模型求解路径，最优 λ 值为 2.48。

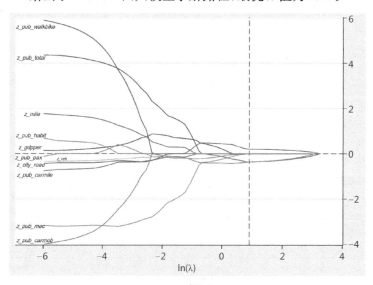

图 8-10　LASSO 模型求解路径图（$\lambda_{\text{opt}}=2.48$）

注：变量前字母 z 代表标准化后变量。

该模型求解得出的各变量回归系数如表 8.6 中的 LASSO 拟合系列所示。结合图 8-10 和表 8.6 可知,在最优调整系数下,仅有中心城区高峰小时公交分担率、机动化出行公交分担率指标以及全方式出行公交分担率三个指标进入最终回归模型,其余解释变量系数被压缩为 0。与普通最小二乘法和岭回归方法相比,LASSO 起到了变量选择的作用。对加权基尼系数具有正向边际效应的指标是全方式出行公交分担率,其余两个指标为负向效应指标,进一步说明提升中心城区高峰小时公交分担率和机动化出行公交分担率指标将有助于减小城市医疗公共服务的加权基尼系数,因而促进健康城市医疗资源的公平性。值得注意的是,LASSO 回归系数比 Ridge 回归系数要略大一些,但仍然比 OLS 回归方法系数要小(表 8.6)。

4. 弹性网回归分析

弹性网回归介于岭回归和 LASSO 回归之间,目前被认为是在不损失较大估计精度的前提下,用以处理多重共线性和筛选变量较好的收缩方法。图 8-11 给出了弹性网回归模型的求解路径分析图。模型调整系数 λ 的最优值为 4.96。与 LASSO 回归分析结果相同,仅有中心城区高峰小时公交分担率、机动化出行公交分担率指标以及全方式出行公交分担率三个指标进入最终回归模型,其余解释变量系数被压缩为 0。相比 Ridge 方法和 LASSO 回归模型,这三个公共交通指标同样保持了相同的变化方向,进一步验证了这三个指标对于城市医疗服务加权系数的边际效应的一致性,从回归系数大小来看,与 LASSO 模型差别不大。

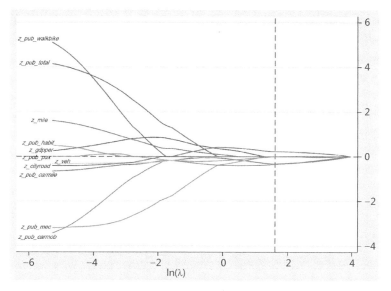

图 8-11 弹性网模型求解路径图 ($\lambda_{opt} = 4.96$)

注:变量前字母 z 代表标准化后变量。

5. 回归模型选择与分析

如前所述,模型选择的方法很多,比如 AIC、BIC、EBIC 等准则。其中,AIC 由日本统计学家赤池弘次在 1974 年提出,它建立在熵的概念上,在应用时应选取 AIC 最小的模型。实际使用中 AIC 准则更倾向于选择比真实模型参数更多的模型,容易低估"样本外误差"和导致过拟合现象出现。BIC 准则在 1978 年由 Schwarz 提出,与 AIC 相似,在训练模型时,增加参数数量,也就是增加模型复杂度。由于 AIC 的惩罚项比 BIC 的小,在过大维度且训练样本数据较少的情形下,BIC 能够有效避免出现维度灾难现象,防止模型精度过高造成的模型复杂度过高,故实际应用中更倾向于选择简单的模型。正如经济学家格林所指出的在其他条件相同的情况下,BIC 简单更具有吸引力。面对实际有限的样本,BIC 相比 AIC 的过拟合又会欠拟合,对模型复杂度控制太严格,尤其是在模型特征维度(l)较大时,估计模型更加会有偏差,为此,Luo 等提出 EBIC 准则,其经验是如果 l 增长速度相比样本量 n 为 $O(n^k)$,若 $k < 0.5$,l 增长很慢时,则在 BIC 准则下的模型选择具备一致性;若 $k < 1$,l 增长较快时,则 $EBIC_{0.5}$ 模型选择具备一致性;只要 l 不是随样本量 n 指数级增长,k 接近于 1,则 $EBIC_1$ 模型选择是一致的。

综合以上分析,本书采用 EBIC 准则选取模型。表 8.7 中列出了三种模型不同模型选择方法的参数值情况。由表 8.7 可知,弹性网回归模型具有最小的 EBIC 值,从其他指标来看,AIC 准则也比较小,残差平方和(RSS)和 R^2 差别并不大。图 8-12 中显示不同回归模型的均方误差随 λ 的增加而变化的情况。

表 8.7 模型选择准则指标值表

模型类别	EBIC 准则	RSS	R^2	AIC 准则
岭回归模型	−8.136 6	3.669 1	0.770 7	−18.588 6
LASSO 回归模型	−6.644 1	3.720 9	0.767 4	−17.827 3
弹性网回归模型	−8.296 7	3.814 9	0.761 6	−18.269 1

基于以上分析,本书选择弹性网回归模型,由表 8.6 得出南京城市医疗公共服务水平加权基尼系数与公交分担率回归方程为:

$$z\_Ginipop = -0.329\,7 \times z\_pub\_peak - 0.347\,8 \times z\_pub\_carmob + \\ 0.226\,1 \times z\_pub\_total \qquad (8\text{-}15)$$

从公式(8-15)回归模型可以得出：

（1）南京城市医疗公共服务加权基尼系数主要受到中心城区高峰小时公交分担率、机动化出行公交分担率以及全方式出行公交分担率三个指标的影响。

（2）对城市医疗公共服务基尼系数产生负向边际效应最大的是机动化出行公交分担率指标，其次为中心城区高峰小时公交分担率，故增加这两个指标有助于提升南京城市医疗公共服务公平性，这与目前大多数公交都市建设目标相一致。另一方面，单纯提高全方式出行公交分担率对于健康城市医疗服务的改善并不是有效措施。

要提高城市公共服务公平性，从公共交通角度看需要进一步落实公交优先战略，制定有效的抑制小汽车发展的政策，提高机动化出行公交分担率和全方式出行公交分担率；同时，加大中心城区公交系统优化，规划高效的公交专用道，切实做好高峰小时中心城区公共交通先行。

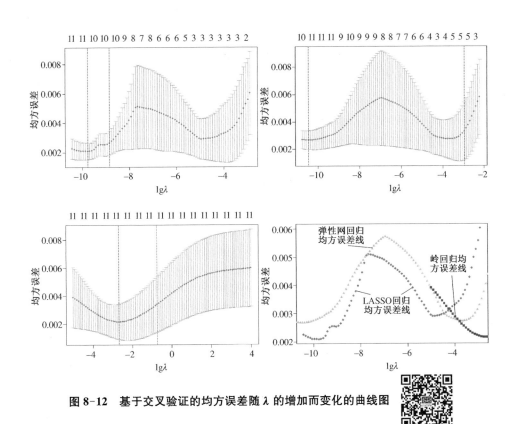

图 8-12 基于交叉验证的均方误差随 λ 的增加而变化的曲线图

8.5　本章小结

本章首先对国内外公共交通公平性评价方法的研究进行了概述；其次，对公平性评价方法如 Gini 系数、莫兰指数等进行了梳理介绍，重点介绍了岭回归、LASSO 回归以及弹性网回归方法以及相应的模型选择方法。基于以上方法，设计提出了城市医疗公共服务的加权基尼系数，在此基础上构建了公交分担率指标与城市医疗公共服务加权基尼系数的多元回归计量模型，并以南京市为例进行应用研究。得出的主要结论如下：

（1）分析研究了基尼系数及加权基尼系数在经济分布公平性方面的应用及计算方法，以及莫兰指数在评价公共交通的空间平等性方面的应用计算。结果表明，将衡量城市收入公平性的量化指标基尼系数引入城市公共交通评价是合适的。

（2）设计提出了城市医疗公共服务的加权基尼系数公平性评价方法，梳理了岭回归、LASSO 回归以及弹性网回归方法以及相应的模型选择方法，在此基础上构建了公交分担率指标与城市医疗公共服务加权基尼系数的多元回归计量模型。结果表明，弹性网回归模型能够较好地描述公交分担率指标对城市公共服务公平性的影响关系。

（3）运用所构建模型对南京市医疗服务公平性进行分析评价。结果表明，影响南京城市医疗公共服务公平性的正向指标为中心城区高峰小时公交分担率、机动化出行公交分担率，增加这两个指标有助于提升南京城市医疗公共服务公平性。研究成果有助于为健康城市社会公平性建设目标实现提供理论基础和政策依据。

第九章 公共交通对健康城市经济贡献性研究

9.1 研究方法选取

健康城市的发展需要良好的空气质量、公平的服务等,这一切的实现需要城市具有较好的经济基础,因此,经济效益是健康城市发展的隐性需求,也是其他方面实现的基石。公共交通发展一直强调其公益性、服务性,其对城市的经济贡献性还停留在定性分析和论述的阶段,需要用科学的方法来研究评价公共交通对健康城市的经济贡献性。

前文所构建的公共交通分担率指标体系中,各指标之间存在共线性问题。要利用所建指标分析公共交通的经济贡献性,就需要选用的分析方法可以克服指标间的共线性问题。计量经济学中的面板数据,可以克服在对公共交通时间序列分析时多个指标的多重共线性困扰。本章利用计量经济学体系中的面板数据原理,综合考虑经济因素、区域性质等因素,从固定资产投资、人口密度和就业人口数三个方面分别建立与公共交通发展指标相关的面板数据模型,研究公共交通对城市经济的贡献性的定量关系。

9.2 变量选择和数据获取

1. 变量选择和指标体系

综合考虑公共交通和城市经济系统特性,依据科学性、全面性、可比性、可操作性等原则,城市经济发展指标选取为:固定资产投资(亿元)、市辖区人口密度(人/km^2)和年末就业人数(万人),分别代表城市经济的资本、人口空间分布和劳动力三个方面特性。公交分担率指标是面板数据,不仅需要收集城市截面数据,还需要收集城市时间序列数据,但某些城市的公交分担率指标特别是历史数据比较难以获取。同时,考虑到所构建的公交分担率指标的计算过程都涉及公交车客运量这一统计值,该数据易于获取,故采取该代理变量来描述城市公共交通分担率,其他条件不变的情况下,该指标数值越大,说明城市公交分担率越高,公共交通在城市综合交通中作用越重要。此外,本部分还将公共汽(电)车营运线路长度(km)、每万人拥有公共交通车辆数(标台)以及是否开通地铁(设为0－1虚拟变量,当某城市建有地铁则取值为1,否则取0)等指标纳入面板数据模型中,以考察公交设施投入、运力投入等特征对健康城市经济发展贡献影响。

表9.1 公共交通系统和城市经济发展指标体系表

领域		变量名称	变量符号	反映特征
城市经济发展		固定资产投资/亿元	$Ivst$	资本
		市辖区人口密度/(人·km^{-2})	Pop	人口空间分布
		年末就业人数/万人	Emp	劳动力
公共交通系统	常规公交	公共汽(电)车客运总量/万人次	Vom	公交运输水平
		公共汽(电)车运营线路长度/km	Mlg	公交设施投入
		每万人拥有公共交通车辆数/标台	$Vper$	公交运力投入
	轨道交通	地铁开通(0－1虚拟变量)	—	—

2. 数据获取

在样本选择上,兼顾模型特点和数据可得性等因素,选取江苏省13地市为分析案例区域。江苏在全国公交优先发展战略中具有重要的示范引导作用,其中南京和苏州则是全国交通部公交都市示范性城市,江苏健康城市发展成绩显著,已有34个城市获得"国家卫生城市"称号。此外,苏北地区与苏南地区在公交和经济发展水平上也存在较大差异,故以江苏为实例研究有助于检验和比较不同公交发展模式对健康城市经济发展的贡献性。

在数据采集上,选取2000—2014年为研究时段,采集江苏省13地市15年公共交通和经济发展的统计数据。城市经济发展指标数据来源包括《中国城市统计年鉴》(2000—2014),鉴于本书的主要目的是探讨公共交通指标与城市经济活动、区域特征的关系,因此固定资产投资等经济指标主要选择"市辖区"数据,并统一将其换算成2000年可比价。常规公交统计数据来源于《江苏统计年鉴》(2000—2014),轨道交通数据来源于历年各地市统计年鉴。各指标数据的描述统计结果如表9.2所示。

表 9.2 变量数据描述统计表

领域	变量名称	变量符号	均值	最大值	最小值	标准差
城市经济发展指标	固定资产投资/亿元	$Ivst$	680.46	340.90	5 430.77	23.63
	市辖区人口密度/(人·km^{-2})	Pop	1 237.87	1 151.00	3 620.00	272.56
	年末就业人数/万人	Emp	119.78	96.42	488.90	9.23
公共交通系统指标	公共汽(电)车客运总量/万人次	Vom	23 464.57	12 380.00	134 705.00	102.00
	公共汽(电)车运营线路长度/km	Mlg	1 666.89	731.00	11 624.00	45.00
	每万人拥有公共交通车辆数/标台	$Vper$	10.11	9.50	23.60	2.30

9.3 面板数据模型构建

面板数据(Panel Data)是指 N 个不同个体的 T 个观测期所得到的二维结构数据集 y,其中元素 y_{it} 表示第 $i \in N$ 个个体在第 $t \in T$ 期的观测值,$\{y_{it}\}_{t=1}^{T}$ 表示面板数据的第 i 个个体 T 个时期的所有观测值,可看作一个时间序列数据,$\{y_{it}\}_{i=1}^{N}$ 表示面板数据的第 t 时期所有 N 个个体的观测值,可看作一个横截面数据。因此,面板数据是对不同截面个体进行连续观测得到的多维时间序列数据,含有横截面、时间和指标三维信息,扩大了样本信息,有助于降低变量间多重共线性影响,提高参数估计精度和有效性。公共交通与城市经济之间相互关系不仅体现在时间序列数据上(如同一地区公交优先政策的时间效应差异),也体现在地区截面数据上(如不同地区对同一公交优先政策的实施效果差异),因而选择面板数据有较好的适应性。

1. 面板数据检验

由于大部分面板数据来自复杂的实际经济活动过程,为避免"伪回归"等问题的出现,在具体操作过程中需要进行平稳性检验和协整检验。在此基础上所构建的面板数据模型才具有说服力。

首先应对面板数据进行平稳性检验,如果面板数据中时间序列的均值、方差和自协方差不随时间而发生变化,且序列的各阶自协方差只与滞后的阶数有关,则说明数据是平稳的。一般采用单位根检验方法,较为常用的方法包括 Levin,

Lin & Chu(LLC)检验和 ADF-FisherChi-square(ADF)检验等,此两种检验的原假设均为存在单位根。

若数据能够通过平稳性检验,接下来需要做协整检验,用以考察变量间长期均衡关系。对于同质面板数据一般采用 Kao 检验,而异质面板多采用 Pedroni 检验,这两种检验方法的原假设均为不存在协整关系。通过协整检验说明变量之间存在着长期稳定的均衡关系,其方程回归残差是平稳的。

应当指出的是,由于区域差异和不平衡等原因,各地市的公共交通水平和城市经济结构不尽相同,决定数据生成的系数在所有个体截面中也有可能存在差异,作者认为所使用的面板数据属于异质型面板。

2. 面板数据回归模型

面板数据通过检验之后,下一步是构建回归模型,它的一般表达式为:

$$y_{it} = \alpha_i + \sum_{k=1}^{K} \beta_{ki} x_{kit} + u_{it} \quad i=1,\cdots,N; t=1,\cdots,T \tag{9-1}$$

式中,x_{kit}——第 $k \in K$(K 为解释变量总数)解释变量对于个体 i 在 t 时刻的观测值;

β_{ki}——待估计参数;

α_i——截距项;

u_{it}——随机误差项。

通常又根据 α_i 和 β_{ki} 的取值情况将面板数据模型进一步划分为:混合模型($\beta_{ki}=\beta_{kj}$,$\alpha_i=\alpha_j$)变截距模型($\beta_{ki}=\beta_{kj}$,$\alpha_i \neq \alpha_j$)和变系数模型($\beta_{ki} \neq \beta_{kj}$,$\alpha_i \neq \alpha_j$)。除混合模型外,其余模型又分为固定效应和随机效应两种形式。一般先采用 F 检验(又称为协变分析检验方法)来确定是否为混合模型,也就是检验自变量的参数是否在所有横截面样本点和时间上都是常数。其原假设分别为:

$H_1: \beta_1 = \beta_2 = \cdots = \beta_N$

$H_2: \alpha_1 = \alpha_2 = \cdots = \alpha_N, \beta_1 = \beta_2 = \cdots = \beta_N$

如果接受 H_2,则应选择混合模型,不需要进一步的检验。如果拒绝 H_2,则继续进行 H_1 假设的检验。如果接受 H_1,则选择变截距模型。如果 H_1 也被拒绝,则选择变系数模型。

其次使用 Hausman 检验确定选择固定效应还是随机效应,Hausman 检验原假设采用随机效应模型。为了使模型参数结果更具经济学解释意义,即弹性系数,同时也为减小异方差对模型拟合优度的影响,本书采取双对数模型,如式

(9-2),其中参数含义与式(9-1)相同。

$$\ln y_{it} = \alpha_i + \sum_{k=1}^{K} \beta_{ki} \ln x_{kit} + u_{it} \quad (9\text{-}2)$$

3. 模型参数估计方法

如果面板数据中满足解释变量之间线性无关、非随机以及随机误差满足同方差和相互独立等特性,则可以采用最小二乘法(OLS)进行参数估计。但由于面板数据包括个体截面和时间序列特征,很难满足这些假设,比如同一个体在不同时期的随机误差多数情况下存在一定的相关性,虽然 OLS 可以保证无偏和一致性,但并不是有效估计,因此本书采用广义最小二乘法(GLS)。

9.4 公共交通对健康城市经济贡献性实证分析

9.4.1 面板数据检验

运用计量分析软件 Eviews9.0 对面板数据分别进行单位根检验和协整检验。从表 9.3 可以看出,当对变量对数值直接进行检验时,LLC 和 ADF 检验结果在 5% 显著水平上均拒绝"存在单位根"的原假设,说明这些变量均为 0 阶单整,即满足 I(0)。进一步对变量对数值的一阶差分进行检验,发现在 1% 显著水平上也全部通过假设检验,表现出同阶单整特性,即 I(1)。因而两种情况下都可以认为数据是平稳数列。考虑到模型系数的易解释性,选取变量对数值作为后续回归模型的分析数据。

表 9.3 面板数据单位根检验结果表

变量	LLC		ADF	
	统计量	概率值	统计量	概率值
$\ln Ivst$	−2.525 9***	0.005 8	51.194 0***	0.002 3
$\ln Pop$	−7.794 0***	0.000 0	64.533 7***	0.000 0
$\ln Emp$	−16.772 6***	0.000 0	101.939 0***	0.000 0
$\ln Vom$	−3.351 3***	0.000 4	43.087 2**	0.018 9
$\ln Mlg$	−4.022 0***	0.000 0	39.442 8**	0.044 2
$\ln Vper$	−2.045 2**	0.020 4	45.255 9**	0.011 0
$D\ln Ivst$	−17.074 0***	0.000 0	102.069 0***	0.000 0

(续表)

变量	LLC		ADF	
	统计量	概率值	统计量	概率值
$D\ln Pop$	−11.102 3***	0.000 0	94.519 4***	0.000 0
$D\ln Emp$	−18.031 6***	0.000 0	111.844 0***	0.000 0
$D\ln Mlg$	−10.061 4***	0.000 0	73.499 9***	0.000 0
$D\ln Vom$	−12.431 1***	0.000 0	105.906 0***	0.000 0
$D\ln Vper$	−8.058 8***	0.000 0	77.755 3***	0.000 0

注：ADF检验的滞后阶数由SIC准则确定；D表示序列的一阶差分；*、**、***分别表示10%、5%和1%的显著水平。

采用Pedroni方法对面板数据进行协整检验，结果如表9.4所示。

表9.4 协整检验结果表

统计量	固定资产投资 ($\ln Ivst$)		市辖区人口密度 ($\ln Pop$)		年末就业人数 ($\ln Emp$)	
	统计量	概率值	统计量	概率值	统计量	概率值
Panel v 统计量	19.138 7	0.000 0	1.866 7	0.031 0	1.940 7	0.026 1
Panel rho 统计量	1.339 7	0.909 8	2.409 1	0.992 0	1.599 7	0.945 2
Panel PP 统计量	−4.900 3	0.000 0	−3.214 5	0.000 7	−3.094 8	0.001 0
Panel ADF 统计量	−4.428 8	0.000 0	−3.904 6	0.000 0	−3.080 9	0.001 0
Group rho 统计量	2.608 9	0.995 5	2.927 5	0.998 3	3.226 6	0.999 4
Group PP 统计量	−8.485 3	0.000 0	−8.967 9	0.000 0	−2.728 6	0.003 2
Group ADF 统计量	−5.322 6	0.000 0	−6.302 8	0.000 0	−2.264 9	0.011 8

由表9.4可知，假设不同截面具有相同的自回归系数的Panel rho统计量认为变量之间没有协整关系，而Panel v、Panel PP和Panel ADF统计量表明被解释变量和解释变量之间存在显著协整关系；假设不同截面具有不同的自回归系数的Group rho统计量反映变量间没有协整关系，而Group PP和Group ADF统计量都表明变量之间具有显著协整关系。综合以上分析，可以认为固定资产投资、市辖区人口密度、年末就业人数等城市经济指标与公共交通增长存在协整关系，即长期稳定的均衡关系，表明两者在长期过程中能够围绕均衡点协调发展。通过了协整检验，可在此基础上进行回归模型的拟合分析。

9.4.2 面板数据回归模型拟合

在面板数据检验基础上,本书利用软件 Eviews9.0 进行了面板数据回归模型的拟合研究。回归过程中分别进行 F 检验和 Hausman 检验以确定模型形式以及是否为随机效应模型。模型中采用各解释变量的一阶滞后变量作为工具变量,以消除内生性影响。为避免同期相关协方差问题,权数选择按照个体成员截面 SUR 方式(cross-section SUR)。同时考虑到地区差异情况,本书在分析江苏省总体形态基础上,又将样本数据分为苏南地区和苏北地区,分别进行回归模型拟合研究,以综合考察不同城市公共交通发展水平对区域城市发展的贡献性。分析结果如表 9.5、表 9.6 和表 9.7 所示。可知,混合效应模型在所有模型中均未能通过 F 检验。Hausman 检验结果表明,江苏省就业人数、苏北地区市辖区人口密度和就业人数应选择随机效应模型,其余均拒绝原假设,应采用固定效应模型所建立的回归方程。从 R^2 值来看,大部分在 80% 以上,反映模型解释能力较强,可以用于变量间的回归关系分析。

表 9.5 面板数据模型的估计结果表(江苏省)

变量	$\ln Ivst$		$\ln Pop$		$\ln Emp$	
	随机效应	固定效应	随机效应	固定效应	随机效应	固定效应
常数项	$-0.208\ 1^{**}$	$-0.643\ 0^{***}$	$1.989\ 3^{***}$	$2.122\ 4^{***}$	$-0.134\ 3$	$-0.091\ 3$
	$-0.543\ 0$	$-5.702\ 8$	$-6.097\ 1$	$-33.517\ 6$	$-0.342\ 3$	$-0.357\ 6$
$\ln Vom$	$0.025\ 4^*$	$0.077\ 1^{***}$	$-0.008\ 6$	$-0.028\ 0^{***}$	$0.095\ 1^{***}$	$0.092\ 8^{***}$
	$-0.342\ 0$	$-4.929\ 9$	$-0.176\ 4$	$-3.369\ 0$	$-1.598\ 9$	$-3.490\ 8$
$\ln Mlg$	$0.156\ 4^{***}$	$0.125\ 8^{***}$	$-0.034\ 4^{***}$	$-0.027\ 3^{***}$	$0.041\ 3^{***}$	$0.039\ 0^{***}$
	$-2.741\ 9$	$-12.845\ 1$	$-1.258\ 6$	$-6.373\ 3$	$-1.184\ 8$	$-10.365\ 0$
$\ln Vper$	$0.144\ 0^{***}$	$0.188\ 4^{***}$	$0.007\ 5$	$0.009\ 0^{***}$	$0.017\ 4$	$0.014\ 7^{***}$
	$-1.047\ 8$	$-8.037\ 7$	$-0.130\ 9$	$-0.906\ 4$	$-0.233\ 7$	$-0.921\ 5$
$Subway$	$0.038\ 5$	$0.072\ 1^{***}$	$-0.026\ 8$	$-0.039\ 9^{***}$	$0.062\ 1^{***}$	$0.064\ 3^{***}$
	$-0.381\ 7$	$-3.822\ 7$	$-0.267\ 2$	$-2.204\ 7$	$-0.486\ 3$	$-3.421\ 8$
调整后的 R^2	$0.721\ 6$	$0.898\ 4$	$0.283\ 1$	$0.891\ 2$	$0.623\ 6$	$0.854\ 4$
	$0.702\ 2$	$0.867\ 2$	$0.264\ 2$	$0.889\ 5$	$0.601\ 8$	$0.826\ 6$

(续表)

变量	ln$Ivst$		lnPop		lnEmp	
	随机效应	固定效应	随机效应	固定效应	随机效应	固定效应
DW 值	0.791 1	2.456 8	1.152 3	2.233 4	0.973 5	1.295 7
F 检验值	3.746 5***		15.962 4***		6.359 8***	
Hausman 检验值	21.690 1***		12.685 5***		1.232 4	

注：*，**，***分别表示在10%，5%和1%水平下通过显著性检验；限于篇幅表格中没有列出不同城市的截距项(固定效应)。

表 9.6 面板数据模型估计结果表(苏南地区)

变量	ln$Ivst$		lnPop		lnEmp	
	随机效应	固定效应	随机效应	固定效应	随机效应	固定效应
常数项	−0.406 5**	−0.714 3**	1.438 4***	2.083 9***	−0.390 8***	0.043 4
	−0.527 4	−0.565 4	3.580 5	5.828 2	−0.891 1	0.067 3
lnVom	0.047 2**	0.064 5***	0.030 9***	−0.041 4***	0.112 9***	0.089 2***
	0.503 1	1.241 4	0.632 7	−0.962 5	2.115 6	1.405 3
lnMlg	0.099 9***	0.122 6***	−0.036 7***	−0.019 2***	0.034 5***	0.015 1***
	1.514 5	0.981 4	−1.068 0	−0.942 8	0.919 8	0.647 5
ln$Vper$	0.240 8***	0.156 3***	0.034 0	0.023 7	0.022 0	0.001 3
	1.403 5	0.856 4	0.379 9	0.286 6	0.225 3	0.015 7
$Subway$	0.064 4*	0.063 7**	−0.047 4**	−0.038 2**	0.032 6	0.072 5***
	0.383 2	0.548 7	−0.541 7	−0.739 4	0.341 4	0.992 9
调整后的 R^2	0.878 8	0.897 3	0.262 2	0.875 6	0.904 6	0.923 0
	0.861 9	0.884 5	0.253 2	0.860 5	0.882 6	0.912 1
DW 值	0.630 9	1.129 3	0.532 5	1.053 2	0.665 9	1.178 2
F 检验值	4.923 7***		6.982 0***		4.597 5***	
Hausman 检验值	12.598 6***		24.262 3***		13.110 3***	

注：*，**，***分别表示在10%，5%和1%水平下通过显著性检验；限于篇幅表格中对于不同城市的截距项(固定效应)没有列出；苏南地区包括5个城市：南京、镇江、常州、无锡、苏州。

表 9.7 面板数据模型估计结果表(苏北地区)

变量	ln$Ivst$		lnPop		lnEmp	
	随机效应	固定效应	随机效应	固定效应	随机效应	固定效应
常数项	−0.156 5*	−0.146 8	1.776 7***	1.771 8***	−0.094 8	−0.045 6
	−0.348 7	−0.296 3	4.556 2	12.169 4	−0.189 5	−0.110 3
lnVom	0.012 0	0.027 6***	−0.014 8	−0.015 6***	0.076 9***	0.068 0***
	0.146 6	0.606 2	−0.233 8	−0.653 5	0.912 3	1.097 9
lnMlg	0.162 6***	0.118 5**	−0.025 3***	−0.022 7**	0.041 4***	0.045 1***
	2.622 3	3.620 3	−0.664 3	−1.939 7	0.786 2	1.597 8
ln$Vper$	0.080 6***	0.082 9***	−0.006 8	−0.008 9*	0.019 7	0.023 0**
	0.680 4	1.328 3	−0.098 3	−0.362 8	0.201 7	0.436 8
调整后的R^2	0.766 1	0.896 0	0.258 7	0.894 5	0.524 0	0.894 0
	0.744 9	0.876 4	0.224 8	0.836 1	0.512 8	0.862 9
DW值	0.963	1.317 9	1.042 9	1.321 6	1.210 8	1.356 0
F检验值	3.630 3***		49.641 6***		6.406 1***	
Hausman检验值	12.928 7***		5.093		2.602 7	

注:*,**,*** 分别表示在10%、5%和1%水平下通过显著性检验;苏北地区包括8个城市:徐州、连云港、宿迁、盐城、淮安、扬州、泰州、南通。

9.4.3 公共交通发展对城市经济贡献性分析

1. 江苏省公共交通整体演进

随着城市化进程的加快,2000年以来江苏年营运车辆标台数、公交营运里程数和公交客运总量等公共交通指标的年均增长率分别达到8.86%、16.39%和4.58%。特别是从周转量指标来看,年均增速为21.73%,是1990—1999年期间增长率(8.91%)的2.44倍(图9-1)。

在快速发展的同时,江苏公共交通也存在显著的空间差异和不均衡性,如图9-2所示。总体来说,苏南地区公共交通发展水平明显高于苏北和苏中地区,后两者之间的指标差异性不大。苏北地区公共交通发展主要集中在公交线网投入上,公共交通处于快速成长期,而苏南地区则在公交线网加大的同时逐步增加运

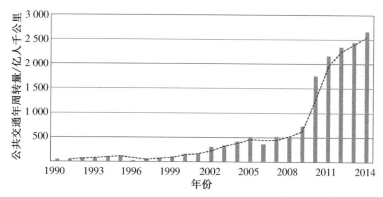

图 9-1　江苏省公共交通年周转量图

力投放,公交发展相对成熟。同时受区域经济发展阶段和城市化水平等因素影响,苏北地区公共交通发展重点以延长运营里程、提升线网密度、增加辐射范围为主,处于以满足居民为基本出行需求的初级阶段;苏南地区则以优化既有线路,不断增加运力供给,提升公交服务能力为主,处于以提升公交出行品质为导向的相对成熟阶段。这种差异体现出公共交通发展不同发展阶段应采取不同发展模式。此外,需要说明的是,由于苏中地区只有 3 个城市单元,不能满足面板数据模型估计对样本容量的要求,后续将其与苏北地区合并进行研究。

2. 公共交通发展对城市固定资产投资的作用

从江苏全省来看,公共交通对于城市固定资产投资均具有显著正向作用。公共汽(电)车运营线路长度和每万人拥有公交车辆数本身作为公共交通发展的重要资源投入要素,对拉动固定资产投资的作用最为显著。公共交通指标每提升 10 个百分点,能够拉动城市固定资产投资分别增加 0.77%、1.26% 和 1.89%(表 9.5)。就苏南来说,公交客运总量、公共汽(电)车营运线路长度以及万人拥有公交车辆数对于城市固定资产投资也具有显著的正向拉动作用,这些指标每提升 10%,能够对城市固定资产投资分别产生 0.65%、1.23% 和 1.56% 的拉动作用(表 9.6)。公共交通对于苏北城市固定资产投资同样具有显著的正向作用,每提升 10% 能够分别产生 0.28%、1.19% 和 0.83% 的拉动作用(表 9.7)。

综合分析,模型验证了公共交通发展能够显著拉动城市固定资产投资的结论。与全省和苏南地区以每万人拥有公交车辆为最大拉动作用不同的是,公共汽(电)车营运线路长度成为拉动苏北城市固定资产投资的最重要因素,这可能与苏北地区公交发展水平较低有关(表 9.8),其发展模式是以路网建设为核心,与其他公交发展指标相比,其对固定资产投资的边际效应相对最大。另一方面,对于苏南地区来说,其今后发展模式的重点应放在运营车辆投放上,通过提高运力加强城市公共交通的服务能力和出行吸引力,进而证实公共交通不同发展阶段应采取不同发展策略。

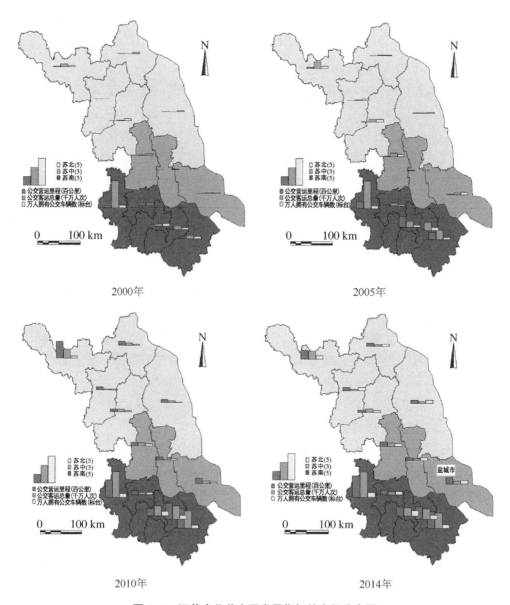

图9-2 江苏省公共交通发展指标的空间分布图

注:(1)按照《江苏统计年鉴》划分标准,图中苏南地区包括南京、镇江、常州、无锡和苏州,苏中地区包括扬州、泰州和南通,苏北地区包括徐州、连云港、宿迁、淮安、盐城;(2)这四张图在文中起示意作用,因此略去了数值。

表 9.8　公交营运线路网络密度表　　　　　　单位：km/(人·km²)

地区	均值	最大值	最小值	标准差
江苏省	1.63	15.78	0.028	2.32
苏南地区	2.64	15.78	0.10	3.17
苏北地区	0.99	6.67	0.028	1.22

3. 公共交通发展对城市人口空间分布的作用

公交客运总量、公交线路运营里程对江苏省城市人口密度的影响均表现出显著负相关性，每提升10个百分点分别产生0.28%、0.27%的负效应。尽管每万人拥有公交车辆数表现出正的影响趋势，但弹性系数仅为0.009，作用相对较小。从苏南地区来看，公交客运总量对城市人口密度的弹性系数为-0.041，是影响最大的公共交通指标。每万人拥有公交车辆数表现出正的影响趋势，但未通过显著性检验，故认为其对城市人口密度的影响作用可以忽略。苏北地区的公交线路营运里程对城市人口密度的影响呈现出显著负相关性，每提升10个百分点能够产生0.44%的负影响，大于其对苏南地区的影响程度，公交客运总量和每万人拥有公交车辆数均未能通过显著性检验。

总体来说，公共交通对城市人口空间分布具有显著的分散效应。苏北地区的公共交通发展对于城市人口密度的负效应小于全省和苏南地区，这反映出在仍然处于城镇化快速发展期的苏北地区，公共交通对于引导城市人口密度分散布局的作用不够明显。此外，全省和苏南地区以公交客运总量的弹性系数最大，而苏北地区的影响系数却不显著，进一步说明只有当城镇化发展到一定水平之后，公交客运总量才能引导人口自中心城区向郊区疏散，对分散城市人口产生显著作用。

4. 公共交通发展对城市就业的作用

在促进城市就业上，公共交通发展在三大区域层面上呈现出相同趋势，即公交客运总量和公交线路营运里程均具有显著正向作用，但每万人拥有公交车辆数的影响效应都未能通过显著性检验，说明公交运力并不直接影响城市就业。公交客运总量是影响城市就业最主要的因素，说明公共交通服务在城市居民出行过程中依然发挥着重要的通勤作用，这与Melo等人的研究结论较为接近。从增长幅度来看，苏南地区的带动效应最大(0.089，表9.6)，反映出不同公共交通发展水平对城市就业的促进作用存在差异性。

5. 地铁开通对城市经济的作用

地铁开通能够显著促进城市经济发展。从全省来说(表9.5)，地铁开通对固定资产投资的促进作用最为明显(0.072)，其次是就业的拉动作用(0.064)。在苏南地区地铁开通对于就业拉动作用更为显著,弹性系数达到 0.993(表 9.6)。地铁在城市人口密度引导分散方面具有同样的负反馈效应,更加定量化验证了 Navarro 等人关于地铁可以促进城市去中心化的研究结论。相比之下,开通地铁并没有超过常规公共交通对城市经济发展的贡献作用,可能与地铁线路网络的规模效应尚未得以充分发挥有一定关系。

9.5 本章小结

本章利用江苏省统计面板数据,通过构建计量经济学回归模型,系统分析了公共交通与健康城市经济发展之间的定量关系,研究结果表明:

(1) 公共交通发展能够显著拉动城市固定资产投资。对处于公交初期发展阶段的区域来说,公交营运线路里程对城市固定资产投资的边际效应相对最大,其发展模式应以加快完善路网为主。对于相对成熟阶段的区域来说,其发展模式的重点应放在运营车辆投放上,通过提高运力加强城市公共交通的服务能力和出行吸引力。

(2) 公共交通对城市人口空间分布表现出显著的分散效应。区域公交发展水平越成熟,其对就业的促进作用也就越高。研究发现当城镇化发展到一定水平之后,公交客运总量才能对分散城市人口产生显著作用,在城镇化初期阶段这种效应并不明显。在促进城市就业上,公交客运总量对城市就业影响的正向作用最大,说明公共交通服务在城市居民出行过程中依然发挥着重要的通勤作用。此外,公交运力并不直接影响城市就业和引导城市人口分散。

(3) 地铁开通对城市固定资产投资的促进作用最为明显,其次是就业的拉动作用,研究结论验证了地铁引导城市人口空间分布的显著效应。

(4) 公共交通对于城市经济发展具有显著作用,同时应依据城市公共交通发展阶段,科学选择合适的公交发展模式和重点任务(扩大线网密度或者增加运力),在充分发挥公共交通社会效益的基础上,更加体现其经济发展的贡献作用。

此外,从模型检验效果和实证分析来看,本书所提出的研究方法具有较好的可靠性和适应性,能够为其他城市评价公共交通与健康城市经济发展的相互关系提供参考和借鉴。

参考文献

[1] 新时代学习工作室.再次强调"人民至上"习近平提出维护人民健康新要求[EB/OL]. (2020-06-03)[2021-6-7]. http://cpc.people.com.cn/n1/2020/0603/c164113-31733575.html

[2] 中共中央,国务院."健康中国2030"规划纲要[EB/OL].(2016-10-25)[2019-07-09] http://www.gov.cn/xinwen/2019-07-15/content_5409694.htm

[3] 全国爱国卫生运动委员会.关于开展健康城市健康村镇建设的指导意见:全爱卫发〔2016〕5号[EB/OL].(2016-07-18)[2016-08-16]. http://www.np.gov.cn/cms/html/npszf/2016-11-21/889221896.html

[4] 王鸿春,盛继洪.中国健康城市建设研究报告(2019)[M].北京:社会科学文献出版社,2019.

[5] 汪光焘.城市公共交通出行分担率研究[M].北京:中国建筑工业出版社,2018.

[6] 国务院.国务院办公厅转发建设部等部门关于优先发展城市公共交通意见的通知:国发〔2005〕46号[EB/OL].(2005-09-23)[2008-03-28].http://www.gov.cn/zhuanti/2015-06/13/content_2879021.htm

[7] 国务院.国务院关于城市优先发展公共交通的指导意见:国发〔2012〕64号[EB/OL]. (2012-12-29)[2013-01-05]. http://www.gov.cn/zhengce/content/2013-01/05/content_3346.htm

[8] 交通运输部.交通运输部关于印发《公交都市考核评价指标体系》的通知:交运发〔2013〕387号[EB/OL].(2013-06-24)[2013-07-26].http://www.wwwauto.com.cn/HYfgzc/GJCZ/2013-14/JYF-2013-387.htm

[9] 交通运输部.城市公共交通"十三五"发展纲要:交运发2016[EB/OL].(2016-07-18)[2016-07-25].http://www.gov.cn/xinwen/2016-07-25/content_5094575.htm

[10] 中华人民共和国国家质量监督检验检疫总局,中国国家标准化管理委员会.城市公共交通发展水平评价指标体系:GB/T 35654—2017[S].北京:中国标准出版社,2017.

[11] 国务院.国务院关于城市优先发展公共交通的指导意见:建设部发[2005][EB/OL]. (2012-12-29)[2013-01-05]. http://www.gov.cn/zwgk/2013-01/05/content_2304962.htm

[12] 国务院.中共中央国务院关于进一步加强城市规划建设管理工作的若干意见:国发〔2016〕5号[EB/OL].(2016-02-06)[2016-02-21]. http://www.gov.cn/zhengce/2016-

02/21/content_5044367.htm

[13] 王兰, 廖舒文, 赵晓菁. 健康城市规划路径与要素辨析[J]. 国际城市规划, 2016, 31(4): 4-9.

[14] Wang C, Quddus M A, Ison S G. Impact of traffic congestion on road accidents: A spatial analysis of the M25 motorway in England[J]. Accident Analysis & Prevention, 2009, 41(4): 798-808.

[15] Armah F, Yawson D, Pappoe A A N M. A systems dynamics approach to explore traffic congestion and air pollution link in the city of Accra, Ghana[J]. Sustainability, 2010, 2(1): 252-265.

[16] Redman L, Friman M, Gärling T, et al. Quality attributes of public transport that attract car users: A research review[J]. Transport Policy, 2013, 25: 119-127.

[17] Sung H, Oh J T. Transit-oriented development in a high-density city: Identifying its association with transit ridership in Seoul, Korea[J]. Cities, 2011, 28(1): 70-82.

[18] Freeland A L, Banerjee S N, Dannenberg A L, et al. Walking associated with public transit: Moving toward increased physical activity in the United States[J]. American Journal of Public Health, 2013, 103(3): 536-542.

[19] Scheiner J. Interrelations between travel mode choice and trip distance: Trends in Germany 1976 – 2002[J]. Journal of Transport Geography, 2010, 18(1): 75-84.

[20] Bresson G, Dargay J, Madre J L, et al. Economic and structural determinants of the demand for public transport: An analysis on a panel of French urban areas using shrinkage estimators[J]. Transportation Research Part A: Policy and Practice, 2004, 38(4): 269-285.

[21] Ahmed Q I, Lu H P, Ye S. Urban transportation and equity: A case study of Beijing and Karachi[J]. Transportation Research Part A: Policy and Practice, 2008, 42(1): 125-139.

[22] Vedagiri P, Arasan V T. Estimating modal shift of car travelers to bus on introduction of bus priority system[J]. Journal of Transportation Systems Engineering and Information Technology, 2009, 9(6): 120-129.

[23] Knowles R D. Transit oriented development in Copenhagen, Denmark: From the finger plan to ørestad[J]. Journal of Transport Geography, 2012, 22: 251-261.

[24] Higgins C D, Kanaroglou P S. A latent class method for classifying and evaluating the performance of station area transit-oriented development in the Toronto region[J]. Journal of Transport Geography, 2016, 52: 61-72.

[25] Ratner K A, Goetz A R. The reshaping of land use and urban form in Denver through transit-oriented development[J]. Cities, 2013, 30(1): 31-46.

[26] 张泉, 黄富民, 杨涛, 等. 公交优先[M]. 北京: 中国建筑工业出版社, 2010.

[27] 罗伯特·瑟夫洛. 公交都市[M]. 宇恒可持续交通研究中心, 译. 北京: 中国建筑工业出版社, 2007.

[28] 全永燊, 王婷, 余柳. 城市交通若干问题的思考与辨识[J]. 城市交通, 2018, 16(2): 1-8.

[29] 过利超, 过秀成. 都市区客运走廊公共交通设施配置规划问题探讨[J]. 现代城市研究, 2016, 31(3): 9-12.

[30] 林雄斌, 杨家文, 孙东波. 都市区跨市公共交通规划与空间协同发展: 理论、案例与反思[J]. 经济地理, 2015, 35(9): 40-48.

[31] 王海波. 郑州市城市公交优先发展问题研究[D]. 大连: 大连海事大学, 2014.

[32] Shen Q, Xu S M, Lin J. Effects of bus transit-oriented development (BTOD) on single-family property value in Seattle metropolitan area[J]. Urban Studies, 2018, 55(13): 2960-2979.

[33] Noland R B, Weiner M D, DiPetrillo S, et al. Attitudes towards transit-oriented development: Resident experiences and professional perspectives[J]. Journal of Transport Geography, 2017, 60: 130-140.

[34] 林雄斌, 杨家文, 王峰. 都市圈内轨道交通跨市延伸的公交化区域构建[J]. 都市快轨交通, 2017, 30(4): 1-7.

[35] 周华庆, 杨家文. 公共交通经营规制沿革与启示: 以深圳市公共汽车40年发展历程为例[J]. 城市交通, 2017, 15(6): 63-72.

[36] 安健, 郭继孚, 董杨慧, 等. 公交都市建设示范工程考核评价指标优化[J]. 城市交通, 2017, 15(3): 43-51.

[37] 朱乐, 石飞. 公交涅槃: 南京和波特兰发展公交都市的经验启示[J]. 现代城市研究, 2017, 32(12): 38-45.

[38] 鲜于建川, 隽志才, 朱泰英. 通勤出行时间与方式选择[J]. 上海交通大学学报, 2013, 47(10): 1601-1605.

[39] Steinbach R, Green J, Datta J, et al. Cycling and the city: A case study of how gendered, ethnic and class identities can shape healthy transport choices[J]. Social Science & Medicine, 2011, 72(7): 1123-1130.

[40] 刘小明. 我国"公交都市"建设发展现状与展望[J]. 交通工程, 2017, 17(1): 2-8.

[41] 周鹤龙. 超大城市公交都市建设路径探索与反思: 以广州市为例[J]. 城市交通, 2015, 13(6): 20-26.

[42] 徐康明. 辅助公交, 精准化需求管理 新时代上海公交都市战略不可或缺的选择[J]. 交通与港航, 2017, 4(2): 8-11.

[43] 张凡, 王秋平. 基于绿色交通背景下的"公交都市"研究: 以西安市为例[J]. 环境保护,

2015,43(2):62-64.

[44] 陈小鸿,叶建红,杨涛. 城市公共交通优先发展的困境溯源与路径探寻[J]. 城市交通,2013,11(2):17-25.

[45] 潘亚伟. 基于健康城市的多模式公共交通体系规划研究:以天津为例[D]. 天津:天津大学,2017.

[46] 杨洁. 基于健康城市理念的可持续交通策略[J]. 城市住宅,2019,26(5):14-17.

[47] 李绍岩,宋涛,刘威. 基于健康城市理念的沈阳城市绿色交通系统规划[J]. 道路交通与安全,2016,16(2):1-5.

[48] 林雄斌,杨家文. 健康城市构建的公交与慢行交通要素及其对交通规划的启示[J]. 城市观察,2016(4):112-121.

[49] Thomas R, Pojani D, Lenferink S, et al. Is transit-oriented development (TOD) an internationally transferable policy concept? [J]. Regional Studies, 2018, 52(9): 1201-1213.

[50] 石飞,徐向远. 公交都市物质性规划建设的内涵与策略[J]. 城市规划,2014,38(7):61-67.

[51] 王馨晨. 哈尔滨市优先发展城市公共交通的政策研究[D]. 哈尔滨:哈尔滨商业大学,2014.

[52] Foth N, Manaugh K, El-Geneidy A M. Determinants of mode share over time[J]. Transportation Research Record: Journal of the Transportation Research Board, 2014, 2417(1): 67-77.

[53] Khanna P, Jain S, Sharma P, et al. Impact of increasing mass transit share on energy use and emissions from transport sector for National Capital Territory of Delhi [J]. Transportation Research Part D: Transport and Environment, 2011, 16(1): 65-72.

[54] Zamir K R, Nasri A, Baghaei B, et al. Effects of transit-oriented development on trip generation, distribution, and mode share in Washington, D.C., and Baltimore, Maryland [J]. Transportation Research Record: Journal of the Transportation Research Board, 2014, 2413(1): 45-53.

[55] Moniruzzaman M, Páez A. Accessibility to transit, by transit, and mode share: Application of a logistic model with spatial filters[J]. Journal of Transport Geography, 2012, 24: 198-205.

[56] Gkritza K, Karlaftis M G, Mannering F L. Estimating multimodal transit ridership with a varying fare structure[J]. Transportation Research Part A: Policy and Practice, 2011, 45(2): 148-160.

[57] Owen A, Levinson D M. Modeling the commute mode share of transit using continuous accessibility to jobs[J]. Transportation Research Part A: Policy and Practice, 2015, 74:

110-122.

[58] 中国城市交通发展论坛课题组. 公交出行分担率及公交优先发展评价研究[J]. 城市交通, 2014, 12(5): 11-17.

[59] 万鹏, 张品立, 黄云. 国家公交都市考核评价指标体系及实施策略[J]. 城市道桥与防洪, 2018(9): 10-13.

[60] 安健, 郭继孚, 董杨慧, 等. 公交都市建设示范工程考核评价指标优化[J]. 城市交通, 2017, 15(3): 43-51.

[61] 钱建华. 城市综合公共交通体系及其关键问题探讨[J]. 交通运输工程与信息学报, 2013, 11(2): 37-41.

[62] 凌小静, 杨涛, 施泉. 公交出行分担率指标探讨[J]. 城市交通, 2014, 12(5): 26-33.

[63] 黄鸣. 大城市"公交优先"政策效果评价指标体系研究: 以上海为例[J]. 城市公用事业, 2014, 28(1): 22-25.

[64] 安晶, 李香静, 刘好德, 等. 面向公交优先绩效考核的城市公交发展水平评价指标体系研究[J]. 公路与汽运, 2015(1): 57-63.

[65] 张秀侠, 凌中水, 孙亭亭. 城市公交优先绩效评价指标体系研究[J]. 淮阴工学院学报, 2018, 27(1): 75-80.

[66] 马小毅, 李彩霞, 郑炜. 对城市公交优先发展评价指标的思考[J]. 交通工程, 2017, 17(1): 18-21.

[67] 高燕. 城市公共交通优先发展水平评价研究[D]. 西安: 长安大学, 2015.

[68] 葛芳. 大城市地面公交优先技术策略模型与实证研究[D]. 北京: 北京交通大学, 2010.

[69] 阮泰学. 河内公共交通服务质量综合评价研究[D]. 沈阳: 东北大学, 2014.

[70] 张天然, 王波. 上海2035年公共交通分担率研究[J]. 交通与港航, 2018, 5(2): 42-49.

[71] 曹辉. 关于提高城市公共交通分担率的思考[J]. 交通与运输, 2014(z1): 110-113.

[72] 潘跃, 裴玉龙. 城市常规公交接驳方式分担率预测模型研究[J]. 交通科技与经济, 2018, 20(6): 45-51.

[73] Legrain A, Buliung R, El-Geneidy A M. Who, what, when, and where[J]. Transportation Research Record: Journal of the Transportation Research Board, 2015, 2537(1): 42-51.

[74] Zamir K R, Nasri A, Baghaei B, et al. Effects of transit-oriented development on trip generation, distribution, and mode share in Washington, D.C., and Baltimore, Maryland[J]. Transportation Research Record: Journal of the Transportation Research Board, 2014, 2413(1): 45-53.

[75] Moniruzzaman M, Páez A. Accessibility to transit, by transit, and mode share: Application of a logistic model with spatial filters[J]. Journal of Transport Geography, 2012, 24: 198-205.

[76] Gkritza K, Karlaftis M G, Mannering F L. Estimating multimodal transit ridership with a varying fare structure[J]. Transportation Research Part A: Policy and Practice, 2011, 45(2): 148-160.

[77] Owen A, Levinson D M. Modeling the commute mode share of transit using continuous accessibility to jobs[J]. Transportation Research Part A: Policy and Practice, 2015, 74: 110-122.

[78] 薛运强, 刘彤, 巩丽媛, 等. 提升公交分担率的关键因素研究: 基于济南市居民出行意愿调查数据分析[J]. 交通与运输, 2012(2): 9-12.

[79] 薛运强, 刘彤, 巩丽媛, 等. 影响公交分担率的关键因素研究[J]. 交通标准化, 2013, 41(15): 8-11.

[80] 孟永平. 基于出行者心理因素的公共交通方式选择模型研究[J]. 交通运输工程与信息学报, 2013, 11(1): 47-52.

[81] 刘冰, 张涵双, 曹娟娟, 等. 基于公交可达性绩效的武汉市空间战略实施评估[J]. 城市规划学刊, 2017(1): 39-47.

[82] 侯现耀, 陈学武, 王卫杰. 多公交信息下居民出行前方式选择意向分析[J]. 交通运输系统工程与信息, 2014, 14(4): 79-84.

[83] 沈鑫. 基于 AMOS 的城市公交服务质量研究[J]. 城市建设理论研究(电子版), 2014(30): 1539-1540.

[84] 曹辉. 关于提高城市公共交通分担率的思考[J]. 交通与运输, 2014(1): 110-113.

[85] 姚丽亚, 关宏志, 孙立山, 等. 公共交通出行方式选择影响因素分析[C]// 赵胜川. 交通与物流: 第六届交通运输领域国际学术会议论文集(上卷). 大连: 大连理工出版社, 2006: 52-58.

[86] Bhat C R. Accommodating flexible substitution patterns in multi-dimensional choice modeling: Formulation and application to travel mode and departure time choice[J]. Transportation Research Part B: Methodological, 1998, 32(7): 455-466.

[87] Bhat C R, Sardesai R. The impact of stop-making and travel time reliability on commute mode choice[J]. Transportation Research Part B: Methodological, 2006, 40(9): 709-730.

[88] Scheiner J, Holz-Rau C. Gendered travel mode choice: A focus on car deficient households[J]. Journal of Transport Geography, 2012, 24: 250-261.

[89] 蒋忠海, 罗旗帜. 城市公交规划中未来公交分担率的确定[J]. 交通与运输, 2008(2): 84-86.

[90] 富晓艳, 隽志才, 宗芳. 基于非集计选择模型的长春市居民出行数据分析[J]. 交通运输系统工程与信息, 2007, 7(5): 80-84.

[91] 陆锡明. 交通热点问题的规划思考[J]. 城市交通, 2017, 15(5): 9-11.

[92] 宗芳. 基于非集计模型的交通需求管理策略评价研究[D]. 长春：吉林大学，2008.

[93] 周雪梅，张显尊，杨晓光，等. 基于交通方式选择的公交出行需求预测[J]. 同济大学学报(自然科学版)，2007，35(12)：1627-1631.

[94] 张蕊. 城市客运交通系统出行方式分担模型及应用研究[D]. 北京：北京交通大学，2011.

[95] 杜玉林，闫志刚，杜建华，等. 基于灰关联分析的公交分担率预测方法研究[J]. 公路交通科技(应用技术版)，2013，9(2)：196-198.

[96] 高清平. 基于市场吸引力模型的客流分担率研究[J]. 交通与运输，2010(9)：216-219.

[97] 边扬，王炜，陆建，等. 城市出租车出行方式分担率预测方法研究[J]. 交通运输系统工程与信息，2006，6(2)：95-100.

[98] Knowles R D. Transit oriented development in Copenhagen, Denmark：From the finger plan to ørestad[J]. Journal of Transport Geography, 2012, 22：251-261.

[99] Olaru D, Smith B, Taplin J H E. Residential location and transit-oriented development in a new rail corridor[J]. Transportation Research Part A：Policy and Practice, 2011, 45(3)：219-237.

[100] Casello J M. Transit competitiveness in polycentric metropolitan regions[J]. Transportation Research Part A：Policy and Practice, 2007, 41(1)：19-40.

[101] 傅鹏明，何小洲，钱林波，等. 公交都市创建背景下的城市公交持续发展对策研究：以西安市为例[J]. 交通与港航，2019，6(6)：30-36.

[102] 於昊，王松杰，施洋. 公交都市创建下土地利用与公共交通关系研究：以南京市为例[J]. 交通工程，2018，18(5)：14-20.

[103] 梁晓琳. 健康视角下的慢行交通规划设计探究[J]. 城市建筑，2020，17(2)：37-38.

[104] 中华人民共和国环境保护部. 核辐射导致雾霾形成不科学[EB/OL].（2016-01-07）[2016-01-07]. https://www.mee.gov.cn/gkml/sthjbgw/qt/201601/t20160107_324317.htm

[105] 安树伟. 中国大都市区膨胀病的产生与社会影响[J]. 广东社会科学，2009(4)：5-12.

[106] Meinardi S, Nissenson P, Barletta B, et al. Influence of the public transportation system on the air quality of a major urban center. A case study：Milan, Italy[J]. Atmospheric Environment, 2008, 42(34)：7915-7923.

[107] He D Q, Liu H, He K B, et al. Energy use of, and CO_2 emissions from China's urban passenger transportation sector - Carbon mitigation scenarios upon the transportation mode choices[J]. Transportation Research Part A：Policy and Practice, 2013, 53：53-67.

[108] Basagaña X, Triguero-Mas M, Agis D, et al. Effect of public transport strikes on air pollution levels in Barcelona (Spain)[J]. Science of the Total Environment, 2018, 610/

611：1076-1082.

[109] Armah F, Yawson D, Pappoe A A N M. A systems dynamics approach to explore traffic congestion and air pollution link in the city of Accra, Ghana[J]. Sustainability, 2010, 2(1)：252-265.

[110] 高明, 陈丽强. 基于空气质量改善目标的城市公共交通发展研究与述评[J]. 华北电力大学学报(社会科学版), 2017(5)：13-18.

[111] Mohring H. Optimization and scale economies in urban bus transportation[J]. The American Economic Review, 1972, 62(4)：591-604.

[112] 谌仁俊, 谢欢艳, 林宇聪. 推行共享单车和轨道交通是否改善了空气质量：以武汉为例[J]. 中国地质大学学报(社会科学版), 2018, 18(4)：95-110.

[113] 曹婷婷, 陈贝. 轨道交通对冬季雾霾的影响研究[J]. 环境与发展, 2018, 30(11)：34-36.

[114] 梁若冰, 席鹏辉. 轨道交通对空气污染的异质性影响：基于RDID方法的经验研究[J]. 中国工业经济, 2016(3)：83-98.

[115] T Litman. Evaluating public transportation health benefits[J]. Transportation and Public Health, January 2013, 34(1)：32-38.

[116] 刘畅. 基于涉入理论的登山旅游者深度休闲与幸福感关系研究[D]. 西安：陕西师范大学, 2017.

[117] 景秀艳, 王飞. 户外运动对主观幸福感的作用机制：以福州野人户外运动俱乐部为例[J]. 南京晓庄学院学报, 2016, 32(3)：90-96.

[118] David Stewart. Healthy cities must have equitable and affordable transport systems[D-B/OL]. (2018-02-13) [2018-05-03]. https://www.health.org.uk/blogs/healthy-cities-must-have-equitable-and-affordable-transport-systems.

[119] Litman T. Evaluating transportation equity[J]. World Transport Policy & Practice, 2002, 8(2)：50-65.

[120] Thomopoulos N, Grant-Muller S, Tight M R. Incorporating equity considerations in transport infrastructure evaluation：Current practice and a proposed methodology[J]. Evaluation and Program Planning, 2009, 32(4)：351-359.

[121] Delbosc A, Currie G. Using Lorenz curves to assess public transport equity[J]. Journal of Transport Geography, 2011, 19(6)：1252-1259.

[122] Welch T F, Mishra S. A measure of equity for public transit connectivity[J]. Journal of Transport Geography, 2013, 33：29-41.

[123] Griffin G P, Sener I N. Public transit equity analysis at metropolitan and local scales：A focus on nine large cities in the US[J]. Journal of Public Transportation, 2016, 19(4)：126-143.

[124] Yeganeh A J, Hall R, Pearce A, et al. A social equity analysis of the US public

transportation system based on job accessibility[J]. Journal of Transport and Land Use, 2018, 11(1): 153-162.

[125] 唐子来, 江可馨. 轨道交通网络的社会公平绩效评价: 以上海市中心城区为例[J]. 城市交通, 2016, 14(2): 75-82.

[126] 刘明辉. 公共交通设施空间分布公平性研究: 以武汉市主城区为例[D]. 武汉: 中南财经政法大学, 2017.

[127] 潘亚伟. 基于健康城市的多模式公共交通体系规划研究: 以天津为例[D]. 天津: 天津大学, 2016.

[128] 戢晓峰, 姜莉, 陈方. 欠发达地区城市公交底线公平的空间分异特征及成因分析: 以云南省为例[J]. 人文地理, 2018, 33(1): 124-129.

[129] 戢晓峰, 魏雪梅, 陈方. 基于结构方程模型的公共交通系统公平性评估: 以昆明市为例[J]. 公路交通科技, 2013, 30(1): 126-132.

[130] 王欢明, 李鹏, 马永驰. 城市公交服务公平性及其影响因素实证检验[J]. 城市问题, 2014(12): 46-50.

[131] 杨庭. 广州市交通出行公平研究: 公共交通与私人交通的比较[D]. 广州: 广州大学, 2012.

[132] 侯松岩, 姜洪涛. 基于城市公共交通的长春市医院可达性分析[J]. 地理研究, 2014, 33(5): 915-925.

[133] 孙喆. 城市交通公平研究综述[J]. 国际城市规划, 2015, 30(2): 55-61.

[134] 陈方, 戢晓峰, 吉选, 等. 城市内交通公平的测度及其空间分异[J]. 经济地理, 2015, 35(4): 70-75.

[135] 刚毅. 基于就业可达性的交通公平测度及空间特征: 以西安市为例[D]. 西安: 陕西师范大学, 2018.

[136] 黄谦. 交通公平性的层次划分与量化评价方法[D]. 北京: 清华大学, 2008.

[137] 许丰恺. 道路交通社会公平性评价方法研究[D]. 武汉: 武汉理工大学, 2008.

[138] 吴茂林. 道路交通系统的公平性评价研究[D]. 淄博: 山东理工大学, 2011.

[139] 陆丹丹, 张生瑞, 郭勐. 城市交通公平性分析及对策[J]. 交通科技与经济, 2008, 10(2): 103-105.

[140] 吕政义. 城市交通公平性评价及对策研究[D]. 西安: 长安大学, 2005.

[141] 田艳平. 国外城市公共服务均等化的研究领域及进展[J]. 中南财经政法大学学报, 2014(1): 50-59.

[142] 江海燕, 周春山, 高军波. 西方城市公共服务空间分布的公平性研究进展[J]. 城市规划, 2011, 35(7): 72-77.

[143] Drennan M, Brecher C. Does public transit use increase the economic efficiency of urban areas? [J]. Journal of Transport and Land Use, 2012, 5(3): 53-67.

[144] Chatman D G, Noland R B. Transit service, physical agglomeration and productivity in US metropolitan areas[J]. Urban Studies, 2014, 51(5): 917-937.

[145] Chiu Y H, Huang C W, Ma C M. Assessment of China transit and economic efficiencies in a modified value-chains DEA model[J]. European Journal of Operational Research, 2011, 209(2): 95-103.

[146] 和芬芬. 城市公共交通与经济发展的关系探讨[J]. 中国集体经济, 2016(6): 19.

[147] 丁川, 林姚宇, 王耀武. 城市空间扩张与机动化水平增长之间的互动关系探析[J]. 交通运输系统工程与信息, 2014, 14(3): 9-15.

[148] 卢毅, 颜瑛, 张欢. 基于脉冲响应的城市交通协整模型及其统计推断[J]. 铁道科学与工程学报, 2012, 9(6): 101-106.

[149] Duhl L J. The healthy city: Its function and its future[J]. Health Promotion International, 1986, 1(1): 55-60.

[150] Hancock T. Healthy cities and communities: Past, present, and future[J]. National Civic Review, 1997, 86(1): 11-21.

[151] 傅华, 玄泽亮, 李洋. 中国健康城市建设的进展及理论思考[J]. 医学与哲学(人文社会医学版), 2006, 27(1): 12-15.

[152] 玄泽亮, 魏澄敏, 傅华. 健康城市的现代理念[J]. 上海预防医学杂志, 2002, 14(4): 197-199.

[153] 王鸿春. 中国健康城市建设研究报告(2016)[M]. 北京: 社会科学文献出版社, 2016.

[154] Tsouros A D. The WHO Healthy Cities Project: State of the art and future plans[J]. Health Promotion International, 1995, 10(2): 133-141.

[155] Tsouros A D. Twenty-seven years of the WHO European Healthy Cities movement: A sustainable movement for change and innovation at the local level[J]. Health Promotion International, 2015, 30(suppl 1): i3-i7.

[156] 胡淑贞, 蔡诗薏. WHO健康城市概念[J]. 台湾健康城市学刊, 2004, 1: 52-56.

[157] Doyle Y G, Tsouros A D, Cryer P C, et al. Practical lessons in using indicators of determinants of health across 47 European cities[J]. Health Promotion International, 1999, 14(4): 289-299.

[158] Litman T. Evaluating public transportation health benefits[J]. Victoria Transport Policy Institute, 2010, 34(1), 64-68.

[159] Webster P, Sanderson D. Healthy cities indicators—A suitable instrument to measure health? [J]. Journal of Urban Health, 2013, 90(1): 52-61.

[160] 于海宁, 成刚, 徐进, 等. 我国健康城市建设指标体系比较分析[J]. 中国卫生政策研究, 2012, 5(12): 30-33.

[161] 赵芳. 上海市健康城市建设及其健康促进能力研究[D]. 上海: 复旦大学, 2010.

[162] 全国爱国卫生运动委员会.关于开展健康城市健康村镇建设的指导意见:全爱卫发〔2016〕5 号[EB/OL]. (2016-07-18) https://baike.baidu.com/item/%E5%85%B3%E4%BA%8E%E5%BC%80%E5%B1%95%E5%81%A5%E5%BA%B7%E5%9F%8E%E5%B8%82%E5%81%A5%E5%BA%B7%E6%9D%91%E9%95%87%E5%BB%BA%E8%AE%BE%E7%9A%84%E6%8C%87%E5%AF%BC%E6%84%8F%E8%A7%81

[163] 国务院.国务院关于进一步加强新时期爱国卫生工作的意见:国发〔2014〕66 号[EB/OL]. (2014-12-23)[2015-01-13]. https://baike.baidu.com/item/%E5%9B%BD%E5%8A%A1%E9%99%A2%E5%85%B3%E4%BA%8E%E8%BF%9B%E4%B8%80%E6%AD%A5%E5%8A%A0%E5%BC%BA%E6%96%B0%E6%97%B6%E6%9C%9F%E7%88%B1%E5%9B%BD%E5%8D%AB%E7%94%9F%E5%B7%A5%E4%BD%9C%E7%9A%84%E6%84%8F%E8%A7%81

[164] 全国爱国卫生运动委员会.全国健康城市评价指标体系(2018 版)[EB/OL]. (2018-03-28)〔2018-04-28〕. http://www.gov.cn/fuwu/2018-04/10/5281213/files/32266bca57184bf3a18ccd51e7fe2e4e.pdf

[165] Tsouros A D. The WHO Healthy Cities Project: State of the art and future plans[J]. Health Promotion International, 1995, 10(2): 133-141.

[166] 杨涛.健康交通与健康城市[J].城市交通,2013,11(1):1-4.

[167] Sdoukopoulos A, Pitsiava-Latinopoulou M, Basbas S, et al. Measuring progress towards transport sustainability through indicators: Analysis and metrics of the main indicator initiatives[J]. Transportation Research Part D: Transport and Environment, 2019, 67: 316-333.

[168] Redman L, Friman M, Gärling T, et al. Quality attributes of public transport that attract car users: A research review[J]. Transport Policy, 2013, 25: 119-127.

[169] Sung H, Oh J T. Transit-oriented development in a high-density city: Identifying its association with transit ridership in Seoul, Korea[J]. Cities, 2011, 28(1): 70-82.

[170] 吴昌林,王永祥,王飞.大城市交通发展模式研究[J].交通企业管理,2010,25(12):35-37.

[171] Chatman D G, Noland R B. Do public transport improvements increase agglomeration economies? A review of literature and an agenda for research[J]. Transport Reviews, 2011, 31(6): 725-742.

[172] Chen T Y, Jou R C. Using HLM to investigate the relationship between traffic accident risk of private vehicles and public transportation[J]. Transportation Research Part A: Policy and Practice, 2019, 119: 148-161.

[173] 王兰,廖舒文,赵晓菁.健康城市规划路径与要素辨析[J].国际城市规划,2016,31

(4): 4-9.

[174] Wang C, Quddus M A, Ison S G. Impact of traffic congestion on road accidents: A spatial analysis of the M25 motorway in England[J]. Accident Analysis & Prevention, 2009, 41(4): 798-808.

[175] Armah F, Yawson D, Pappoe A A N M. A systems dynamics approach to explore traffic congestion and air pollution link in the city of Accra, Ghana[J]. Sustainability, 2010, 2 (1): 252-265.

[176] Badland H M, Rachele J N, Roberts R, et al. Creating and applying public transport indicators to test pathways of behaviours and health through an urban transport framework[J]. Journal of Transport & Health, 2017, 4: 208-215.

[177] Tsouros A D. Twenty-seven years of the WHO European Healthy Cities movement: A sustainable movement for change and innovation at the local level[J]. Health Promotion International, 2015, 30(suppl 1): i3-i7.

[178] 德国国际合作机构和世界卫生组织. 城市交通与健康[R]. 2011.

[179] 张丽. 基于出行链的通勤出行行为研究[D]. 成都: 西南交通大学, 2011.

[180] 穆蕊. 基于出行活动的非集计模型研究及应用[D]. 北京: 北京交通大学, 2010.

[181] 李志纯, 黄海军. 先进的旅行者信息系统对出行者选择行为的影响研究[J]. 公路交通科技, 2005, 22(2): 95-99.

[182] 史林研, 方诗颖, 钱林波. 基于行人感知的城市主干道步行系统服务水平评价[J]. 森林工程, 2019, 35(6): 91-96.

[183] 姚迪, 徐丽群, 李金培, 等. 公共交通吸引力研究: 综述与展望[J]. 系统管理学报, 2018, 27(6): 1054-1064.

[184] 李士尧, 鲁元博, 裴玉龙. 道路交通流参数无人机调查与识别方法研究[J]. 森林工程, 2018, 34(5): 72-77.

[185] 温旭丽, 杨涛, 陶雨濛. 基于公交分担率的公交系统评价指标体系研究[J]. 现代城市研究, 2017, 32(12): 18-23.

[186] 朱宁, 马健霄, 钱思文, 等. 公交站点延误估算方法研究[J]. 森林工程, 2021, 37(1): 87-94.

[187] 陆颖, 林丽. 基于遗传算法的平面交叉口信号配时优化[J]. 森林工程, 2020, 36(6): 103-109.

[188] 丁柏群, 徐赫. 信号交叉口公交专用道进口设站位置研究[J]. 森林工程, 2019, 35(1): 69-74.

[189] 檀文芳, 林丽, 黄霖霖. 基于停车线法的公交优先感应信号设置及感应器位置研究[J]. 森林工程, 2019, 35(1): 93-99.

[190] L. 施瓦兹(Laurent Schwartz). 广义函数论[M]. 姚家燕, 译. 北京: 高等教育出版

社，2010.

[191] Scheiner J. Interrelations between travel mode choice and trip distance：Trends in Germany 1976 - 2002[J]. Journal of Transport Geography，2010，18(1)：75-84.

[192] 环境保护部. 环境空气质量指数(AQI)技术规定(试行)：HJ 633—2012 [S]. 北京：中国环境科学出版社，2012.

[193] 陈强. 高级计量经济学及 Stata 应用[M]. 北京：高等教育出版社，2010.

[194] Greene W H. Econometric analysis[M]. 6th ed. Upper Saddle River：Pearson Prentice Hall，2008.

[195] 王翌秋，王舒娟. 居民医疗服务需求及其影响因素微观实证分析的研究进展[J]. 中国卫生政策研究，2010，3(8)：55-62.

[196] Gluschenko K. Measuring regional inequality：To weight or not to weight？[J]. Spatial Economic Analysis，2018，13(1)：36-59.

[197] Talen E, Anselin L. Assessing spatial equity：An evaluation of measures of accessibility to public playgrounds[J]. Environment and Planning A：Economy and Space，1998，30(4)：595-613.

[198] Moran P A P. Notes on continuous stochastic phenomena[J]. Biometrika，1950，37(1/2)：17-23.

[199] Anselin L. Local indicators of spatial association-LISA[J]. Geographical Analysis，2010，27(2)：93-115.

[200] Tibshirani R. Regression shrinkage and selection via the lasso[J]. Journal of the Royal Statistical Society：Series B (Methodological)，1996，58(1)：267-288.

[201] Hoerl A E, Kennard R W. Ridge regression：Biased estimation for nonorthogonal problems[J]. Technometrics，1970，12(1)：55-67.

[202] Hastie T. The elements of statistical learning：Data mining, inference, and prediction [EB/OL]. (2009-02-23) [2009-02-25]. https://xueshu.baidu.com/usercenter/paper/show? paperid=750667e009573a8c55df2c8b4a47fe95&site=xueshu_se.

[203] Zou H, Hastie T. Regularization and variable selection via the elastic net[J]. Journal of the Royal Statistical Society：Series B (Statistical Methodology)，2005，67(2)：301-320.

[204] Math works lasso and elastic net[EB/OL]. (2021-03-11) [2021-03-23]. https://www.mathworks.com/help/stats/lasso-and-elastic-net.html.

[205] 蔡士尧. 基于交通公平性的交通网络设计模型及应用[D]. 武汉：华中科技大学，2016.

[206] 张星宇，肖为周，秦菲菲. 城市轨道交通列车交路开行方案优化研究[J]. 森林工程，2020，36(1)：96-102.

[207] 宋成举，王榕菁，孙雨晴. 城市公共交通系统结构巢式建模与演化仿真[J]. 森林工程，2019，35(3)：107-113.

[208] 岳永恒,肖凌云,吴凯丽,等. 基于刺激反应车辆跟驰模型的交通流稳定性分析[J]. 森林工程,2020,36(3):92-97.

[209] 沈航先,于秋影,张文会. 基于三角模糊数的公路客运站经营模式选择研究[J]. 森林工程,2019,35(2):93-98.

[210] 张志强. 空间加权矩阵设置与空间面板参数估计效率[J]. 数量经济技术经济研究,2014,31(10):122-138.

[211] Akaike H. A new look at the statistical model identification[J]. IEEE Transactions on Automatic Control,1974,19(6):716-723.

[212] Schwarz G. Estimating the dimension of a model[J]. The Annals of Statistics,1978,6(2):23-30.

[213] Luo S, Chen Z H. Extended BIC for linear regression models with diverging number of relevant features and high or ultra-high feature spaces[J]. Journal of Statistical Planning and Inference,2013,143(3):494-504.

[214] 李子奈,潘文卿. 计量经济学[M]. 3版. 北京:高等教育出版社,2010.

[215] 马宏伟,刘思峰,袁潮清,等. 基于生产函数的中国能源消费与经济增长的多变量协整关系的分析[J]. 资源科学,2012,34(12):2374-2381.

[216] 白仲林. 面板数据的计量经济分析[M]. 天津:南开大学出版社,2008.

[217] 蔡海霞. 能源约束、技术进步与中国经济增长可持续性[J]. 资源科学,2014,36(5):946-953.

[218] Bell A, Jones K. Explaining fixed effects: Random effects modeling of time-series cross-sectional and panel data[J]. Political Science Research and Methods,2015,3(1):133-153.

[219] 交通运输部.关于开展国家公交都市建设示范工程有关事项的通知:交运发〔2011〕635号[EB/OL]. http://www.gov.cn/gzdt/2011-11/29/content_2005516.htm

[220] 杨舸. 国际大都市与北京市人口疏解政策评述及借鉴[J]. 西北人口,2013,34(3):43-48.

[221] Melo P C, Graham D J, Levinson D, et al. Agglomeration, accessibility and productivity: Evidence for large metropolitan areas in the US[J]. Urban Studies,2017,54(1):179-195.

[222] Gonzalez-Navarro M, Turner M A. Subways and urban growth: Evidence from earth[J]. Journal of Urban Economics,2018,108:85-106.

[223] 张生瑞,严海. 城市公共交通规划的理论与实践[M]. 北京:中国铁道出版社,2007.

[224] 关宏志. 非集计模型:交通行为分析的工具[M]. 北京:人民交通出版社,2004.

[225] 美国交通运输研究委员会.公共交通通行能力和服务质量手册[M]. 杨晓光,滕靖,译. 北京:中国建筑工业出版社.2010.

[226] 交通运输部道路运输司. 世界主要城市公共交通[M]. 北京：人民交通出版社，2010.

[227] Aguiléra A, Grébert J. Passenger transport mode share in cities: Exploration of actual and future trends with a worldwide survey[J]. International Journal of Automotive Technology and Management, 2014, 14(3): 203.

[228] 王阳. 我国城市公共交通发展的路径研究：以南京市为例[D]. 南京：南京师范大学，2014.

[229] 周家中. 特大城市公共交通系统结构关键问题研究[D]. 成都：西南交通大学，2014.

[230] 彭明. 低碳理念下小城镇交通发展模式研究[D]. 西安：西安建筑科技大学，2014.

[231] 程龙，陈学武，王利斌，等. 中小城市公共交通优先发展的策略研究：以浙江省长兴县为例[J]. 交通运输工程与信息学报，2015，13(1)：26-32.

[232] 马冬，黄志辉，王宏丽，等. 我国城市交通可持续发展现状及建议[J]. 节能与环保，2014(12)：60-62.

[233] 杨敏，陈学武，王炜，等. 通勤出行简单链和复杂链的选择行为研究[J]. 武汉理工大学学报(交通科学与工程版)，2008，32(2)：191-194.

[234] 石心怡，郭英，王元庆. 基于出行链的公共交通走廊探讨[J]. 城市轨道交通研究，2010，13(5)：59-63.

[235] 蒋家高. 公共交通出行链研究[D]. 昆明：昆明理工大学，2013.

[236] 张丽花. 基于乘客出行链的城市公共交通服务质量综合评价研究[D]. 北京：北京交通大学，2011.

[237] 杨涛，陈阳. 城市公共交通优先发展的目标与指标体系研究[J]. 城市规划，2013，37(4)：57-61.

[238] 都市快轨交通. 到2030年西安将建成15条地铁线[EB/OL]. (2012-10-18)[2012-11-12]. https://kns.cnki.net/kcms/detail/detail.aspx?dbcode=CJFD&dbname=CJFD2012&filename=DSKG201205043&uniplatform=NZKPT&v=tisfKYXqrlfhN4OGJ8NhKEvGTKxpbbhFU1tK6vyaOVK3K9kdm4yR2vv4UPDl_mkA.

[239] 丁川，王耀武，林姚宇. 公交都市战略与TOD模式关系探析：基于低碳出行的视角[J]. 城市规划，2013，37(11)：54-61.

[240] 杨涛，张泉. 公交优先导向下的城市总体规划：构建公交都市的空间框架[J]. 城市规划，2011，35(2)：22-25.

[241] 徐康明，冯浚，何民，等. 构建公交都市公交骨干网络的经验与启示[J]. 现代城市研究，2013，28(1)：15-22.

[242] 魏贺，戴冀峰. "公交都市"考核评价指标体系探讨[J]. 城市交通，2014，12(5)：18-25.

[243] 温旭丽，张振宇，杨涛. 大城市公交分担率测算模型构建与实证研究[J]. 重庆交通大学学报(自然科学版)，2016，35(4)：127-132.

[244] 王健，程苑，胡晓伟. 汽车共享下城市公共交通出行分担率研究[J]. 公路与汽运，2016

(1): 37-41.

[245] 诸葛承祥, 邵春福, 李霞, 等. 通勤者出行时间与出行方式选择行为研究[J]. 交通运输系统工程与信息, 2012, 12(2): 126-131.

[246] 凌小静, 杨涛, 施泉. 关于公共交通出行分担率指标的探讨[C]//新型城镇化与交通发展: 2013年中国城市交通规划年会暨第27次学术研讨会论文集. 北京, 2014: 909-917.

[247] 温旭丽, 杨涛, 武方方, 等. 大城市主城区高峰小时公交分担率研究[J]. 公路交通科技(应用技术版), 2015, 11(11): 256-259.

[248] 温旭丽, 杨涛, 陈恩惠. 公交分担率测算分析与研究[J]. 公路交通科技(应用技术版), 2016, 12(4): 291-293.

[249] 李瑶. 关于提高公交分担率的相关因素研究[J]. 西部交通科技, 2017(3): 94-97.

[250] 温旭丽, 杨涛, 凌小静. 国内外公交分担率现状及启示[J]. 公路交通科技(应用技术版), 2015, 11(2): 251-254.

[251] 余文曜, 赵宁. 如何提高城市公交分担率?[J]. 交通建设与管理, 2011(6): 54-55.

[252] 牟伟华. 如何提高公交分担率—世界经验及我国展望[D]. 济南: 山东大学, 2015.

[253] 蔡振兵. 轨道交通出行特征及其分担率预测研究[D]. 北京: 北京交通大学, 2012.

[254] 唐威. 舟山市公交分担率影响因素分析及启示[J]. 综合运输, 2014, 36(5): 44-49.

[255] 王孝宏, 董洁霜. 基于灰关联法的城乡公交分担率影响因素分析[J]. 森林工程, 2014, 30(5): 154-156.

[256] 唐威. 舟山市公交分担率影响因素分析及启示[J]. 综合运输, 2014, 36(5): 44-49.

[257] 孟永平. 基于出行者心理因素的公共交通方式选择模型研究[J]. 交通运输工程与信息学报, 2013, 11(1): 47-52.

[258] 丛玮, 胡明华, 张晨. 复杂性指标体系的构建及精炼方法研究[J]. 交通运输系统工程与信息, 2012, 12(5): 130-134.

[259] 丁成日. 城市空间结构和用地模式对城市交通的影响[J]. 城市交通, 2010, 8(5): 28-35.

[260] 王世勇. 关于重庆市提高公共交通出行分担率的思考[J]. 农村经济与科技, 2016, 27(12): 171-172.

[261] 孙明正, 刘雪杰, 郭继孚. 建设"公交都市"的思考与建议[J]. 现代城市研究, 2013, 28(1): 11-14.

[262] 杨明, 杨涛, 凌小静, 等. 交通引领下的南京城市规划编制探讨[J]. 规划师, 2012, 28(8): 38-42.

[263] 赵宁, 毛春梅. 南京创建公交都市的构想与建议[J]. 都市快轨交通, 2014, 27(4): 9-11.

[264] 孙永海, 马亮, 邓琪, 等. 人性化交通出行角度的都市圈空间尺度研究[J]. 规划师, 2014, 30(7): 32-39.

[265] 张晓伟,罗小龙,王盈. 人性化视角下的城市公交精细化研究[J]. 规划师,2014,30(7):27-31.

[266] 孙建平. 上海市交通委员会主任孙建平谈公交都市创建[J]. 城市轨道交通研究,2014,17(7):25.

[267] 林群,宋家骅. 新时期深圳交通发展战略[J]. 城市规划,2011,35(S1):88-93.

[268] 李苗裔,龙瀛. 中国主要城市公交站点服务范围及其空间特征评价[J]. 城市规划学刊,2015(6):30-37.

[269] 周华庆,林雄斌,陈君娴,等. 走向更有效率的合作:都市区跨市巴士公交服务供给与治理[J]. 城市发展研究,2016,23(2):110-117.

[270] Callahan D. The WHO definition of 'health'[J]. The Hastings Center Studies,1973,1(3):77.

[271] Steinbach R, Green J, Datta J, et al. Cycling and the city: A case study of how gendered, ethnic and class identities can shape healthy transport choices[J]. Social Science & Medicine,2011,72(7):1123-1130.

[272] Kyriazis D, Varvarigou T, White D, et al. Sustainable smart city IoT applications: Heat and electricity management & Eco-conscious cruise control for public transportation[C]//2013 IEEE 14th International Symposium. June 4-7, 2013, Madrid, Spain. Madrid: IEEE,2013:1-5.

[273] Forsey D, Habib K N, Miller E J, et al. Evaluating the impacts of a new transit system on commuting mode choice using a GEV model estimated to revealed preference data: A case study of the VIVA system in York Region, Ontario[J]. Transportation Research Part A: Policy and Practice,2013,50:1-14.

[274] 石飞,居阳. 公交出行分担率影响因素分析:基于南京主城区的实证研究[J]. 城市规划,2015,39(2):76-84.

[275] Timms P M, May A D, Shepherd S P. The sensitivity of optimal transport strategies to specification of objectives[J]. Transportation Research Part A: Policy and Practice,2002,36(5):383-401.

[276] 苑伯祺. 基于费用的轨道交通政策影响研究[D]. 北京:北京建筑大学,2015.

[277] 陈非,陈小鸿. 基于弹性需求的公交网络规划模型研究[J]. 武汉理工大学学报(交通科学与工程版),2011,35(6):1192-1196.

[278] 周雪梅,狄迪,吴迪,等. 基于公交分担率的城市客运交通枢纽选址优化[J]. 同济大学学报(自然科学版),2011,39(9):1313-1317.

[279] 刘伟涛,顾鸿,李春洪. 基于德尔菲法的专家评估方法[J]. 计算机工程,2011,37(S1):189-191.

[280] 杨远舟,漆凯,钱堃,等. 基于客运量的公共交通补贴研究[J]. 交通运输系统工程与信

息，2010，10(3)：69-74.

[281] 胡金东，吴群琪. 多元交通一体化发展的国际比较及其启示[J]. 城市发展研究，2013，20(4)：99-105.

[282] Lu J, Wang W. Confirming method of urban taxi quantity[J]. Journal of Traffic and Transportation engineering. 2004，4(1)：92-95

[283] Manssour A, Abdulsalam B M, Riza A A B O. K. R. Development of disaggregate mode choice models of intercity travel in Lybya[J]. ITAIC, 2011, 53(42)：183.

[284] Wang J, Shao C F, Mao K J. Bi-level programming model for transfer benefit of public transportation[J]. China Journal of Highway and Transport，2008，21(2)：93-97.

[285] Zhou M B, Chen H, Yang L Q, et al. Public transport connecting preference model based on generalized travel utility[C]//2009 Second International Conference on Intelligent Computation Technology and Automation. October 10-11，2009，Changsha，China. Changsha：IEEE, 2009：673-676.

[286] Ben-Akiva M, Jon B, Song G, et al. Towards disaggregate dynamic travel forecasting models[J]. Tsinghua Science and Technology，2007，12(2)：115-130.

[287] 李志. 基于非集计的合肥市公共交通方式划分模型研究[D]. 武汉：武汉理工大学，2011.

[288] 裴玉龙，徐大伟. 基于模糊推理的公共交通分担率预测研究[J]. 土木工程学报，2003，36(7)：22-26.

[289] 刘炳恩，隽志才，李艳玲，等. 居民出行方式选择非集计模型的建立[J]. 公路交通科技，2008，25(5)：116-120.

[290] 张秋萍，陈义华. 基于非集计模型的交通方式选择研究[J]. 铁道运输与经济，2010，32(1)：75-78.

[291] 王江涛. 运输通道客运分担率预测模型及应用研究[D]. 成都：西南交通大学，2011.

[292] 黄树森. 基于非集计的城市公共交通方式选择模型及灵敏度分析研究[D]. 北京：北京交通大学，2008.

[293] 王姝春，马斐，陈峻. 城市典型客运方式选择影响因素分析[J]. 交通运输系统工程与信息，2010，10(3)：93-98.

[294] 李蒙，张恺. 城市交通出行方式选择的博弈分析[C]//2010 中国电子学会信息论分会会议论文集. 中国陕西西安，2010：203-210.

[295] 杨健，马国忠，周望东. 交通出行选择中的博弈分析[J]. 城市公共交通，2008(4)：30-32.

[296] 黄正锋. 出行时间不确定下的公交均衡配流[J]. 交通运输工程与信息学报，2011，9(4)：51-56.

[297] 刘建明，黄中祥. 基于行为的出行方式选择模型探讨[J]. 山东交通学院学报，2009，17(1)：18-22.

[298] 李沛恒. 美国与欧盟的交通政策对比分析[J]. 交通标准化，2009，37(Z1)：216-218.
[299] 梁波，马彦琳. 从个人交通到公共交通：发达城市交通政策的发展与演变[J]. 武汉公安干部学院学报，2007，21(2)：42-44.